KB054347

아버지의 노트

오천만원으로 시작하는 태양광 재테크

아버지의 노트

오천만원으로 시작하는 태양광 재테크

지은이 반짝반짝 프로젝트

VIVㅏ체

우리의 일상과 재생에너지 전환

우리가 한 번도 경험하지 못한 이상기후의 세상이 시작되었습니다. 폭우, 폭염, 한파와 같은 기상재난으로 많은 사람들의 삶이 사라지는 모습을 지켜볼 수밖에 없는 시대가 되었습니다.

시민 사회는 기후 변화의 원인인 온실가스의 즉각적 감축을 요청하고 있으며, 각국 정부는 화석 연료의 퇴출을, 기업들은 필요한 에너지 모두를 재생에너지로 충당할 것을 놓고 고민하고 있습니다. 하지만 합의는 쉽지 않고 참여는 더뎌 보입니다. 나라 간, 이념 간의 차이와 복잡하게 얽혀있는 이해관계가 우리의 별이 점점 더 뜨거워지는 것을 막지 못하게 하고 있습니다. 이런 상황에서 우리가 할 수 있는 일은 무엇일까요.

이 책은 우리 주변에서 흔히 볼 수 있는 사람들이 작은 태양광 발전소를 지어 경제적 안정을 얻고자 노력하는 이야기를 담고 있습니다. 누구나 재생에너지에 쉽게 접근할 수 있을 뿐만 아니라 각 개인들이 기후위기 극복에 동참하는 방법 또한 숨어 있습니다. 재생에너지로의 전환은 더 이상 일부 공무원이나 정치인, 기업가들만의 사명이 아닙니다. 이 책을 읽는 독자들은 태양광 발전원이 지어지는 과정을 지켜보며 우리들의 작은 결심이 어떻게 재생에너지를 우리의 일상으로 만들어 갈 수 있는지에 대해 이해하시게 될 것입니다.

돌이 소진되어 석기시대가 끝난 것이 아니듯, 온실가스의 시대를 끝내는 것이 화석연료의 소진은 아닐 것이라고 합니다. 개인의 경제적 안정뿐만 아니라 환경위기 극복에도 관심이 있는 모든 분들이, 재생에너지를 각자의 삶에 보다 밀접하게 포용할 수 있기를 기원하며 이 책을 추천합니다.

국회의원 **양이원영**

태양광 사업으로 꿈꾸는 경제적 자유

우리는 항상 앞날을 걱정하며 살아갑니다. 학생 때는 진로를, 학교를 떠나면 일자리를, 결혼을, 내 집 마련을, 아이들을……. 그러다 보면 어느새 노후를 두려워하는 자신과 마주하게 됩니다. 글쓴이들의 삶도, 이 책을 마주하고 있는 여러분들도 아마 크게 다르지는 않을 것 같습니다. 이 모든 걱정의 뿌리에는 사실 돈이 얽혀 있습니다. 우리는 열심히 일하지만, 필요한 만큼을 필요한 시기에 가지는 것은 항상 빠듯하고, 일할 수 있는 시간도 한정되어 있어 지금 주어진 것들에 대해서도 불안해합니다. 그래서 우리는 보험을 들고, 주식을 공부하고, 부동산 소식에 귀를 기울이지요. 하지만 예측은 불가능하고, 확신은 없습니다.

이 책은 이런 고민에서 출발했습니다. 개인이 할 수 있는 작은 사업, 그 경제적 자유를 이루는 방법, 안정적이고 장기적인 수익 창출 방법, 가치의 등락을 매번 신경 쓰지 않아도 되는 투자처로서의 태양광을 소개하고 싶었습니다.

주식이나 부동산처럼 널리 알려지지는 않았기에 태양광 투자가 어렵게 느껴질 수 있습니다. 이 책은 소설 형식을 빌려 태양광 사업의 계획부터 완공을 지나 실제 운영까지 알기 쉽게 풀어내고 있습니다. 권고퇴직을 당한 첫째 수호, 결혼과 커리어로 고민하는 둘째 선영, 오랜 연인과 가정을 꾸리고 싶은 셋째 도영, 삼남매는 아버지의 갑작스런 사망으로 10년 만에 고향집에서 만납니다. 그리고 아버지가 태양광 발전소를 지으려 애쓰던 중이란 사실을 알게 됩니다.

좀 더 이론적인 설명이 필요한 부분은 '반짝반짝 KEY POINT'로 정리해 두었습니다. 그리고 주인공들과 마찬가지로 태양광 발전소를 실제 운영 중인 이들의 인터뷰를 '내 발전소를 소개합니다'로 실었습니다.

전국의 태양광 발전소 10만 개 중의 8만 개는 100kW 이하의 소형 발전소라고 합니다. 나만의 태양광 발전소를 꿈꾸는 이들에게 부디 이 책이 도움이 되기를 바랍니다. 나만의 작은 태양광 발전소를 운영하며 한 달에 200만 원씩 20년 넘게 꼬박꼬박 들어오는 소득원을 확보하기를 희망합니다.

반짝반짝 프로젝트

차례

반짝반짝 눈부신 선물

— 태양광 투자

10년 만에 모인 삼남매

아버지의 갑작스런 부고

"자, 하나! 둘! 셋!"

문이 열리자 순간 요란한 팡파르가 사무실을 울렸다. 사무실에 설치된 TV를 통해 현성건설이 시공한 삼천복합화력의 준공식이 쩌렁쩌렁 생중계되고 있었다. 직원들은 화면 앞에 둘러서서 오픈식 테이프에 빨래집게처럼 붙어 선 양복들 중에 아는 얼굴들을 찾고 있었다. 도영은 그 덕분에 살금살금 들키지 않고 자리에 앉을 수 있었다. 규정된 업무 시작 시간보다 30분 이른 시각이었지만, 입사 5년 차 대리 도영은 아직 눈치를 보며 출근해야 하는 시각이었다.

"어떻게 될지 걱정이다, 참……."

인사팀에서 같이 근무하는 앞자리의 선배가, 준공식을 보다 자리에 앉으며 나지막이 중얼거렸다.

"그러게요."

준공식은 어떻게든 치르고 있었지만 아직 발전소 지역 주민들과의 갈등이 정리되지 못한 상황이었다. 시작 시점에 주민들에게 약속했던 이런저런 지역 지원사업과 시설 기증이 문제였다. 막상 구체적인 논의가 시작되자, 상호 간에 원하는 바의 간극이 컸다. 결국 주민들의 눈높이를 메꾸지 못한 채로 발전소 공사가 끝나버렸고 관련된 부대 공사나 시설 건설은 시작도 못 한 상황이었다.

"뭐 어떻게 되겠지. 꾸역꾸역."

도영이 무언가 말하려 하는 순간 휴대폰이 울렸다. 10년 넘게 만나지 않은 형으로부터 온 문자였다.

도영아 형이다. 잘 지내니?
아버지가 돌아가셨다. 좀
와볼 수 있겠니?

도영이 고향집 근처 의료원에 도착한 것은 해가 기울어 노을이 진 저녁이었다. 기차 시간이 맞지 않았던 탓도 있었지만, 애초에 출발이 늦었다. 오전 내내 이틀 내로 기한이 정해진 일들을 정리하고 오느라 점심시간 지나서야 사무실을 나섰던 것이다. 장례식 준비는 이미 형이 어느 정도 마쳐 두었기에 도영은 옷을 갈아입는 것 외에는 별달리 해야 하는 일은 없었다.

"어떻게 된 거예요?"

"새벽에 댁에서 걸어 나가시다가 음주운전 차에 치이셨대. 아까 경찰에서도 이것저것 묻고 갔어. 나중에 다시 조사도 받아야 한다네. 아버지도 참……. 그 새벽에, 날도 깜깜한데 어디서 뭘 하려고 나가셨던 건지……."

장례를 치르고 염을 하는 도중에도 눈물은 나지 않았다. 아버지는 반듯이 누워 있었지만 이상하게 고개는 한쪽으로 돌아가 있었다. 몇 번이나 돌리려 했는데도 고개를 똑바로 할 수 없었다는 이야기를 들었다. 무엇 때문일까. 아버지가 보고 있던 건 무엇일까.

화장을 마치고 돌아오는 버스 안에서 추적추적 비가 내리는 창밖 풍경을 보며 도영은 입관 전 마지막으로 본 아버지의 얼굴을 떠올렸다. 평소에 잘 웃지도 않으셨던 분이 살짝 미소를 짓고 있는 것 같아 보였다. 아버지는 도대체 한여름 밤의 새벽에 무슨 일로 길을 나섰던 것일까.

현장에 남겨진 물건으로 건네받은 것은 옷가지, 가방, 서류 뭉치와 인감도장 등이었다. 서류 뭉치에는 알 수 없는 인허가 문서와 지도, 도면 등이 흙투성이가 되어 구겨져 있었다.

'아버지는 도대체 무슨 일을 벌이려 하셨던 거야?'

형 수호, 누나 선영과 함께 차분히 이야기를 나눌 수 있었던 것은 봉안을 마친 후의 저녁식사 자리였다. 장례로 지쳐 있던 도영이었지만, 밥이나 먹고 들어가자는 형의 권유를 무시하기 어려웠다. 선영도 오랜만에 이야기를 나누고 싶은 눈치였다. 세 사람은 병원 근처 식당에 자리를 잡았다.

“그간 어떻게들 지냈니? 미안하다. 연락도 제대로 못 하고 이렇게 보게 되네.”

“미안하긴요. 연락 못 드리긴 저도 마찬가지인걸요. 저는 학교 졸업하고 건설회사 다니면서 그냥저냥 지내고 있어요.”

“만나는 사람은 없고? 슬슬 결혼도 생각해야 하는 나이지?”

“아……. 여자친구는 있죠. 근데 결혼은…… 아직 잘 모르겠어요. 사람이 싫은 건 절대 아니고, 결혼하면 그 친구랑 해야 할 것 같은데, 뭐, 최소한 전셋집 구할 만큼은 모아야 하니까 아직 몇 년은 더 있다가 해야 할 거 같아요.”

“도영이 얘 연애한 지 오래됐어. 내가 그 친구 봤는데 엄청 이쁘고 싹싹해. 도영이를 엄청 잘 챙겨주고. 도영이가 복 받았지. 얼른 결혼해라, 야.”

“선영이 너는? 아직 그 신문사 계속 다니니?”

“응, 오빠. 나도 마찬가지지, 뭐. 이제 10년이 넘어가니까. 아주 지겨워 죽겠어.”

“연애는 안 해? 너 학교 다닐 때 만나던 사람 있었잖아.”

“아, 오빠, 오늘 취조하기로 작정한 거 같다? 그 사람 아직 계속 만나. 결혼하자는 이야기도 있었고. 그 사람 부모님께 인사도 드렸는데, 잘 모르겠어.”

“왜?”

장난스럽게 대답하던 선영이 잠시 들고 있던 젓가락을 놓고 두 손을 모으며 작은 한숨을 내뱉었다.

"자기는 유학 갈 건데, 가기 전에 결혼해야 한다고. 자기랑 결혼하고 같이 가재. 근데 난 그럴 생각은 없거든. 일도 더 하고, 뭐랄까 좀 더 준비해서 한 사람으로 똑바로 선 다음에 결혼이든 뭐든 하고 싶어."

"선영아. 무슨 말인지는 알겠는데. 살면서 다 갖추고, 다 알고 할 수는……."

"알아요. 오빠가 무슨 말하려는지. 주변 사람들한테 이미 훈계 엄청 들었네. 머리로야 다 맞는 말들인 거 알지. 근데 난 불안해. 난 아직 직업적으로도, 금전적으로도 준비가 안 되었는데 덜컥 결혼이라는 걸 한다는 게. 그냥 저지를까도 생각했는데, 아무리 생각해도 나중에 후회할 거 같아. 그냥 한 사람의 아내로, 애들 엄마로 올인해서 살다가 어느 날 밥상머리에 혼자 앉아 있다가 갑자기 '나는 뭐 하는 사람이지?'라고 허탈해할 거 같아. 에이, 취조는 그만하시고요. 그러는 오빤 어때? 언니랑 애랑 많이 바쁜가 봐? 오지도 못하고."

수호는 잠시 머뭇거렸다. 그러다 자리에서 일어나 냉장고 쪽으로 가더니 맥주와 소주를 들고 왔다.

"너희들도 술 먹지? ……사실 애 엄마랑 나 따로 산 지 좀 됐다."

선영은 놀란 표정을 빠르게 추스르곤, 수호의 손에서 병과 잔을 건네받아 술을 따라 주며 물었다.

"언제부터? 왜?"

"음…… 한 1년 다 되어 가는 거 같은데? 친정집 가는 일이 잦아지고 머무르는 시간도 길어지더니 아예 애들 전학도 시키더라고. 그러고는 문자 통보. 당분간 따로 지내자고."

"이야기는 해봤어?"

"해봤지. 이야기가 길어서 다 말하기는 좀 그렇고. 뭐, 내가 잘못한 거 같아. 자산운용사 이사님 되셨다고 몇 년 동안 집에 소홀했던 건 맞지. 딜도 큰 건이 연이어 있었고. 술자리도 많았고. 애가 몇 학년인지 헷갈려 하는 모습을 보고는 이건 아니라고 확신했다더라. 첨엔 물건 가지러 집에 왔다 갔다 하더니만 이제 필요한 물건도 더 이상 없는지 연락도 없다."

어느덧 식사 자리는 술자리로 바뀌었고, 형이 꽤 취해 간다고 생각할 무렵 세 사람은 가게를 나와 헤어졌다. 아버지 소식을 듣기 직전만 해도 참 괜찮게 살고 있다고 생각했는데.

도영은 자신의 원룸으로 가는 지하철에서 며칠 동안 보지 못했던 SNS에 들어가 엄지손가락으로 스크린을 툭, 툭 긁어 올렸다. 근사한 장소에서 영화의 한 장면 같은 모습들, 맛있어 보이는 음식과 건강하고 즐거워 보이는 사람들을 훔쳐보다 보니 점점 불안해졌다. 보통 같았으면 예쁜 장소의 사진을 찾아 여자친구에게 같이 가자는 메시지라도 날렸을 터였다.

하지만 조금 전 형과 누나의 이야기를 떠올리니 불안감만 든다. 형은 이혼을 하게 될까? 누나는 결혼을 할 수 있을까? 나는 형처럼 그리고 아버지처럼 되는 걸까? 결혼하고 이혼하고 혼자 교통사고로 세상을 떠나버리게 될까?

결혼, 출산, 내 집……. 감당해야 하는 경제적 비현실성과 SNS 속 화려한 타인의 일상을 떠올리던 도영의 생각은 막연함 속에 길을 잃었다. 분명하게 이어지고 있다고 믿었던 앞날이 흩어져 가고 있었다. 열심히 살고 있지만 잘 살고 있다고는 할 수 없었다.

느닷없이 던져졌던 경조 휴가는 금방 지나갔다. 먹고, 자고, 전화 받는 것이 전부였다. 휴가에서 복귀한 첫 주말. 옷장에 걸어 둔 검은 양복 덕에 그제야 비로소 현실감이 돌아왔다. 도영은 고아가 되었고 형도 누나도 만날 일은 없을 것만 같았다.

다들 저렇게 노력하는데

"쯧쯧…… 요골두 골절이네요. 아니, 어쩌다 다치셨어요."

보건소 선생님 소개로 진찰을 받으러 온 의료원, 정형외과 의사는 엑스레이를 보자마자 혀를 찼다. 질문인지 힐난인지 모를 말 내용과는 어울리지 않게 공손한 말투였다. 기원은 그 말투에 살짝 짜증이 올라와 퉁명스럽게 내뱉었다.

"아니, 워쩌다 그러긴유. 한잔하고 화장실에서 미끄러졌쥬, 뭐."

사람들이 친절하고 공손하게 대할 때면, 왠지 자신이 나이를 먹고 늙었다는 사실이 떠올라 마음이 삐죽해진다. 그래서 기원은 제게 친절하고 공손한 사람들과는 항상 몇 마디 주고받지 못하고 목소리가 높아졌다.

"그나마 팔만 다치셔서 천만다행이에요. 잘못 넘어져서 머리나 고관절 다치시면 진짜 큰일 나요, 어르신."

"그러다 가믄 가는 거지 뭐, 어쩌겠슈."

"에이, 그러시면 안 되죠. 자식분들만 고생시키신다고요. 일단 오늘은 캐스트하고 약 드시면서 뼈 붙는 거 기다려보죠. 다음 주에 다시 오시고요. 술 드시지 마세요."

"근디, 이거 다 곤칠라믄 얼마나 걸려유?"

"연세가 있으셔서 좀 걸릴 거예요. 그래도 어림잡아 한 달 정도면 캐스트는 푸실 수 있을 거예요."

"어이구. 어디 정원사 잘하는 데 아는 데 있으세유?"

"정원사요?"

"아니, 깁스 풀면 아주 팔뚝이 숲이 되겠슈. 깎으려면 사람 불러야 쓰겄어유."

"하하하."

습관처럼 농을 던지고 진료실을 나온 기원의 표정은 다시 곧바로 굳어졌다. 오랜 공무원 생활을 은퇴하고 15년째, 그리고 두 번째 아내마저 집을 나가버린 지도 벌써 10년이 넘었다. 소소하게 감기에 걸리거나 배탈이 난 적은 몇 번 있었지만 이렇게 크게 다친 것은 처음이었다. 그것도 넘어져서.

'그 친구도 혼자 살다가 욕실에서 넘어져 머리를 크게 다쳐 하늘나라로 갔다고 했지…….'

집으로 돌아가는 길, 날씨는 기원의 기분만큼이나 어둡고 우중충했다. 버스 정류장에서 올려다본 하늘에는 시커먼 구름이 빠르게 움직이고 있었다. 태풍이 온다고 했던가. 비가 오기 전에 서둘러 들어가고 싶었던 기원은 어색한 왼손으로 자물쇠를 열고 작은 마당을 지나 집으로 들어섰다.

침대에 누워 아픔을 달래자니 이내 서러움이 스멀스멀 올라온다. 약을 챙겨줄 아내도, 다쳤다고 걱정해줄 자식들도 아무도 남지 않았다. 그렇다고 눈물을 흘리기에는 나이가 부끄럽다는 생각을 하며 리모컨을 찾았다. 기원은 혼자 살면서 언젠가부터 밤이 두려워졌다. 그럴 때면 텔레비전을 보며 시간을 흘려보내는데, 이때 술이 빠지면 불안했다.

기원은 거실로 나가 텔레비전의 전원을 켜고 냉장고로 향했다. 맥주 세 병과 소주 한 병. 어제 다치기 전에 사두었던 과자 두 봉을 안주삼아 술을 마시기 시작했다.

전원이 들어온 텔레비전에는 전국에 한창인 태풍 소식이 들려온다. 익숙한 지명들을 바쁘게 오가며 날씨 상황, 사람들의 걱정스런 반응과 부지런한 대비 모습을 전해온다. 매년 반복되는 태풍에 대비하기 위해 사람들은 매번 노력하지만, 어김없이 어딘가는 부서지고 떠내려가며, 누군가는 다치고 목숨을 잃는다.

개미같이 부지런히 준비해도 어쩔 수 없는 일이라는 게 있다는 생각을 하는 순간, 기원은 문득 무서워졌다. 나는 앞으로 몇 년이나 더 이렇게 태풍이 온다는 소식을 들을 수 있을까. 반복되는 뉴스를 보며 기원은 술을 들이켰다.

소파에서 뒤척이던 기원은 창문으로 들어오는 햇빛에 잠에서 깨어났다. 아, 내가 소파에서 잠들었나. 아침 햇살은 눈이 부셨고, 밤새 켜져 있던 텔레비전은 이제 피해와 복구 보도를 내보내고 있다. 삶의 기반을 잃고 오열하는 사람들이 있었고, 이들을 돕고 구하려는 사람들의 아우성이 반복되었다. 그럼에도 세상 사람들은 변함없이 열심히 사는 것 같아 기원은 자신이 부끄러워졌다.

'다들 저렇게 노력하는데…….'

기원은 냉장고 속에서 냉수를 꺼내 국그릇에 가득 부어 들고 마당으로 나와 보았다. 오른팔은 아직 쑤셨지만 진통제 덕분인지 어제보다는 한결 나은 기분이다. 비가 갠 마당 쪽 툇마루에 앉아, 빈속에 약을 털어 넣고는 주변을 둘러봤다. 땅과 돌, 나무가 젖었다는 걸 빼면 어젯밤 태풍이 왔었다는 걸 믿기 어려울 정도로 밝고 맑은 아침이었다.

'어, 재가 아직 멀쩡하네.'

마당 한구석 철쭉나무가 눈에 들어왔다. 비를 맞아서인지 더 푸르고 붉게 반짝거리는 것 같았다.

'재가 나보다 오래 살겠어…….'

선명한 햇살과 그늘이 드리운 철쭉을 보며 기원은 생각에 잠겼다. 저 철쭉을 처음 집에 심은 것은 아마 수호가 세상에 나올 즈음이었다. 어린 수호는 저 철쭉이 자신보다 형인지 동생인지를 늘 궁금해했다. 자기가 더 키가 크면 무조건 형님이라며 엄마에게 억지를 부리기도 했지만 나름 애정을 가지고 하루하루 철쭉을 돌보았다.

하지만 수호는 엄마가 병으로 세상을 떠나자 더 이상 철쭉과 키를 재는 일을 그만두었다. 그리고 기원 본인도 자연스레 철쭉을 보살피는 일이 뜸해지게 되었다. 막내 도영이가 태어난 후 선영과 도영이가 다시 철쭉과 키 재기를 시작했던 것 같지만 그마저도 기원은 잘 기억나지 않았다.

기원이 철쭉을 다시 돌아봤던 것은 아이들이 하나둘 집을 떠나고 두 번째 아내도 집을 나가고 난 후였다. 혼자 지내는 겨울이면 눈 오는 새벽마다 혼자 연탄불을 갈다 멍하니 멈춰 서서 코가 얼도록 저 철쭉을 바라보곤 했다.

기원은 아침 햇빛을 받고 무심히 서 있는 철쭉을 보며 생각했다. 어쩌면 우리가 돌보고 있었던 것이 아니라 저 철쭉이 우리 가족을, 나를 지켜봐주고 있었던 것은 아닐까. 바보 같았던 일들, 잘못했던 선택, 돌보지 못했던 아이들……. 아이들은 저 말

없는 나무를 기억하고 있을까? 그리고 별로 해준 것 없는 아버지를 아직 기억하고 있을까? 잠시 하늘을 바라보던 기원은 말없이 반짝이는 잎새로 시선을 돌리며 생각했다.

'고맙다. 너라도 오래 살아야지.'

물을 좀 더 잘 챙겨줘야 할지, 비료 같은 걸 좀 사다가 뿌려줘야 할지. 기원은 잠시 이 궁리 저 궁리를 해보았지만 무엇 하나 뾰족한 생각이 들진 않았다. 무언가 해주고 싶은 마음은 있었지만 그 무엇도 달가워할 것 같지 않았기 때문이었다.

남아 있던 국그릇 속 냉수를 벌컥벌컥 비워버린 기원은 한숨과 함께 툇마루 기둥에 비스듬히 기대앉았다. 그러고는 눈을 감고 생각에 잠겼다. 긴 시간은 아니었다. 10분? 15분? 간간이 자신도 알 수 없는 탄식과 감탄 같은 소리를 내뱉던 기원은 무언가 결심한 듯 조용히 몸을 일으켰다. 그러고는 방으로 들어가 오랫동안 쓰지 않았던 만년필에 힘겹게 잉크를 채웠다. 그리고 책꽂이 구석의 공책을 찾아 책상에 올려놓고는 무언가 적어 내려가기 시작했다.

그가 처음 쓴 단어는 '선물'이었다.

아버지가 이루지 못한 바람

도영이 고향 친구 상명을 다시 만난 건 아버지의 첫 번째 기일이 지나고 얼마 되지 않아서였다. 상명은 도영에게 갑작스레 전화를 하여 꼭 만나서 할 이야기가 있다고 했고, 도영도 고맙다는 말을 제대로 전하지 못한 것이 마음에 걸렸기에 서울에서 만나기로 약속을 하였다. 상명은 도영이 상을 치를 동안 매일같이 장례식장에 들러 이것저것 도와주고 챙겨주었다. 심지어는 자신보다 더 많이 눈물을 흘리기도 했다.

통화가 있고 그다음 주에 상명은 휴가를 내고 서울로 올라왔다. 둘은 회사 근처 식당에서 수육에 소주를 마셨다.

"야, 너는 무슨 군청 담당자를 사칭해서 사람을 놀라게 하냐? 하하하."

"내가 무슨 사칭을 했다고 그래? 나 군청 직원 맞아. 내가 맡은 일은 아니지만 민원인들의 안녕과 행복이 형님의 사명이니 내 일과 다름없다. 흐흐."

군청 유선전화로 전화를 걸어 딱딱한 말투로 장난을 부렸던 친구는 어릴 때와 달라진 게 없어 보였다. 생각이 많고, 그래서 조금은 우유부단하고 차분한 성격인 도영과 달리 상명은 언제나 시원시원하고 거리낌이 없었다. 친구는 서로 조금은 달라야 가까이 할 수 있다고 했던가.

어느 정도 술잔이 오갔을 때 상명이 들고 온 서류 봉투를 꺼내 보면서 본론을 꺼냈다.

"이것 좀 봐."

"무슨 인허가가 어떻게 되었다고?"

"응. 너 정말 몰랐구나. 사실 너희 아버님이 전기사업허가를 받아놨어."

"전기사업허가? 그게 뭐야?"

"태양광 발전 사업이라고 들어봤어?"

"태양광? 요새 친환경이라고 여기저기 설치하는 그거?"

"그래 그거. 옛날에는 발전소 짓는 게 돈이 많이 들어서 주로 기업들 위주로 크게 했는데, 요새는 작게 개인들도 많이 해. 아는 사람들만 하는 거지. 그거 하려면 나라에서 사업 인허가를 받아야 하거든. 아버님 농사짓던 땅 있지? 그 땅에 발전소 지어서 너랑 수호 형, 선영 누나 물려주시겠다고, 돌아가시기 한 1년 전부터인가? 여기저기 열심히 뛰어다니셨어. 그 덕에 아주 내가 아버님께 엄청 시달림 당했지."

"그거 지붕에 판때기 같은 거 붙여놓고 겨울에 온수 쓰고 그런 거 아냐? 그게 전기가 나와?"

"그건 태양열이고, 태양이 열도 나오고 빛도 나오지? 열을 가지고 물을 뜨겁게 덥혀서 에너지로 사용하면 태양열이고, 빛을 받으면 전기가 생기는 특수한 전지를 이용해 에너지로 사용하면 태양광이야. 하여튼 그 사업인허가가 기한이 3년이라 그 전에 명의 변경하라는 말 해주려고 보자고 했어. 너 아버지가 하시던 발전소 지어봐라."

"태양광 발전소? 그거 하면 좋은 거냐? 괜히 어디서 사기 당하셔서 돈만 날리셨던 거 아니고?"

"에이. 도영아, 아버님이 그래도 공무원 생활로 정년퇴임하신 분이다. 나 처음 군청 들어갔을 때 아버님께 정말 많이 배웠어. 아버님 주변 동료나 후배들한테 일 잘하고 명석한 분으로 유명했고. 그런 분이 어설프게 시작하셨겠냐."

도영은 어쩌면 자신보다 상명이가 아버지를 더 잘 아는 것 같다는 생각에, 기분이 묘해져 뭐라 대꾸하기가 어려웠다.

"얼마나 좋은지는 솔직히 나도 안 해봐서 잘 모르긴 해. 그런데 민원인분들이 이야기하는 걸 들어보니, 20년 이상 안정적으로 수익을 낼 수 있는 수단인 거 같더라. 왜 사업을 하면 뭐든지 들어가는 게 있고 나오는 게 있잖아. 예를 들어 카페를 운영한다고 해도 재료 좋은 거 안정적으로 구해야지, 커피 만들어서 잘 팔 걱정해야 하잖아."

"뭐, 그렇지."

"근데 태양광 사업은 그런 걱정이 거의 없다는 거야. 들어가는 건 늘 쏟아지는 햇빛이고, 나오는 전기는 한전이 매월 나오는 대로 사가서 꼬박꼬박 입금해주니까. 떼돈을 벌 수 있는 건 아니지만 노후 대책으로 좋다고 하더라고. 재료 가격 오르는 거 신경 안 써도 되고, 조그만 건 무인으로 운전한다니 사람 때문에 스트레스 받을 일도 없고, 한전이 망할 일도 없으니 돈 못 받을 걱정도 없고. 꾸준히 들어오는 공무원 연금이나 개인연금처럼, 태양광 연금 같은 느낌이지."

"……."

"그리고 발전소를 지으면 땅의 용도도 밭이나 논에서 잡종지라는 걸로 바뀌어서 20년 뒤에 발전소 수명이 끝나면 건물이라도 지을 수 있는 땅을 갖게 될 수 있어. 지금은 법이 바뀌서 안되지만, 예전엔 임야를 싸게 사서 태양광 설치하면 지목이 잡종지로 바뀌서 땅값도 많이 올랐다고 하더라고. 아, 그래서 연세 좀 있으신 분들은 조그맣게 발전소 지어서 자식에서 증여하기도 해. 태양광 회사 만들어서 대표를 자녀 이름으로 하면 자연스레 자녀가 수혜를 받는다고. 뭐, 아버님은 회사 만들 생각은 아니었던 거 같지만 비슷한 생각을 하신 것 같아."

"……."

장황한 설명을 마친 상명이 멋쩍었는지 조금 뜸을 들이다 도영에게 술잔을 건네 따라주며 말했다.

"넌 아버지가 미리 준비해두셔서 고마운 줄 알아. 무조건 해봐라."

"상명아, 이야기는 고마운데, 그 무슨 사업허가는 그냥 없어지게 두는 게 나을 거 같다. 내가 아는 것도 없고……. 잘 모르는 거 했다가 괜히 문제 생길 것 같아 무섭다."

"야, 무슨 소리야? 아버님은 뭐 잘 알아서 시작하셨겠냐? 너랑 수호 형, 선영이 누나 잘되라고 말년에 여기저기 아쉬운 소리해 가면서 얼마나 열심이셨는데? 그 인허가만 해도 그거 나왔다고 얼마나 좋아하셨는지 알아? 나하고 인허가 대행하는 회사 대표님이랑 앉혀놓고 자식들 이야기하고 미안한 맘, 아끼는 맘, 얼마나 절절히 이야기하셨는지 아냐고!"

"아니, 그러니까 그게 싫다고. 말년에 그냥 편안하게 계시면 되지 왜 쓸데없는 일 벌이셔서 자식들 귀찮은 일만 만들고 가시냐고. 그렇게 절절하면 가시기 전에 좀 따뜻하게 대해주시면 안 됐던 거냐? 이제 와서 뭘 잘해주시겠다고 그러셨냐고. 그게 싫다고."

"쓸데없는 일? 야, 황도영. 너 그게 지금 할 말이냐?"

대화가 예기치 못하게 격해지자 둘은 잠시 아무 말 없이 각자의 잔을 비우고 채우기를 두서너 번 이어 갔다. 잠자코 있던 도영이 먼저 상명의 잔에 술을 따라주며 말했다.

"화내서 미안하다. 너도 알겠지만 나 아버지랑 그렇게 사이가 좋지 않아서…… 좀 예민했다."

"아니다. 뭐 나도 내 생각만 지껄였던 것 같다. 네 입장에선 갑작스러운 이야기였겠지. 미안하다. 그런데 도영아, 안 해도 좋으니까, 난 네가, 아버님이 어떤 생각으로 뭘 하고 계셨는지는 좀 알아봐줬으면 좋겠어. 아버님 말년에 지내시던 집에 한번 가봐. 거기 가면 아버님이 모으신 자료랑 그간 적어 오신 노트 있을 거야. 노트를 늘 들고 다니시면서 꼼꼼히 메모해 오셨거든. 인허가

만료될 때까지 아직 시간 여유 많으니까, 그거 보고 나서 결정해도 늦지 않을 거야. 혹시 모르는 거 있으면 물어보고. 필요하면 내가 일 도와주시던 인허가 대행사 대표님 연락처도 알려줄게."

"알았다. 하든 안 하든 한번 내려갈게. 횟집 좋은 데나 좀 알아놔. 자료 찾아보고 보고하러 갈게. 고맙다."

"좋지. 고마우면 오늘은 네가 쏴라. 내려오면 회는 내가 쏘마."

아버지의 선물을 받기로 하다

희망퇴직을 권유받은 금융인, 첫째 수호

"네, 대체투자2팀 황수호입니다. 오전에 갑자기 잡힌 본부장님 면담 일정이 뭔가 해서 전화드렸습니다."

–아, 네. 이사님, 안녕하세요. 그거요, 어제 늦게 본부장님이 이사님 잠깐 뵙고 싶다고 하셔서 제가 등록했어요. 연락 못 드리고 일정 잡아 죄송합니다.

"그래요? 이제 30분도 안 남았는데 혹시 어떤 내용인지 알 수 있을까요?"

–죄송해요. 그거까지는……. 별말씀은 없으셨어요.

"네, 알겠습니다."

무슨 일일까. 매번 하는 주간 회의가 오후에 있는데 굳이 오전에 갑자기 비서를 통해 일방적으로 독대 일정을 잡다니, 수호는 의아함이 들었다.

이렇게 남들 모르게 조용한 면담이 필요한 경우는 두 가지 정도다. 개인적인 부탁을 하거나, 인사 관련한 일이거나. 나름 오랜 기간을 알고 지내왔던 본부장의 성격을 감안하면 이런 식으로 개인적인 부탁을 할 리는 없을 터였다. 그렇다면 십중팔구 인사 관련한 일이다. 인사 관련하여 본부장 본인의 넋두리를 하거나, 다른 이들의 인사에 관해 상의를 하거나, 아니면 내 인사에 관한 일이거나.

후우, 한숨을 내쉰 수호는 수첩을 챙겨 자리에서 일어섰다. 본부장실로 걸어가는 동안 맡고 있는 팀의 작년 실적을 떠올렸다. 팀 성과는 매우 좋았다. 크고 작은 부동산 프로젝트 파이낸싱 건도 여러 번 성사시켰고, 몇 년 전 딜이 이뤄진 복합화력 건도 순조롭게 인출이 진행 중이되었다. 내년에는 틀림없이 '별'을 다실 거라고 설레발을 치던 후배의 말이 떠올랐다. 다음 주에 임원 인사 발표가 있으니 개별 통보를 하면 오늘쯤이 딱 들어맞기는 했다.

수호는 조금 전 전화 통화를 했던 비서와 눈인사를 하고 옷매무새를 가다듬었다. 그러고는 열려 있는 본부장실 문으로 들어서며 목례를 했다.

"어, 황 이사, 어서 와."

반갑게 맞아주는 본부장의 분위기는 나쁘지 않아 보였다.

"요새 어때? 아, 물론 일 말고."

"네, 뭐 특별한 건 없고 그럭저럭 지내고 있습니다."

"애하고 와이프는? 별일 없이 잘들 지내고 있고?"

"네, 첫째가 고3이라 바쁜 것 말고는 잘 지내고 있습니다."

"그래. 너무 좋고 안 좋고 들쑥날쑥하는 것보다 평탄하게 쭉 가는 게 제일 좋지. 회사도 왜 작년에 엄청 좋았잖아? 창사 이래 매출도 최고여서, 영업이익도 신기록 찍었다고 인센티브에 급여 인상에…… 좋았지. 그런데 봐 봐, 올해는 급반전해서 비상경영 체제야. 잘 알겠지만 경기 급락에다가 현장에서도 이런저런 사건 터져서 우리 요새 분위기 아주 안 좋잖아."

"뭐, 낮이 지나면 밤이 되고 또 밤이 지나면 좋아지는 때가 오겠죠."

"그래 맞아. 근데 밤을 보내는 게 문제지. 사실 그래서…… 회사에서 희망퇴직 제도를 운영해보기로 했어."

"희망퇴직 제도요?"

"응, 근속 20년 넘은 고연차 직원들을 대상으로 희망퇴직을 받을까 해. 희망퇴직을 신청하면 일정 기간 급여만큼의 보상을 해주는 제도야. 퇴사해서 다음 기회를 준비할 수 있도록 지원하겠다는 취지지."

"……."

"자네 작년에 20년 근속상 받았지?"

"네……."

"그래서 실은 자네도 대상자에 포함됐어. 보상도 나쁘지 않은 거 같으니 한번 생각해봐."

"권고사직 같은 건가요?"

"아냐, 아냐. 무슨 소리야. 오해하지 마. 좀 전에 이야기했지만 어디까지나 이건 강요도 아니고 오래 고생한 직원들에게 새로운 기회를 부여하자는, 뭐, 그런 취지야. 요샌 왜 인생 2막이니, 부캐니, 직업을 바라보는 시각도 많이 달라졌잖아. 그지?"

애써 가벼운 분위기를 꾸미며 동의를 구하는 본부장이 불편해진 수호는 생각해보겠다는 말을 남기고 바로 자리에서 일어났다. 등을 돌리는 수호에게 본부장은 언제 점심이든 저녁이든 식사 한번 하자는 말을 건넸다. 수호는 대꾸하지 않았다. 강요는 아니지만 조직이 일방적으로 정한 일이다. 회사 방침인 이상, 그 일을 해내지 못하면 본부장이 힘들어지는 상황이라는 것은 알고 있었다.

본부장실을 나서는 수호는 갑자기 아이처럼 모든 게 어색해졌다. 문을 닫지도 못하고 비서에게 인사를 건네지도 못했다. 수호는 무표정하게 모니터 화면만 바라보는 비서 앞에서 잠시 쭈뼛거리다 이내 자리로 돌아올 수밖에 없었다.

***

희망하지 않는 희망퇴직 통보를 받은 지 2주가 흘렀다. 시간은 의외로 별일 없이 훌쩍 지나갔다. 일도 그대로였고, 팀원들도 별말이 없었다. 퇴직일이 오기 전까지는 아마 모든 것이 그대로 흘러갈 것이다.

'자리 옮기면서 회사 짐을 미리 줄여놓기를 잘했네.'

3년 전 먼저 희망퇴직 제도로 회사를 그만둔 선배를 만나러 가는 길, 수호는 혼자 생각했다. 대출을 알아보고, 이력서를 쓰고, 구직처를 알아보고…… 근 4, 5년간 이리 바쁜 적도 드물었던 것 같다. 아니, 더 정확히는 자신을 위해 이렇게 바삐 지낸 건 20년 만이다.

'20년 근속상은 예고장이자 졸업장이었나.'

혼자 헛웃음을 지어본다. 다른 사람 대출은 많이 봐줬어도 본인 대출을 받으러 뛰어다니는 것 또한 오랜만이었다. 더 이상 월급은 나오지 않아도 아내에게 양육비는 보내주어야 하기에 대출은 필요했다. 퇴직금으로 2년, 아니 1년은 버틸 수 있을까? 걱정할까 싶어서는 아니고 말이 길어질까 무서워서 아직 아내에게도, 아이들에게도, 누구에게도 말을 하지 못했다. 회사를 그만두게, 아니 잘리게 되었다는 소식을 전하는 건 오늘 만나는 선배가 처음이 되리라.

선배는 작년부터 귀농을 시작했다. 논 메고 밭 가는 농사가 아니고 스마트팜이라고 했다. 옆 팀 팀장이었던 선배는 투자처 영업을 하던 도중 알게 된 사업자와 친해져 동업으로 사업을 시작했다. 퇴직한 금융사 출신들에게 가끔 들리는 후일담 유형 중 하나였다. 물론 해피엔딩은 흔하지 않았다.

약속한 식당에 들어서자 낯선 사람이 반갑게 인사를 건넨다.

3년 만에 만난 선배다. 그런데 이 사람, 외모부터 달라져 있었다. 코 밑과 턱이 덮이도록 수염을 기른 사람치고 인상이 밝았다. 늘 양복에 넥타이를 매고 있던 금융인 모습만 봤던 터라 헐렁한 개량 한복을 차려입고 나타난 선배는 도사처럼 보였다. 확 달라진 모습에 수호는 허리부터 웃음이 터져 나오는 걸 참을 수가 없었다.

"아하하하하, 선배 모습이 장난이 아닌데요?"

"야, 하하하…… 웃기냐, 이게? 너, 이 옷이 얼마나 편한데? 일단 앉아라. 앉아. 먹으면서 이야기하자."

고민하기 전에 배부터, 술부터 채우자는 선배가 고마웠다. 술잔을 나누고 삼겹살을 구우며 수호 이야기보다는 선배와 주변 지인들의 근황에 관한 이야기를 나누었다.

"사업은 어때요?"

"에이, 사업이라고 할 만큼 거창한 건 아니고, 그냥 장사지, 뭐. 장사라고 해도 쉬운 건 아니지만."

선배의 스마트팜 이야기는 흥미로웠지만 쉽지는 않아 보였다. 의외로 상가를 구하고 설비를 놓는 것까지는 순조로웠다. 정작 어려움은 장사를 운영하면서부터였다.

종자니 양액이니 정기적으로 필요한 물품을 구하고 설비를 돌보는 수고는 기본이었다. 문제는 판매였다. 전기료나 인건비와 같이 정기적으로 들어가는 비용을 감당하고 투자비를 회수하려면 일정 이상의 매출이 유지되어야 하는데, 일정 규모에 도달하는 것도 어려웠지만 들쑥날쑥하는 매출에 따라 정기적 비용을 감당하지 못하는 날도 많았던 것이다.

"사업이든지 장사든지 뭐든지 말이야. 무언가를 들여와서, 가공해서, 아니 부가가치를 얹어서 파는 거야. 근데 셋 다 쉽지 않다는 게 문제지. 회사에서 우리 일은 돈을 대는 쪽이었지 사업을 하는 쪽은 아니었어. 막상 해보니 사업이라는 게 만만치 않아."

같은 회사에 다닐 때 항상 자신감이 넘치던 선배는 술잔을 건네며 쓴웃음을 보였다.

"너도 고향 쪽에 뭔가 할 걸 찾아보는 건 어때? 내가 하는 일은 비추야. 자기한테 맞는 일을 찾아야 돼. 일단 시간을 가지고 머리도 식히고, 놓쳤던 인맥도 다시 살리고 해봐. 특히 지방에서 뭐 해보려면 인맥이 제일 중요하더라. 민원 하나 해결하는 데 돈도 돈이지만, 누구 형제다. 누구 자식라고 하면 조금이라도 도움이 되지 않겠어?"

나름 고생한 이야기를 한 보따리 풀고 난 후 멋쩍은 듯, 배려하듯 선배가 말을 건넸다. 수호도 생각을 해보지 않은 것은 아니다. 상속으로 받은 고향집도 있고, 땅도 조금 있었지만 동생들과 분할도 해야 하고, 상속세도 아직 납부하지 못했기에 마음이 편하지 않았다. 동생들과 혹여나 다투게 될까 봐 선뜻 실행에 옮길 수 없었다.

생각이 바뀐 것은 술이 한가득 취한 선배가 계산을 마치고 등을 쓰다듬어줄 때였다.

"괜찮아. 괜찮아. 지금까지 잘했고. 또 잘하면 돼. 괜찮아, 네 탓 아니야."

"암요. 암요. 압니다, 2차는 어디로 갈까요?"

"내 그럴 줄 알고 미리 찾아봤지. 분위기 좋아 보이는 데 있다. 가자!"

안경을 올려 쓰고 눈을 흘기며 전화기를 들여다보는 선배를 보며 수호는 우스우면서도 짠하다는 생각을 했다.

그래, 일단 내려가야겠다. 내일 아침에 제출하기로 마음먹었던 여섯 번째 입사지원서는 보류하자. 수호는 어차피 알고 있었다. 다섯 번째 거절을 당했을 때, 어렵겠구나, 아니 시간이 필요하겠구나 하고 생각했다. 우선 내려가서 생각도 정리하고, 선배 말대로 사람들을 만나면서 몇 달 지내보자. 그것도 나쁘지 않겠다. 방은 별채만 쓰면 나중에 동생들에게 할 말도 있겠지. 수호는 비틀거리며 달리려 하는 선배를 잡아주며 걸음을 내디뎠다.

장기 연애를 끝낸 취재기자, 둘째 선영

"아침부터 왜 그래? 뭐야? 괜찮아?"

선배 기자의 놀란 한마디에 정신을 차린 선영은 책상 위를 보고 깜짝 놀랐다. 팔을 괴고 있던 곳 아래로 자신의 머리카락이 우수수 떨어져 있었다.

“와. 야, 썬. 이거 뭐야? 탈모 생겼어?”

“아냐, 아냐, 선배. 내가 손으로 잡아 뜯었나 봐.”

“털갈이는 집에서 해라. 방사선 치료받는 사람인 줄 알았잖아. 깜짝 놀랐네.”

어제까지 바쁘게 뛰어다니며 취재 일정을 보내고 굵직한 기사를 마무리한 참이라, 사무실에 출근하는 일상으로 돌아온 선영은 조금 멍한 상태였다. 빡빡한 일정에 밤낮으로 사람들을 만나고, 기사를 작성하고, 검토 받아 수정하느라 지친 것도 있었다.

하지만 그보다는 스스로를 몰아붙이며 잊고자 했던 생각들이 쏟아져 들어와 머릿속이 복잡했다. 오늘 아침도 자신이 포스팅한 기사를 모니터링하다 꿈꾸듯 생각에 빠졌다. 무슨 뜻이었을까, 뭐 하고 있을까, 앞으로 어떻게 되는 걸까.

학생 때 만나 10년을 사귄 남자친구가 이별을 선언한 것은 지난 달 이맘때였다. 남자친구의 말투와 태도에서 무언가 어렴풋이 틀어지고 있다는 것은 느끼고 있었지만 막상 선고가 내려지자 받아들이기는 쉽지 않았다.

오랫동안 서로에 대한 감정을 키워 가며 함께 시간을 쌓아 가던 두 사람에게 균열이 생긴 건 직장을 다니던 남자친구가 2년 전 석사과정을 시작하면서부터였다. 공부를 더 한다는 것 자체는 별일이 아니었지만, 문제는 남자친구의 진학이 박사 유학을 전제로 하고 있다는 것이다. 두 사람이 꿈꾸는 행복한 결혼으로 가는 경로가 갈라졌다.

그 사람은 함께 결혼하여 유학을 가야만 한다고 주장했고, 선영은 자신의 커리어가 끊기는 것을 견딜 수 없어 했다. 결혼해서 함께 나간다면 남편이 공부를 끝내는 것은 빨라도 5, 6년 뒤였고, 그때 귀국한들 선영이 자신의 일을 이어 갈 가능성은 희박했다. 거기다 남편이 공부를 하는 동안 자신은 외국에서 무슨 일을 하며 시간을 보낸단 말인가? 아무리 생각해도 '따라가는' 외국살이는 받아들일 수가 없었다.

그 이후는 다툼과 화해의 반복이었다. 화해의 이유는 매번 같았지만 또 다른 다툼의 이유가 뒤를 이었다. 서로가 조심스러워지고 연락이 뜸해지는 데에는 오랜 시간이 걸리지 않았고 만남도 점차 줄었다. 결국 거의 한 달간의 침묵 끝에 나눈 대화는 순식간에 끝났고, 10년간의 연애가 막을 내리는 데에도 10분이 걸리지 않았다. 그리고 그 10분간 나눈 이야기는 10달 이상 선영을 괴롭힐 것이었다.

'정말 사랑한다면 같이 있어 달라고? 그러면 너는 왜 나랑 같이 있을 생각은 안 해? 결국 사랑은 하지만 너나 나나 그 정도는 아니라는 말이네. 우린 다들 자신만큼 서로를 사랑하지는 않는다는 말 아냐?'

서로가 수긍한 당황스런 결론 앞에 선영은 어른다운 결정을 잘

내린 거라고 마음을 다잡았다. 하지만 정말 잘된 거라고 생각해야 하는 건지, 후회하게 될지는 아무리 생각해도 알 수가 없었다.

"썬! 그만 생각하고 방사선 치료 끝나셨으면 이거나 받아."

"이게 뭐야?"

"뭐긴 뭐야. 멍하니 생각만 하면 뭐 해. 몸 좀 움직이고 바람 좀 쐬고 와."

"아, 뭐야. 선배, 나 다른 곳에서 먼저 쓴 기사 받는 건 싫어."

"시끄럽고, 어여 나가 봐. 사무실에 앉아서 멍하니 자학하는 거, 그거 시각적 공해다 공해."

"아니 선배? 자학이라니? 나는 나를 너무너무 사랑해서 남자한테도 차이는 사람이거든? 네, 네. 갑니다, 가요. 에휴, 이건 이동하면서 볼게."

데스크로부터 전달 받은 기사는 태양광 발전소 사고에 대한 1보 단신이었다. 갑작스러운 장맛비에 토사가 무너져 공사 중이던 발전소 내부뿐만이 아니라 인근에도 피해가 미쳤다는 내용이었다. 현장은 태양군 동일면. 고향집이 있는 정남면을 지나 있는 곳이었다.

아버지 살아 계셨을 때도 별로 가보지 못했는데. 아직 비가 완전히 그치지 않아 어두운 창밖을 바라보며 선영은 생각했다. 장례를 치른 지 1년 남짓, 선영은 또다시 같은 방향으로 향하고 있었다.

***

"우와…… 이거 사진으로 봤던 거 이상인데요."

현장에 도착하자 동행한 신참 사진기자는 카메라를 챙겨 들고 그림을 찾아 어디론가 사라졌다. 현장은 아수라장이었다. 갑작스런 비바람으로 태양광 시설물 뒤쪽 사면의 토사가 쏟아져 내렸고, 시설물이 설치되었던 발전소 부지 아래 석축도 무너져 내렸다. 넘쳐난 물과 토사, 석축 잔해가 인근 도로를 넘어 농경지까지 쓸어버린 것이다. 발전소 부지 밑으로 태양광 패널과 패널을 지지하고 있었던 것으로 보이는 구조물들이 뒹굴고 있었고, 무너진 비탈면으로는 태양광 시설물들이 금방이라도 쓰러질 듯 아슬아슬하게 걸쳐져 있었다.

현장 입구로 경찰차와 소방차가 보였고, 또 다른 승용차, SUV들이 줄지어 아수라장을 연출하고 있었다. 토사가 쌓인 도로 입구에서 밀려 있는 차량과 실랑이 하는 경찰, 도로에 흩어져 있는 자재를 치우는 소방대원들과 인부들 사이를 지나 초록색 점퍼를 입은 공무원으로 보이는 사람에게 다가갔다.

"안녕하세요? 바른일보 황선영 기자입니다. 피해가 어떻게 발생한 건가요?"

"어젯밤에 비가 억수로 오더니, 그만 저 위짝에 있던 흙이 무너지면서 걍 무너져 내렸슈."

"여기 발전소 책임자는 도착했나요?"

“연락은 되었는데 아직 도착은 안 했어유. 뭐, 태양광 발전소란 게 외지 사람들이 이리 설치만 해놓구 관리하는 사람들은 영 없으니께.”

분명 태양광은 재생에너지 발전이고 친환경적인 설비라는데, 왜 나무를 베고 산비탈 깎아내서 설치를 하는지, 왜 제대로 짓고 제대로 관리를 하지 않아 이런 사고를 만드는지 선영은 이해가 되지 않았다.

옆에는 주민으로 보이는 사람들 십여 명이 걱정스러운 눈빛으로 현장을 지켜보고 있었다. 선영은 옆 자리에 서 있던 노인에게 말을 걸었다.

“어르신, 안녕하세요? 바른일보 취재기자 황선영이라고 합니다. 혹시 피해 상황에 대해 여쭐 수 있을까요? 사고 나는 장면을 혹시 보셨나요?”

“기자님인 겨? 아휴, 아주 잘 만났네! 이것 좀 세상에 싹 까발려줘유.”

“네? 무엇을 말인가요?”

“세상에, 이것들이 여기다 태양광 설치한다고 했을 때부터 안 된다고 그렇게 반대했는데, 기어이 설치한다고 공사하더니만 오늘 이 사달을 맹글어 놔부렀어. 내가 참말로 이리될지 알았지. 쩌기 반대편에도 태양광이 있는디, 저것이 멀쩡히 있을 때도 쩌서 전자파가 나와서는 사람들 몸에도 안 좋고 우리 집 소들은 송아지도 못 낳는 겨. 거기다 태양빛이 번쩍번쩍 눈이 부셔서는 차들 지나댕길 때 위험하고, 저 시커먼 판때기들이 또 햇빛 받으면 얼마나 뜨끈한지 주변만 지나다녀도 기온이 다르다니께? 내가 나이는 이리 먹었어도 신문을 아직도 엄청 읽어서 정신이 질로 또렷해유."

"태양광 시설이 문제가 많은가 보네요?"

"아이고, 저기 송씨 나왔네. 저 할머니가 아래쪽 밭 주인이유. 저거 저 흙탕물이 밭 다 덮어서 농사진 거 다 망치고 축사랑 다 무너졌어. 쯧쯧."

할아버지가 가리킨 출입 통제선 뒤쪽에서 한 노인이 진흙 바닥에 주저앉아 통곡을 하고 있었다. 거리가 있어 잘 들리지 않았지만 누구냐는 말, 어쩔 거냐는 말을 반복하는 것 같았다. 선영은 주변의 부축에도 쉽사리 일어서지 못하는 노인의 모습이 어쩐지 남의 일 같지 않았다.

현장에 도착한 시공책임자라는 사람과 만날 수 있었던 것은 어르신의 노여움 섞인 훈계를 한동안 듣고 나서였다. 시공책임자는 황망한 표정으로 현장을 보며 여기저기 전화로 상황을 설명하고 있었다.

시공책임자와 뒤늦게 도착한 발전소 사업자의 인터뷰까지 마친 선영이 시계를 보았을 땐 벌써 오후 7시를 넘긴 시각이었다. 해도 이제 산 너머로 넘어가는 중이었고, 촬영을 마친 사진기자도 다른 일이 있다고 서울로 떠난 뒤였다. 하늘도 이제 곧 어두워질 것 같았다.

허기를 느낀 선영은 차에 올라타 어딘가로 전화를 걸었다.

"어, 은서야. 잘 지내지? 어디야?"

결혼을 앞둔 직장 생활 5년 차, 셋째 도영

주말 오후에 들른 고향집은 깔끔하면서 지저분했다. 열려 있는 대문에 들어서서 마당을 지난 도영은 누나의 생년월일을 누르고 거실로 들어섰다. 정리 정돈이 잘되어 있는 거실이었지만 자세히 보면 먼지가 소복이 내려앉아 있었다. 아버지의 시간은 멈춰 있었다.

선반의 라면도, 냉장고 속의 아이스크림의 유통기한도, 모든 것이 1년 전이었다. 묘한 기분이 들었다. 거실에는 돌아가시던 새벽의 흔적이 미처 다 정리되지 못한 채 남아 있었다. 소파 위의 옷가지나 꺼내어놓은 즉석밥 같은 것들도 여전했다.

침실로 들어서자 아직 가시지 않은 아버지의 냄새가 났다. 향수나 방향제 같은 걸 쓰시는 분은 아니셨지만 그래도 여전히 냄새가 나는 건 기분 탓일지도 모른다는 생각을 했다.

상명이 이야기한 노트와 서류는 의외로 쉽게 발견할 수 있었다. 침대 머리맡에 있는 협탁의 서랍 제일 아래 칸에 들어 있었다. 도영은 노트를 꺼내 들고 간 가방에 집어넣었다.

도영이 거실 문을 열고 마당을 나서려는 때 핸드폰이 울렸다. 은서였다.

“오빠, 어디쯤이야?”

“어. 아직 고향집이야. 이제 출발하려고.”

“음…… 그럼 올라와서 전화 줄래?”

”응? 왜? 올라가면 밤늦을 건데? 지금 괜찮아. 말해.”

”아냐. 그래도 얼굴 보면서 이야기하고 싶어.”

”무슨 일 있어?”

”응. 있어. 우리한테.”

“……응? 혹시…… 진짜야?”

가방을 들고 선 채로 긴 통화를 마친 도영은 소파에 털썩 주저 앉았다. 한두 달 전부터 생리가 오지 않는다고 불안해하던 은서가 임신을 한 것이다.

도영은 은서의 임신이 믿어지지가 않아 수차례 정말 맞느냐고, 확실하냐고 한참을 다그쳤다. 같은 질문과 같은 대답이 몇 차례 반복되고, 은서는 더 이상 말이 없었다. 도영도 무어라고 더 물어볼 말이 없었다. 일단 병원에 가보자고, 생각을 좀 해보자는 말에도 은서는 아무 말이 없었다. 끊어진 전화기를 들고 막막해하는 도영의 눈에 거실 구석의 가족사진이 눈에 들어왔다.

아버지도 이렇게 아이들을 맞았을까?

***

"아니, 이 새끼가, 아오오오."

은서와의 통화를 마친 선영은 장탄식과 함께 다시 전화기를 들어 도영에게 전화를 걸었다.

"고객님께서 통화 중이셔서……."

도영과 통화가 되지 않자 선영은 팔짱을 끼고 운전석에 기대앉아 머릿속을 정리했다. 조금 전 지역 취재를 끝낸 후 식사나 하자고 은서에게 안부 전화를 했는데, 그녀의 목소리가 좋지 않았다. 순간적으로 오지랖이 발동한 선영은, 은서에게 무슨 일이 있냐고 꼬치꼬치 캐물었다. 은서가 털어놓은 사정은, 임신 3개월을 알게 되어 도영에게 알렸는데 도영은 임신을 달가워하지 않았으며 고민하는 기색이었다고. 실망감에 도영과의 전화를 끊고 한바탕 울고 말았다는 거였다.

고민은 무슨. 은서의 성격을 아는 선영은, 그녀가 '고민하는 기색'이라고 표현한 걸 알았다. 아마도 도영은 '충격 받은 기색'이었을 것이 분명했다. 하, 도영이 이 녀석은 다른 줄 알았더니 결정적인 순간에는 돌변하여 무책임한 놈들 중 하나였던 건가. 선영은 다시 전화기를 들었다.

"여보세요."

"뭐냐, 너?"

"응? 왜 누나."

"은서랑 통화했다."

"……."

"어디야?"

"아…… 나 지금 태양군인데."

"태양군?"

"어, 여기 고향집. 볼일이 좀 있어서."

"고향집? 아버지 댁이라고? 알았어. 올라가지 말고 거기서 딱 기다려. 얼마 안 걸린다."

선영이 고향집에 도착한 것은 전화를 끊고 나서 한 시간이 조금 넘은 뒤였다. 비밀번호를 누르는 삑삑삑 소리는 의외로 침착했다. 선영은 잡아먹을 듯이 나무라는 대신 먼지 덮인 의자를 툭툭툭 털고는 조용히 걸터앉았다. 둘은 한동안 말이 없었다.

"은서가 뭐래?"

"뭐라긴. 울었다더라."

"……."

"애 생겼다는 이야기가 힘들어? 어차피 결혼하기로 한 거 아니었어?"

"결혼하기로 했지. 당연히 결혼하고 싶어. 근데 아이는…… 달라, 너무 일러."

"결혼 안 할 거면 모르겠지만 결혼하면 어차피 아이 낳고 하는 거지, 너무 이를 건 또 뭐야?"

"아이 낳으면, 아이는 뭐 그냥 크는 거 아니잖아. 사실 우리 아직 집 구할 돈도 다 마련 못 했어. 둘 살 곳도 마땅치 않은데, 바로 애까지 생기면 직장 다니면서 그 감당을 어떻게 하라고."

도영은 자신과 은서의 입장, 경제적 상황을 들먹이며 쉬운 일이 아니라고 항변했다. 이에 선영은, 그러면 책임도 못 질 일을 왜 했냐, 뭐가 무섭다고 도망질이냐며 비난과 회유를 했다. 두 사람이 한창 목청을 높여 갈 즈음, 다시 비밀번호 누르는 소리가 들렸다.

누구냐는 선영의 놀란 목소리에 이어 두 사람 앞에 나타난 사람은, 양손에 물과 라면을 들고 있는 수호였다.

"너희 여긴 어쩐 일이야?"

수호와 선영이 어떻게 주말 저녁에 고향집에 오게 되었는지 자초지종을 공유했다. 둘의 이야기가 끝나자 도영은, 자신이 고향집에 오게 된 이유를 설명하는 대신, 읽고 있던 노트 두 권을 조용히 건넸다.

노트의 디자인은 투박했고 적혀 있는 글씨는 알아보기 힘들었다. 한 권은 기원이 '선물'을 준비하느라 알아보고 조사해놓은 기록들이었고 다른 한 권은 삼남매의 마음을 파고드는 글들이 섞여 있는 일기와 메모가 빼곡히 적혀 있었다.

수십 분이 지났을까. 수호와 선영은 노트에 눈을 떼는 일 없이 내용을 살폈다. 두 사람에게 도영이가 주저하듯 말을 건넸다.

"상명이가 말해줘서 알게 됐어요. 처음엔 별 느낌이 없었는데, 그 노트를 보다 보니까 알 것 같더라고. 아버지가 왜 우리들에게 발전소를 지어주려고 하셨는지. 아버지는 뭘 후회하고 뭘 말해주고 싶으셨는지."

도영이 눈물을 글썽이며 고개를 숙이자 선영은 안타까운 마음이 들었다. 도영이가 어릴 때부터 가져온 아버지에 대한 서운함, 미움, 그리움 같은 복잡한 마음을 눈치채고 있었기 때문이다.

"그래서 아버지가 준비하시던 그 발전소, 내가 끝까지 해볼까 해요. 저 노트를 보니까. 그만하시라고, 필요 없다고 말을 못 하겠어……."

말을 다 끝내지 못하고 눈물을 숨기는 동생을 보고 선영은 무어라 대꾸하기가 어려웠다. 잠시의 침묵을 깨고 수호가 입을 뗐다.

"도영아, 네 마음은 알 것 같은데. 다시 잘 생각해봐. 노트를 보니 이것도 몇 천만 원씩 큰돈이 들어가는 일인데, 너 태양광 발전소에 대해서 아는 것도 전혀 없잖아. 이것도 사업인데, 절대 쉬운 일이 아냐. 잘 모르는 분야에 사업하겠다고 뛰어들 거야? 형이 발전 사업 관련된 투자는 여럿 진행해봐서 알아. 돈도 잘 계산해야 하고 대책도 잘 세워놔야 해. 큰돈이 드는 사업인데, 긴 세월을 보고 투자해야지. 노트 몇 권 들고 막무가내로 시작해서 될 일이 아냐."

"그래, 도영아. 나도 사실 오늘 오면서 비 때문에 무너진 발전소 취재하고 왔어. 잘못되면 그렇게 사고가 날 수 있고, 주변 사람들한테 피해를 줄 수도 있는 일이야. 주변하고 다툼도 많이 일어나. 그거 다 감당할 수 있을까? 그리고 은서랑 아이는 또 어떻게 할 거야?"

"형 말도 알고요. 누나 걱정도 이해해."

도영은 떨궜던 고개를 들고 두 사람을 바라보며 차분한 목소리로 말했다.

"그래서 형, 누나도 같이하면 안 될까? 내가 기술적인 거나 인허가 같은 건 해볼게. 형은 투자에 대해서 잘 알고, 누나는 발도 넓고 사람들 대하는 것도 잘하잖아. 아버지가 원하시던 일인데 그래도 우리가 한번 해보면, 왜 아버지가 우리한테 발전소를 지어주려고 하셨는지, 무슨 마음이셨는지 알 수 있지 않을까? 물론 은서하고도 상의할 거야. 우리 한번 해보자."

다시 침묵이 찾아왔다. 수호는 난감한 듯 한숨을 쉬고 테이블 위에 펼쳐져 있는 아버지의 노트를 바라봤다. 그러다 불현듯 표정이 바뀐 수호는 몸을 일으켜 창밖을 바라봤다. 창밖에는 어스름한 가로등 불 빛 아래 익숙한 철쭉이 동상처럼 수호와 동생들을 바라보고 있었다. 잠시 생각에 잠겼던 수호는 등을 돌려 도영과 선영을 보며 말했다.

"그래, 알았다. 도영아 같이하자, 까짓것. 대신 돈 들어가기 전에 더 알아보고 나서 그다음에 결정하자. 나도 시간이 좀 날 것 같으니까 한번 알아볼게."

"오빠, 진심이야?"

"그래. 한번 해보자, 선영아. 너도 같이 알아봐주면 좋겠어. 분명히 좋은 점이 있으니까 아버지도 이런 생각을 하셨겠지. 괜찮아. 괜찮을 거야. 왠지 그럴 것 같아."

선영은 갑작스런 오빠의 결정에 의아한 마음이 들어, 조금 전 수호가 쳐다봤던 노트를 다시 집어 들었다. 노트 첫 장에는 아버지가 자식들에게 제일 처음으로 하고 싶었던 말이 적혀 있었다.

후회하지 않고, 휘둘리지 않고, 망설이지 말기를.

태양광 발전소를 지으려면

아버지의 노트를 나침반 삼아

직장인에게 월요일은 피곤한 요일이다. 게다가 지난 주말은 고향집에 다녀오느라 더욱 쉴 틈이 없었다. 회사 식당에서 저녁을 때우고 집에 들어온 도영은 옷을 갈아입자마자 대충 청소기를 돌리고 밀린 빨래들을 세탁기에 밀어 넣고 세탁 버튼을 눌렀다. 그러곤 아버지의 노트를 들고 소파에 걸터앉았다. 막무가내로 사업을 하겠다고 나선 도영이었지만 막상 어디서부터 어떻게 시작해야 할지 막막했다.

아버지의 노트는 이미 두어 번 훑어보았지만 머릿속에 잘 들어오지 않았다. 애초에 누군가에게 설명하기 위해 차근차근 적어 내려간 노트가 아니라서 태양광 발전에 대한 제도, 땅에 관한 이야기, 인허가나 기술적인 설명, 자금 마련과 수익성에 대한 내용 등이 두서없이 적혀 있었다. 낯선 용어도 많았다.

복잡한 머리로 들여다보고 있자니 순식간에 졸음이 쏟아져 도영은 고개를 흔들며 벌떡 일어났다. 그러곤 아버지가 초창기에 적은 부분을 펼쳐 들고 큰 소리로 읽어 내려가기 시작했다.

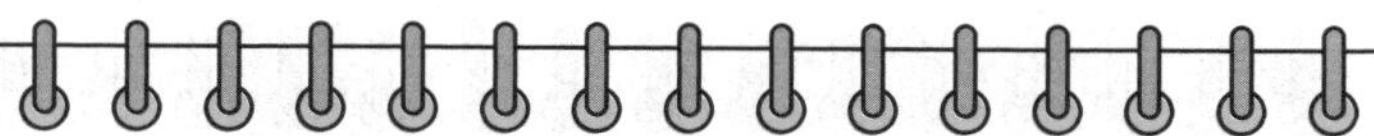

태양광 발전설비 용도 : 자가용 vs 상업용

- 자가용 – 일반 주택 자기 전기 대체, 설치비 50% 보조금이 있어 주로 전기요금 절감 목적.
- 상업용 – 노지 등 일반 부지에 설치, 수익금은 한국전력에 판매하여 받는 매전대금과 보조금 두가지로 구성. 매전 금액은 계통한계가격(SMP)으로 결정, 보조금은 신재생에너지공급인증서(REC) 판매 필요.

도영은 출장길에 오가며 보았던 주택의 지붕이나 마당 자투리 땅에 설치된 태양광 설비를 떠올렸다.

'하긴 여름 한낮 에어컨 전기요금 생각하면 자가용으로 절반 줄이는 것도 나쁘진 않겠네.'

어려운 건 그다음이었다. 발전소에서 생산된 전기로 전기판매대금과 보조금을 받는다는 것까지는 이해했지만 계통한계가격이니 인증서니 하는 말은 알 수 없었다. 각각의 의미가 무엇이고 가격은 어떻게 결정되는 걸까.

그 아래에는 '장단점'이라는 제목과 함께 몇 문장이 적혀 있었다.

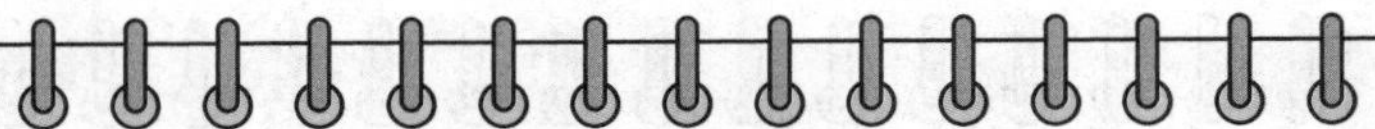

태양광 발전소 장단점

- 장점: 재생에너지, 청정에너지, 분산에너지, 미세먼지×, 오염물질×, 단순한 설비, 무인 운전
  → 해만 뜨면 평생 안정적인 수익, 은퇴자산
- 단점: 낮에만 발전, 기상과 계절에 따라 변동, 복잡한 인허가와 제도, 기자재 의존성 높다.
  → 진입장벽

바로 이해가 되는 내용도 있었고, 생소한 내용도 보였다. 재생에너지, 청정에너지, 분산에너지라는 말은 건설사에 근무하는 도영에게는 어렵지 않게 이해되는 내용이었다. 대형 건설사들은 화력발전 시장이 점차 줄어들자 태양광 같은 재생에너지에도 눈을 돌리고 있었고, 도영도 회사 내부 교육을 준비하며 공부한 풍월이 조금 있었다.

도영이 자세를 고쳐 앉자 갑자기 노트에서 무언가가 투두둑 떨어졌다. 멍하니 창밖을 보며 지난 교육 내용을 떠올리던 도영은 몸을 숙여 바닥에 떨어진 종잇조각들을 집어 들었다. 명함들이었다.

다해엔지니어링
대표이사 김진만

이런저런 회사들과 군청 명함들 중에 유독 눈에 띄는 명함 위에는 '인허가 전문가'라는 메모가 적혀 있었다. 도영은 문득 혼자서 '공부'해서 해결될 일이 아닐 거라는 생각이 스쳤다. 시험을 보자는 것도 아니고, 스스로가 사업을 하는 일이니 전체적인 시야를 키워 나가야 했다. 그러려면 이 분야를 잘 아는 사람에게 도움을 구하는 편이 나을 것 같았다.

결심한 듯 눈을 빛낸 도영은 시간을 확인하고 명함에 적힌 휴대전화의 번호로 전화를 걸었다.

–여보세요.

낮은 중저음의 목소리에는 피곤함이 배어났고 말투는 친절함과는 거리가 멀었다.

"안녕하세요. 저는 황도영이라고 하는 사람입니다. 다해엔지니어링의 김진만 대표님 되시죠?"

–네, 맞는데요.

"혹시 황기원 씨라고 아시는지요. 태양광 발전소 짓는 일 때문에 연락을 드리셨던 거 같은데요."

–아…… 아아, 그 작년 이맘쯤 돌아가신 황 선생님이요? 아, 네. 알죠. 그런데 무슨 일이신데요.

아버지의 이름을 듣자 조금은 밝아지는 상대의 목소리에 기원은 안도감을 느꼈다. 아버지가 돌아가신 사실도 알고 있는 걸 보면 나름 밀접하게 일을 해 왔던 것이리라. 도영은 자신이 황기원의 아들임을 밝히고 전화한 연유를 전했다.

수화기 너머의 김 대표는, 아버지가 준비하시던 발전소를 삼남매가 이어 받기로 결심했다는 도영의 말을 듣고는 고민이 된다는 듯 잠시 대답이 없었다.

–혹시 태양광 사업에 대해서 좀 아세요?

"아뇨. 사실 전혀 문외한입니다. 사실 어디서부터 시작해야 하는지 막막해서 도움을 좀 청할 수 있을까 연락드렸습니다."

–그래요? 그럼 전화로 설명하는 것보다 한번 뵙는 편이 더 좋겠네요. 혹시 저희 태양군 사무실에 한번 내려오실 수 있을까요? 그 전에 제가 사전에 보고 오시면 좋을 만한 자료 하나 보내드릴 테니까, 한번 살펴보시고요.

"네, 감사합니다. 찾아뵙겠습니다. 그런데 제가 직장인이라 주말에나 시간 낼 수 있을 것 같아요. 괜찮으신가요?"

–괜찮습니다. 황 선생님 일은 원래 주말도 없었어요. 허허허.

전화를 끊고 빨래를 널자 메신저를 통해 김 대표가 PDF 파일을 하나 보내왔다. '태양광 사업 추진 절차'라는 제목의 PDF 파일에는 사업 전체의 흐름도와 각 단계별로 간략한 설명이 기술되어 있었다. 아버지의 노트에도 비슷한 내용이 있었지만 너무 개략적으로만 되어 있어 이해하기 어려웠던 부분이었다. 도영은 파일에 적힌 설명을 읽어 내려가기 시작했다.

***

태양군으로 향하는 주말의 날씨는 궂었다. 정오가 다가오는 시간에도 마치 밤처럼 날은 어두웠고 간간이 번개가 치고 굵은 비도 쏟아지고 있었다. 긴장한 어깨로 한참을 달리고 이리저리 찾아간 끝에 도착한 것은 넓은 주차장이 딸린 길가의 신축 건물이었다. 입구를 지나 2층 사무실로 올라가는 계단 한쪽으로 크고 작은 태양광 발전소 사진들이 보였다. 노크를 하고 문을 들어서는 도영을, 궂은 날씨만큼 험상궂은 사람이 어울리지 않는 미소를 띠고 반겨 맞았다.

"어서 와요. 반갑습니다."

"안녕하십니까, 대표님. 황도영이라고 합니다."

"하하하. 아버님하고 정말 많이 닮으셨네. 반가워요, 반가워. 자, 여기 앉으세요."

김 대표는 아버지가 정말 열심히 준비하셨다는 말 이외에는 아버지에 관한 일들을 길게 이야기하지는 않았다. 그보다는 태양광 발전이 낯선 도영을 도와주는 것에 더 관심이 있는 눈치였다. 도영이 자리에 앉자 김 대표가 자료를 건네줬다. 갓 출력했는지 따뜻한 온기가 손에 느껴졌다. 김 대표는 다짜고짜 설명을 시작했다.

"태양광 발전 사업을 하려면 먼저 설비를 짓는다는 허가와 전기파는 사업을 한다는 허가를 받아야 돼요. 그 두 가지 허가가 끝난 뒤에 공사를 할 수 있죠. 그리고 공사 잘 끝내서 검사 받고, 합격을 받으면 전기 만들어서 팔 준비가 끝나는 거예요. 공사는 어차피 시공사에게 맡기실 거고, 아버님 하시던 100kW 정도 크기는 기자재만 준비되면 두 달 정도면 끝이에요. 보통 시간이 많이 걸리는 건 개발행위허가와 전기사업허가예요."

"개발행위허가와 전기사업허가요?"

"아, 제가 두서가 없었네요. 좀 전에 말씀드린 '발전소 짓는 허가'가 개발행위허가예요. 땅을 '개발하는 행위'에 대한 허가죠. 내가 논이나 밭 같은 곳에 발전소를 지으려면 기존 용도를 바꿔줘야 하거든요. 그 허락을 받는 게 개발행위허가라고 보시면 크게 틀린 건 아니에요. 그리고 전기사업허가는 전기를 파는 사업, 즉 '법에서 정한 전기사업자가 되어 발전사업을 하겠다.'라고 정부에 허락받는 게 전기사업허가죠."

"아…… 이해했습니다. 그럼, 그 인허가들이라는 게 오래 걸리나요? 어디서 해주죠?"

"인허가라는 게 지자체마다 담당 부서가 다 다르고 절차나 기간도 조금씩 차이가 나서 딱 잘라 말씀드리긴 쉽지 않아요. 법에서 정한 기간이 있기는 하지만 현실적으로는 더 오래 걸리죠. 관련된 법들, 지역 주민 의견들 하나하나 다 검토해서 문제없다고 하면 허가가 나가니까요. 실제로는 두 개 다 해서 신청부터 받는 데까지 보통 한 6개월 걸립니다."

"처리 기한이 둘 합쳐서 6개월이요?"

"뭐, 규정은 그렇긴 한데, 그렇게 잘 풀리는 경우는 거의 없으니까요. 특히 민원이라도 접수되면 해결될 때까지 허가는 안 난다고 보시면 돼요. 최악에는 불허를 받기도 하고요. 사업 준비하시는 분들은 허가 전에 민원을 어느 정도는 해결하고 가셔야 해요."

민원이라는 말에 선영의 이야기가 떠오른 도영은 걱정스러운 마음이 덜컥 들었다. 굳어지려는 표정을 감추려고 서류 뭉치를 내려다보았다. 건설사 사무직으로만 일해 왔던 도영에게 민원은 그저 공포의 대상이었다.

"너무 걱정하지 마세요. 그래도 전기사업허가는 아버님이 받아 주셨잖아요. 그거만 해도 사업 계획서니 각종 도면이니 이것저것 들어가는 서류를 다 끝내놓은 거죠. 그리고 만일에 민원이 생기면 저희도 최대한 도와드려볼게요."

"감사합니다. 아, 참, 그러면 지금 전기사업허가 명의는 아버지 앞으로 되어 있겠네요? 다시 받아야 하는 건 아닌가 보죠?"

"네, 제가 선생님 오기 전에 다시 확인했는데, 기존의 허가를 상속받는 형태로 세 분 명의 변경만 진행하면 됩니다. 다만, 예금 잔고 증명은 추가로 해 달라고 할 수도 있어요."

"예금 잔고 증명이요?"

"네, 전기사업허가 제출 서류 중에 사업 계획서가 있는데 그

중 사업 추진할 자금이 있는지 보는 자금 조달 계획 부분이 있어요. 보통 사업비의 15% 정도고, 100kW면 2,000만 원 정도 증명하면 됩니다. 아버님이 그때 세 개 사업에 대해 잔고 증명 다 받는다고 고생 많으셨을 거예요."

도영은 아버지의 노트 속 메모를 떠올렸다.

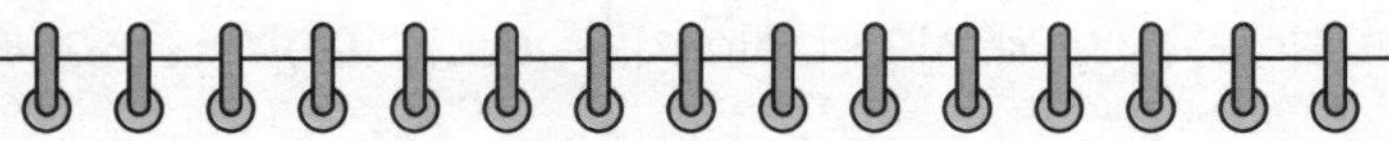

준비 서류

전기사업허가: . .

개발행위허가: . .

기타 따로 준비 서류: 토지사용 승낙서 샘플, 인감증명서 동사무소, 잔고 증명서 ×3, 15% 금액은 김 대표. 잔고 확인, 애들 연락-×, 담보 가능한지? 누구 빌릴 사람은?

도영은 몇 년 전 인감도장과 2,000만 원이 있는 예금 잔고 증명서를 보내 달라는 아버지의 전화를 받은 일이 떠올랐다. 갑자기 무슨 일이시냐고 묻는 말에도 끝까지, 완고하게 용도를 말씀하지 않으셨고, 영문을 몰랐던 도영은 괜한 일 벌이지 말고 연금 받아 지내시라고 화를 내고는 전화를 끊어버렸다. 이제 와 보니, 스스로가 바보 같았다는 생각이 들었다. 하지만 사정을 알았다고 한들 결과가 달랐을까. 도영은 짧은 한숨과 함께 다시 김 대표에게 질문을 이어 갔다.

"그럼, 개발행위허가만 받으면 바로 공사할 수 있겠네요."

"그렇죠. 물론 정부에 받는 인허가 말고, 전기를 사 가는 한전하고도 두 가지 정리해야 하는 일이 있어요. 하나는 전력 거래를 한다는 전력 판매 계약이고, 하나는 전기를 보낼 배전선로 연결을 위한 협의예요."

"인허가 두 개, 한전 두 개."

"네, 그런데 한전 것 두 개는 사실 같이 진행돼요. 사업자가 한전에 전력 판매 협의를 신청하면 한전에서 발전소와 전력망이 연결될 수 있는지를 확인하죠. 그게 배전선로 협의고요."

"하긴 발전을 해도 전선이 연결 안 되면 전기를 못 팔겠네요. 선로가 연결이 안 되는 경우도 있나요?"

"안 되는 경우는 거의 없겠지만, 사업주가 부담하는 공사비가 문제죠. 있는 전봇대에 얹기만 하면 가장 싸고, 전봇대를 새로 꽂거나, 그럴 장소도 없어서 도로 따라 땅을 파서 선로를 묻으면 공사비가 비싸져요. 다른 사람 땅을 거쳐야 하면 더 복잡해지고요. 그래서 먼저 한전에 어디로 어떻게 전력망 연결이 가능한지 확인하는 게 중요해요. 요새는 태양광 발전소가 많이 생겨서 전력망에 여유가 별로 없어요. 잘못하면 발전소 지어놓고 몇 개월간 운영을 못할 수도 있으니까 전력망 연계가 가능한지부터 다들 확인하고 시작하는 거죠."

"전력 판매 계약은요?"

"그건 계약서부터 사전에 정해진 내용이 있으니 읽고 알아두어야 할 사항들만 숙지한 뒤에 체결하시면 되고요."

"대표님, 감사합니다. 큰 틀에서 이해하는 데에 도움이 많이 되었습니다."

"천만에요. 보시다가 또 궁금한 사항이 있으면 알려주세요. 제도가 이것저것 바뀌는 경우도 많아 저도 늘 다 아는 건 아니지만 그런 경우에도 다시 확인해서 설명해드릴게요."

두어 시간 설명을 듣고 사무실을 나와 차에 오르자 언제 궂었었냐는 듯이 날이 개어 있었다. 주말 오후, 서울로 올라오는 길은 일찌감치 막히기 시작했지만 비온 뒤의 맑은 공기와 선선해진 날씨 덕에 마치 나들이를 나온 기분이 들었다. 느릿느릿 움직이는 앞차와 익숙한 음악. 도영은 갑자기 은서가 보고 싶어졌다. 하지만 통화 버튼을 누르기에는 용기가 나지 않았다.

은서를 사랑하지 않는 것은 아니었다. 그녀와 가족을 꾸리는 상상으로 실실거렸고, 방송이나 인스타에 나오는 연예인, 셀럽, 모델, 운동선수 등등 그 누구보다 예쁘고, 멋지고, 따뜻한 여성임이 틀림없다고 생각했다. 정말이다. 점쟁이에게 물어도, 엑셀로 계산해도, AI에게 물어봐도 답은 틀림없을 거다. 도영은 확신이 있었다. 이 사람은 내 사람이다.

답은 노트 안에 있었다. 아버지가 계산한 100kW 발전소의 연 수익은 2,000만 원, 월급으로 치면 150만 원이 넘는다. 300kW 발전소를 가진다고 가정하면 지금 내 월급 정도의 금액이다. 그리고 이게 20년 이상이다. 아버지는 그 이상도 보고 있었다. 세상이 바뀌면 고치고, 다시 지어서 새로 20년을 운영하면 된다. 은서의 임신에 소식을 듣고 덜컥 들었던 불안감이, 노트를 읽고 나서 사그러드는 걸 느끼며 스스로도 어이가 없었다.

'내가 은서랑 지금 이러고 있는 게 돈 때문이었던 거야?'

너무나 현실적인 고민이기는 했지만, 한 사람을, 아니 한 가정을 경제적으로 책임진다는 것이 어떤 의미인지를 자신은 정작 깨닫고 있지 못했다는 자책감이 들었다. 사랑하는 사람인데……. 은서를 만나면 실망시켜서 정말 미안하다고 일단 무릎부터 꿇자. 길거리든 음식점이든 카페든 상관없다.

은서는 화가 나면 우선 연락을 안 한다. 겨우 조금 풀리면 만나기는 해도 말을 하지 않는다. 거기서 조금 더 풀리면 그제야 화를 낸다. 한 단계가 더 풀리면 언제까지 사과할거냐고 짜증을 낸다. 그리고 마지막엔 "한번만 더 그러면 죽는다, 진짜."라고 생글생글 웃으며 말할 거다. 그러면 "나도 미안해."라고 사과해야지. 이때 조금이라도 삐끗하면 하이힐이 날아올지도 모른다. 일단 머리 박고 시작하자.

생각이 여기까지 미칠 즈음, 잔잔하던 음악을 뚫고 요란하게 전화벨이 울렸다. 은서였다.

―오빠, 어디야?

"어, 은서야……. 나 여기 지금 태양군에 볼 일이 있어서 들렀어. 지금은 올라가는 길이야."

―오빠, 미안해…….

갑작스러운 전화와 의외의 반응이 겹치자 도영은 쉽게 대답을 하지 못했다. 은서가 말을 이어 갔다.

―선영 언니한테 오빠 고민에 대해서 이야기 들었어. 사실 나도 비슷한 고민을 했어. 내가 아무 고민도 없었으면 아마 결판 보자고 당장 찾아가 덤볐을 거야. 물론 끝까지 오빠가 피하려고 하면 내가 먼저 바짓가랑이 붙잡고 매달렸겠지만 후후.

"……."

―나는 엄마가 되는 거니까, 아이를 돌보면서 직장생활을 해 나갈 수 있을까. 그런 걱정부터 들었어.

애써 밝게 말해주는 은서의 목소리에 도영은 미안함과 고마움이 겹쳤다.

"은서야……."

―언제 올라와? 내가 오빠 집 쪽으로 갈까? 우리 오랜만에 야경 좋은 데서 저녁 같이 먹을까요?

"은서야……."

―아니, 평소에 말씀도 잘하시는 분이 반응이 왜 이러실까요?

내가 오빠 도착할 때쯤 집 쪽으로 갈 테니까 도착 예정 시간만 미리 알려줘. 피곤할 거 같으면 한숨 자고 봐도 되고. 어차피 내일은 휴일이고, 나도 일찍 들어갈 생각은 없으니까.

통화를 마친 도영은 은서와 다시 밥을 먹고, 다시 웃고, 다시 서로를 쓰다듬을 수 있게 되었다는 게 무엇보다 기뻤다. 어쩌면 함께 다시 나아갈 수 있는 길을 바라볼 수 있게 된 것이 아버지의 첫 번째 선물일지도 모른다는 생각이 들었다.

태양광 발전소를 지을 수 있는 땅인가

"뭐여? 뭐가 그렇게 복잡하단 겨? 뭔 놈의 허락을, 응? 아니, 그렇게 여기저기 돌아댕기며 굽신거리믄 허리가 아주 뿐지러지겠구먼?"

동네 지인과 늦은 점심을 함께하고 청사로 막 들어온 상명은 복도 옆 민원실 유리문 너머까지도 들려오는 커다란 고함소리에 화들짝 놀랐다. 민원인이 큰 소리를 내고 심지어 거친 행동을 하는 경우는 가끔씩 있는 일이었고, 상명은 평소 그런 시끄러운 일에 관여하는 것을 꺼려했다. 하지만 직전 근무 부서가 민원봉사과 민원실이었고, 같이 근무했던 동료들도 여럿 있었기에 모른 척 지나칠 수는 없었다.

잠시 고민하던 상명이 거칠게 문을 열고 안쪽으로 다가갔다. 민원실은 이미 살벌한 분위기였다. 담당자인 듯 보이는 김 주사는 창구 뒤에서 난감한 표정으로 어쩔 줄 몰라 하고 있었고 그 너머에는 어르신 한 분이 창구 앞에서 분을 못 이기는 듯 연신 소리를 지르고 있었다.

"김 주사님, 무슨 일이에요?"

이미 눈물이 그렁그렁한 김 주사는 아무 말도 하지 못했다. 뒷자리 차석이 자리에서 일어나 다가오는 모습을 본 상명은 거친 소리를 멈추지 않는 민원인을 달래려 했다.

"어르신, 아무리 역정이 나셔도 여기서 이러시면……."

소란을 피우던 쪽을 돌아본 상명은 고함의 당사자가 도영의 아버지 기원임을 알아봤다. 기원도 상명을 알아보고는 무언가 말하려 하였다. 일단 상명은 기원을 부축하여 반강제로 일으켜 세웠다.

"아이구, 도영이 아버님이시네요. 아버님, 이렇게 역정 내시면 건강에 안 좋으세요. 무슨 일인지 몰라도 제가 해결해드릴게요. 잠깐 저랑 이야기 좀 하시죠. 따뜻한 커피 한잔 어떠세요?"

기원은 마지못해 상명에 이끌려 민원실을 가로지르는 동안에도, 지하 1층 카페테리아로 내려가는 동안에도 분이 삭혀지지 않는 듯 "허 참…… 허 참……." 소리를 연신 뇌까렸다. 상명은 그런 기원을 겨우 달래 가며 카페테리아 한구석에 앉혔다. 주문받는 곳으로 다가간 상명은 고개를 돌려 기원을 바라보았다.

"아버님, 따뜻한 커피 한잔 드세요."

"됐어, 커피는, 뭘."

"아버님, 그래도 군청까지 오셨으니까 뭐라도 하나 드세요."

"아이구, 커피 몸에 안 좋아."

"아버님, 그럼 여기 쌍화차도 있네요. 그거 드실래요?"

"쌍화차가 있어? 다방두 아닌데 사람들이 욕이나 안 할라 모르겠네, 허긴 다 후배들 복지비로 쓰이겄제?"

퉁명스레 차 한잔을 수락하고는 별말이 없는 기원을 보고 상명은 피식 미소를 지었다. 화는 금방 가라앉으셨구나. 여전하시네. 상명은 커피와 쌍화차를 받아 테이블에 내려놓으며 말을 꺼냈다.

"아니, 아버님, 도대체 무슨 일이신데 그렇게 역정이 나셨어요?"

"상명아, 너는 절대 저 친구들처럼 공직생활하지 말여. 아주 다들 10년 지나면 앵무새들 돼서 날라 댕기겠어."

"그러니까 무슨 일이신데요?"

"아니, 내가 말하기는 그런디, 사실……."

기원은 죽기 전 자식들에게 태양광 발전소를 지어서 물려줘야겠다는 결심을 하게 되었다는 사연과, 자신의 밭에 개발행위허가가 가능한지 확인하러 오게 된 사정, 관련된 규정을 꼬치꼬치 따지는 김 주사에게 분통이 터지게 된 이야기를 하소연하듯 설명했다.

"규정은 언제 그렇게 복잡해지고, 그걸 또 일일이 각 담당자한테 설명하고 심사를 받아야 하냔 말여, 서류도 다 낼라면 인쇄소를 차리는 것이 낫겄어 아주."

"에이, 아버님, 규정이 원래 다 복잡하고 부서 업무도 다 나뉘어 있는 거 아시잖아요."

"몰러, 자네도 민원인 돼바 바, 그게 또 입장이 아주 다른 겨."

한동안 대화가 오간 후에야 기원은 만족한 표정을 지었다.

"우리 상명이 고맙네. 이젠 아주 듬직혀, 허허허. 장가가도 되겠어."

"에이, 아니에요. 서울에서 대기업 다니는 도영이만 하겠어요?"

"이이? 그 녀석은 잘 지내는지 연락도 없고, 어쩌다 전화하면 아주 그냥 쌀쌀맞아. 자네처럼 곰살가우면 얼마나 좋겠어. 아, 참. 너도 바쁠 텐디 내가 너무 오래 붙잡아두고 있었네. 그리고 아까 그 친구 일한 지 얼마 안 됐지?"

"아, 김 주사요? 네, 한 2년 안 됐을 거예요."

"거, 내가 나이가 드니까 못 따라가. 무식하고 꼬장꼬장하기만 한 몹쓸 노인네가 돼버렸어. 먼 일 저질러놓고 금방 후회하고 그려."

"네, 제가 미안해하시더라고 잘 이야기해둘 테니까 너무 걱정 마세요. 담에 오실 때 웃으면서 살갑게 인사 좀 해주시고요."

"그려, 그려."

노트를 챙기고 자리에 일어나는 기원의 뒷모습을 보며, 상명은 무언가 애틋한 마음이 들었다. 펜으로 무언가를 적으신 지도 오래되었을 주름진 손이, 한 글자, 한 글자를 꾹꾹 눌러 써 내려가는 진지한 표정이 간절해 보였기 때문이었다.

발전량은 얼마나 나올 수 있는가

"그 나이에 기력도 대단하셔……." 하고 혼잣말을 하며 다해엔지니어링의 김 대표는 자신도 모르게 고개를 절레절레 저었다.

원래 오늘은 좀 일찍 일을 마치고 짐을 싸고 호젓한 곳을 찾아가 캠핑이라도 가려고 마음먹고 있었다. 젊은 열기에 막무가내로 차린 자신의 설계회사가 자리를 잡아가는 동안 정신없이 일에만 몰두하던 김 대표는 최근 나이가 들고 회사도 안정이 되자 생각이 바뀌게 되었다. 캠핑은 막무가내로 달려온 젊은 시절의 자신에게, 요 근래 외로움과 허탈함을 자주 느끼는 스스로에게 주는 선물의 의미가 있는 취미였다. 김 대표가 기계처럼 도면을 그려나가며 새롭게 구입할 캠핑 장비를 떠올리고 있을 때, 갑자기 벌컥, 문이 열렸다.

"대표님?"

"어이쿠, 깜짝이야."

김 대표는 화들짝 놀라 쥐고 있던 마우스를 책상 아래로 떨궜다. 뒤를 돌아보자 박 과장이 양손에 검은 비닐봉지를 들고 서 있었다. 박 과장은 사무실 전등 스위치를 더듬어 불을 켜며 말했다.

"아, 놀래라. 박 과장이야? 이 시간에 사무실엔 웬일이야?"

"대표님이야말로 뭐 하고 계세요? 불이나 켜고 계시지. 도둑 든 줄 알고 깜짝 놀랐잖아요. 오늘 일찍 나가신다고 하시지 않았어요?"

"그래, 그랬지……."

김 대표는 짧은 신음과 함께 허리를 숙여 책상 밑으로 대롱대롱 흔들리고 있는 마우스를 제자리로 올렸다.

"말도 마, 박 과장. 내가 오늘 저 문 열리는 것 때문에 경기 일으킨 게 두 번째야."

"누가 또 왔었어요?"

"왜 저번에 찾아오신 정남면 사신다는 토지주 기억나지?"

"예, 황…… 뭐라고 하셨던 연세 있으신 분이요? 까랑까랑하신."

"그래. 그 까랑까랑하신 분. 아까 오후 3시쯤에 갑자기 찾아오셔서는 날 한 세 시간 들들 볶다가 가셨어."

"왜요? 그분이 뭐라고 하세요?"

김 대표가 기원을 만난 건 두 달 전쯤이었다. 평소 친분이 있던 군청 직원 한 명이 군청에서 정년퇴직한 선배님이라며 잘 부탁드린다는 말과 함께 소개를 받았고, 사업 인허가를 대행해주기로 한 것까지는 좋았다.

처음에는 조금 말수가 적은 분인가 싶었지만 일이 진행될수록 꼼꼼하고 집요한 기원의 성격이 드러났고, 김 대표는 기원의 끈질김에 혀를 내둘렀다. 이것저것 세세하게 들여다보다가 조금이라도 소홀한 부분이 있다는 느낌이 들면 질문에 질문이 이어졌다.

"그래, 얼마 전에 전기사업허가에 들어가는 사업계획 초안 잡아서 보내드렸잖아? 왜 이딴 식으로 계획을 잡았냐고 엄청나게 따지시더라고."

"네? 그거야 말 그대로 계획이고 거기다 초안이잖아요?"

"내 말이 그거야. 이분이 땅이 이렇게 많이 남는데 왜 100kW 넘게 넉넉하게 잡지, 99쩜 얼마, 이렇게 용량을 잡았냐고 뭐라 하시는 거야. 아무리 설명해도 했던 질문 계속하셔서 아주 미쳐 버리는 줄 알았다고."

"하하하. 그거 설명하기 쉽지 않으셨을 텐데 고생하셨겠어요."

발전소가 설치될 주소와 해당 지번의 토지등기부등본상 사업부지 면적은 약 1,200평 남짓, 3,900제곱미터가 조금 안 되는 정도 되었다. 여길 삼등분하여 모듈을 꽉 차게 배치하면 도면상으로는 120~130kW도 들어가는 넓이였으나, 김 대표는 여기에 100kW 정도씩만을 배치해 전달했고, 기원이 이를 문제 삼은 것이었다.

"그분이 뭐라 하시는 줄 알아? '내가 무식하고 돈 없다고 시방 무시하는 거여? 내가 이 도면 복사해서 벽돌 같은 거 오려다가 가생이까지 다 풀로 붙여봤더니 이거보다 훨씬 더 많이 들어가는 겨! 하기 싫면 하기 싫다고 허지, 왜 젊은 친구가 일을 반만 하는 겨?' 그러시는 거야."

"네? 모듈 도면을 복사해 오려다가 풀로 붙였다고요? 하하하. 대단하시네요. 그런데 젊은 친구라뇨?"

"나 말이야, 나. 내가 반백 살 꺾어진 지도 한참 전인데 나보고 젊은 친구라시네. 웃어야 할지 울어야 할지."

"그래서요? 그거 REC 제도 때문에 그렇게 하는 게 수익상 맞잖아요."

김 대표는 막무가내 기원을 진정시켜며 차분하게 설명을 했다. 어설프게 110, 120kW를 할 바에는 차라리 100kW까지가 더 경제적이라고. 사실 김 대표는 나름 신의를 가지고 정직하게 도면을 작성한 것이었다.

"그래서 설명을 했지. REC라는 것 아시지 않냐고. 신재생에너지 공급인증서. 태양광 발전을 하면 1,000kWh당 1REC를 주고 그걸 팔면 매전 금액 외에 별도로 소득을 올릴 수 있는 거고, 그 REC 제도상 가중치라는 게 있다고."

"네, 정부에서 소규모 태양광 장려한다고 100kW보다 작은 규모의 태양광 발전소에는 REC를 1.2배 곱해서 주잖아요."

"그래. 박 과장만큼 알기만 해도 설명이 쉽지. 더 설치하면 비용은 비례적으로 들어가는데 가중치가 낮아져 비용 대비 수익 증가분이 줄고 경제성은 오히려 낮아지잖아. 그리고 100kW 넘어가면 인증서 발급이나 거래 수수료 면제도 안 되고, 운영하면서 지켜야 할 사항들도 차이가 나. 그래서 대부분 100kW 이하로 맞추는 거고. 게다가 부지 경계에 바짝 붙여서 모듈 설치도 못 하게 해서 지금 그 부지에서는 그 용량이 답이야."

"그거 설명하시느라 세 시간을 보내신 거예요?"

"그거 말고 또 있었어."

"또 뭐요?"

"왜 하루가 24시간인데 발전 시간이 4시간이 안 되게 계산을 해놨냐고 하시더라구."

"네? 하하하하하. 정말 힘드셨겠어요."

김 대표는 오후에 있었던 일을 박 과장에게 설명하려니 갑자기 피로가 몰려오는 기분이었다. 설비 용량에 대해서 간신히 납득을 시키자 이번에는 기원이 하루 발전 예상시간을 물고 늘어진 것이다. 기원은 김 대표가 추정한 3.6시간의 발전 시간이 도무지 이해되지 않는다는 거였다.

"아니 그러니께, 100kW 발전소람서. 그기 한 시간에 발전하는 기준이라며. 그럼 하루 24시간이니 2,400kWh 발전하는 게 맞지. 왜 자꾸 3.6시간이라니, 3.7시간이라니 그랴. 발전소가 밥도 먹고, 커피도 마시고, 잠도 자는가벼?"

"아이고, 사장님. 이게 그냥 발전소가 아니라 태양광 발전소잖아요. 해가 하늘 우에 24시간 뜨남유? 안 그렇쥬? 기껏해야 한 12시간이쥬?"

"그럼, 1,200kWh겠구만!"

"근데, 해가 뜨는 12시간 동안 햇빛 세기가 똑같아유? 아침하고 저녁때꺼정 눈뜨고 해를 볼 수 있어두 점심때는 못 보쥬? 점심때가 제일 센 거쥬. 점심때 한 시간은 100kWh 발전할 수 있어도 아침이나 저녁때 한 시간은 훨씬 안 되쥬."

"......"

설명을 듣고 보니 이해가 됐는지 기원은 아무 말을 하지 못했다. 자신도 모르게 흥분하여 사투리로 설명하던 김 대표는 큼큼 목소리를 가다듬은 후 설명을 이어 갔다.

"선생님, 그래서 3.6시간이다, 3.7시간이다 하는 거예요. 해가 12시간 떠 댕겨도 실제로 점심때, 제일 해가 셀 때 한 시간을 1이라고 하면, 다른 때는 해 떠 있는 시간의 햇빛 세기를 시간으로 바꿔서 계산하고, 그걸 다 더하면 결국 하루에 3.6시간이다, 3.7시간이다 하는 거죠."

"그럼, 결국 하루 발전량은 360kWh, 370kWh가 맞는다는 거유?"

"그렇죠, 사장님. 그게 하루 발전량이에요. 그리고 계절별로도 햇빛 세기에 차이가 있잖아요? 왜, 여름에는 해도 길고 더 쨍하고, 겨울에는 햇빛이 좀 약하고요. 그래서 여름에 500kWh가 나올 때도 있고, 겨울에 200kWh가 나올 때도 있어요."

"그럼 여름이든, 겨울이든 비나 눈이 오거나 날이 흐리면 발전량은 더 낮은 거유?"

"네. 그래서 결국 여기 적힌 3.6시간이라는 건 1년 전체 평균을 얘기하는 거예요. 옛날 기상자료를 기초로 해서 현재 설치하는 방식, 그러니까 예를 들어 정남향으로 설치하는지, 각도는 얼마로 하는지, 제품은 어떤 걸로 쓰는지에 따라 예측을 해보는 거죠."

기원은 잠시 무언가를 생각하는 듯하더니 김 대표에게 다시 따져 물었다.

"그럼 내 껀 정확히 얼마 나온대유?"

"네? 아, 선생님, 그거 정확히 예측해보려면 별도 프로그램을 돌려봐야 해요. 더 정확히 하려면 도면이랑 지형이 어떻게 생겼는지도 넣어봐야 하고요. 저희는 인허가 대행업체라, 그런 건 공사업체에 문의해보시죠."

"아따, 지금 공사업체를 어떠 물어본대유. 프로그램은 있쥬? 내 꺼 계산 좀 해줘봐유. 근데 고향이 어디신데 충청도 말을 했다, 안 했다 한대유?"

***

“여기까지야.”

김 대표는 정신을 차린 듯 박 과장에게 말을 이었다.

“그래서 지금 프로그램에 입력할 모듈 배치랑 지형 정보 다시 정리하고 있다.”

“대표님.”

“응? 왜?”

“이거, 붕어빵인데 좀 드실래요?”

수익을 남길 수 있는가

수호가 잠을 깬 것은 생각보다 이른 아침이었다. 어제 고향집에서 올라오고 곧바로 퇴직 환송회에 참석했다. 술기운이 아직 남아 있어서 좀 더 누워 있고 싶었다. 그래도 이대로 있어선 안 된다는 불편한 마음이 들어 침대에서 억지로 몸을 일으켰다.

나이가 들수록 술에서 회복되는 데 걸리는 시간이 길어진다. 절대 감상적이 되지 말고 술도 과하게 먹지 말자고 다짐하였건만, 10년 혹은 20년 가까이 함께 일해 온 후배들이 주는 술잔을 거절하긴 힘들었다.

시계를 보니 7시가 조금 넘은 시각. 출근을 해야 할 때는 그렇게도 침대에서 일어나기가 힘들었는데, 막상 출근할 필요가 없는 지금은 침대에 누워 있기가 힘들다. 공식적인 퇴직일 전까지는 아직 2주가 남아 있었다. 남은 연차를 소진하여야 한다는 인사팀의 가이드 탓에 직장인도 아니고 백수도 아닌 생활이 시작한 것이다.

'끙…….'

머리도 아프고 속도 불편한 수호는 캡슐 커피를 내리고 냉장고에서 숙취해소제를 꺼내 책상 앞에 앉았다. 엉망진창인 술자리였다. 술자리가 시작될 때는 대부분 수호와 지냈던 추억을 이야기하며 퇴직 후의 성공을 기원하는 화기애애한 분위기였지만, 술이 술을 먹으면서부터는 몇몇 후배의 통곡과, 동년배의 거친 격려(?)로 언성이 높아졌다.

문득 수호는 작년에 퇴직을 한 선배의 쓰라린 조언이 떠올랐다. 수호는 술기운에 퇴직한 선배에게 전화해, 사업을 하겠다고 나선 동생의 판단이 무모하고 무지하다고 하소연했다. 선배는 수호의 생각을 탐탁지 않아 하며 신랄하고 냉정한 조언을 던졌다.

–직급이 올라가면서 느는 기술은 남에게 지시나 하고 의심이나 하는 일밖에 없어. 수호 너도 그렇지? 그게 다 직접 무언가를 하지 않고 시키는 데에만 익숙해져서 그렇게 된 거야. 너 그런 상태면 퇴직하고 자기 손과 자기 생각으로는 아무것도 못 한다? 네 동생이 더 대단한 거야. 용기 있는 거고. 동생도 너 같이 순순히 회사 생활하고 바보 된 다음에 회사 짤리게 하고 싶어? 정

신 차려!

수호는 쓰린 속에 커피를 한 모금 삼켰다. 그러고는 책상 서랍에서 아버지가 쓰고 남기신 노트를 꺼내 '돈 계산'이라고 적힌 부분을 찾아보았다.

동생들과 함께 태양광 사업을 시작하기로 약속했을 때부터 수호는 태양광 투자의 '돈 계산'에 대해 고민하고 있었다. 투자는 수호가 평생 씨름하며 살아왔던 분야였기에 아버지가 계산하고 남긴 숫자들에 대해 자신이 검토하고 확인해야 한다는 부담감이 있었다. 아버지는 태양광 사업의 수익과 수익률에 대해 어떻게 생각하고 있었을까.

초기 투자금 : 5,000만원 (대출 1.5억 원 별도)

한 달 수익 : 3.7×100×30×150 = 1,665,000원

대출 1.5억 원 한 달 원리금 : 1,000,000원

운영비, 기타 : 100,000원

1년 수익 : 565,000원 × 12 = 6,780,000원

수익률 : 13%(6,780,000원 / 50,000,000원)

아버지의 노트에 적힌 한달 매출 170만 원이라든가 1년 수익률이 13%라든가 하는 숫자들을 믿기 어려웠다. 13%라는 수익률이 20년 내내 지속된다는 뜻인지, 첫해만 그렇다는 뜻인지 도저히 이해하기 어려웠다.

아무튼 13%? 저축예금의 이자율은 최근에 올랐다고는 하지만 많아야 3~5% 남짓이다. 경제가 성장하고, 물가가 오르는 비율이 그 정도밖에 안 된다는 의미로도 해석할 수 있는 숫자다.

사람들은 주식으로, 부동산으로 몇 배를 키우기를 희망하지만, 그런 꿈이 가능한 것은 몇몇 사람들의 이야기이고 일상을 살아가는 일반인들에게는 쉬운 일이 아니다. 투자금을 잃는 경우도 다반사고, 어쩌다 높은 수익률을 얻었다고는 해도 그 수익률을 계속해서 꾸준히 유지하는 것도 불가능에 가까운 일이다. 오랜 기간 투자를 다뤄온 수호는 20년간 꾸준히 10%의 수익률 유지한다는 것이 얼마나 놀라운 일인지를 잘 알고 있었다. 만약에 가능하다면 말이다.

이 정도 수익률을 꾸준히 만들려면 주식이나 부동산으로는 불가능에 가까웠다. 게다가 주식이나 부동산은 부침이 있고 현금화하기 어렵거나 비용도 발생한다. 사업을 할 수도 있겠지만, 사업에 필요한 원가, 즉 임대료, 재료비, 인건비 등을 제외하고 5,000만 원씩은 남아야 내 수입이 된다. 소규모로 창업할 수 있는 치킨집이나 카페가 생각할 수도 있겠지만, 얼마나 성공하여야 그 정도 수익을 올릴 수 있을지 계산을 할 수도 없었다.

수호는 자신이 장사를 잘할 자신도 없었지만 20년 동안 계속 일을 한다는 것도 엄두가 나지 않아 요식업 창업은 생각을 접었다. 은퇴 후 대한민국에서 가장 많이 차리고 가장 많이 망하는 자영업이 치킨집이라고 신문에서 본 이후는 다시 장사를 떠올린 적이 없었다.

숙취해소제의 효과인지, 카페인 덕분인지 수호는 왠지 정신이 번쩍 드는 듯했다. 메모하던 파일을 '정오리 태양광 수익성 검토_v.01'로 저장하고 표를 그려 나갔다.

부지 주변 주민과의 마찰은 없는가

고향집에서 오빠 수호와 동생 도영을 만난 선영은 밤늦게까지 이야기를 나누었다. 대화가 마무리되고 둘은 잠자리에 들었고 그녀는 급히 원고를 마무리하고 새벽에 잠깐 눈을 붙이고 서울로 출발했다. 운전대를 잡고 멍하니 차창 밖을 보며 이런저런 생각을 하던 선영의 전화가 다급하게 울렸다. 데스크로부터 온 전화였다.

–뭐야, 썬! 지금 어디야?

"어, 선배, 서울 올라가는 길인데 왜?"

–야, 왜 기사를 쓰다 말아? 야마는 어디다 팔아먹었어? 그러니까 하고 싶은 말이 뭐냐고! 네가 잔바리야? 모찌를 던져줘도

이 따위로 쓰면 우라까이하는 거랑 다를 게 뭐 있어?

"아이고, 어지럽다. 고운 말 좀 쓰세요. 누가 보면 니혼진이라고 그러겠어요."

—그래, 내가 지금 나라 팔아먹은 친일파다, 이 자식아. 이걸 어떻게 그냥 올리냐? 손도 못 대겠잖아. 그냥 누가 무슨 이야기 했단 이야기만 적으면 어떻게 해? 네가 현장에 갔으면 뭐 느끼는 게 있었을 거잖아.

"뭐, 현장에서 느낀 거 있으면 그냥 적어도 되는 건가? 어차피 요새 우리 회사 와꾸는, 아니 방향은 정해져 있는 거잖아. 나 그대로 적은 건데."

—정하긴 뭘 정해. 누가 그랬다고! 알았으니까 그냥 네가 쓰고 싶은 거, 하고 싶은 말 적으라고!

"네네, 알겠습니다 차장님. 그럼 올라가기 전에 한 군데 더 들러볼게. 현장 갔다가 이야기 들었는데 오늘 군청 앞에서 태양광 반대 시위가 있나 봐. 거기 온 사람들 좀 만나보면 우리 차장님 원하시는 '야마' 잡는 데 도움 좀 될 것 같네."

—시위?…… 알았어. 그 대신 그 초고는 그냥 둘 순 없으니까 일단 수정은 해둬.

"지금? 나 지금 고속도로 윈데?"

—차 돌린다며! 고속도로 나와서 수정하고 현장 가!

전화를 끊고 보니 마침 서해대교를 막 오르기 전이었다. 선영은 대교 중간의 휴게소에 잠시 내려 커피 한잔 마시면서 원고를 수정하고 차를 돌리기로 했다. 시위 예고 시간까지는 빠듯했지만, 당장 원고를 수정하라는 척이라도 하지 않으면 한동안 잔소리를 피하기 어려울 것 같았다.

기사를 고쳐보려고 노트북을 편 선영은 머리가 복잡해졌다. 아버지의 태양광 노트를 보고, 사업을 해보기로 한 약속까지 한 터에 지난번엔 태양광 사고, 오늘은 태양광 반대 시위 취재라니.

환경을 위해서 석탄 화력 발전소를 줄이고 재생에너지를 늘리자는 데에는 이견이 없었다. 하지만 멀쩡한 임야를 파헤치는가 하면, 순진한 투자자들을 속이는 사람들도 있었고, 이런저런 사정으로 지역 주민들과 마찰도 없지 않았다.

온갖 사회적 비리마다 피가 거꾸로 솟아 밤늦게까지 술을 부어 마셨던 선영이었지만, 태양광의 현실은 어느 한쪽이 옳다, 그르다를 논하기 어려운 문제로 보였다. 아버지를 포함해 삼남매가 사업을 시작한 동기도 전적으로 지구 환경 같은 거창한 목적을 위해서라고 자신 있게 말할 입장도 아니었다.

주문한 커피를 받아 자리를 잡자 전화가 다시 울렸다. 데스크 김 차장이었다. 전화를 받은 선영이 심드렁하게 대꾸했다.

"또 왜? 선배, 나 화장실도 가고 커피도 좀 마시자."

–어딘데?

한층 누그러진 목소리의 김 차장이 달래듯 말했다.

"네, 차장님, 소인, 여기 휴게소고요, 현장은 여기서 1시간 더 가야 한다고 아룁니다."

-응, 그래. 고생한다. 그리고 내려가면 거기 남촌마을 이장님 계셔. 한번 만나봐. 내가 좀 전에 통화해서 기자 한 명 내려 보낸다고 했어. 그리고 군청에도 연락해뒀으니 담당 공무원 만나서 인터뷰 따고.

"네. 차장님, 명심하겠사옵나이다."

-그리고…… 음…… 아침부터 큰소리해서 미안하다.

"그러게! 나 아까 운전하면서 막 울었어. 삼겹살 사줘."

-무슨 소리야. 네가 울 줄도 아냐. 그리고 삼겹살은 무슨, 껍데기나 먹어.

"오케이, 껍데기 콜! 차장님 성은이 망극하옵니다."

데스크에서는 다행히 기사에 대한 어떤 방향성을 지시하지 않았다. 선영은 자신의 글이 특별히 어느 한쪽에 치우치지 않도록 노력한 점이 받아들여진 것 같아 기분이 나쁘지 않았다.

기사 수정을 마무리한 선영은 이미 식어버린 반쯤 남은 커피잔을 들고 '태양광 반대'를 검색해서 몇 건의 기사를 훑어 내려갔다. 여기저기 많은 곳에서 반대 시위가 넘쳐나고 있었다. 경관을 해친다, 외부인만 이익을 챙기고 지역 주민은 피해만 떠안는다 등등. 심지어는 전자파가 나와 사람들은 병을 얻고 기르던 가축들은 새끼를 못 낳는다는 루머도 있었다.

아버지는 정말 왜 태양광 사업을 하시려고 했던 걸까? 그리고 이런 많은 문제를 아버지가 정말 혼자 해결하실 수 있었을까? 그 사업을 이어보기로 결심했지만 우리는 잘 해낼 수 있을까?

휴게소 창밖 수평선을 바라보며 잠시 생각에 잠겼던 선영은 전화기를 꺼내 도영의 번호를 눌렀다.

—어, 누나, 어쩐 일이야?

"응, 좀 알아봤어?"

—이제 며칠 안 지났는데, 뭐. 아직 모르는 게 많아. 안 그래도 수호 형이랑 이것저것 알아보고 통화도 하고 있어. 그중에 아버지가 만났던 다해엔지니어링이란 회사 대표가 있는데, 그래도 그쪽이 전문가시니까 많이 알려주시더라고.

"다해엔지니어링? 괜찮은 곳이야?"

—응, 실제로 만나보니까 아버지 돌아가신 것도 알고 계시고, 만나서 진행했던 것도 상세히 기억하고 계시더라고. 아버지가 연세에 비해 꽤 열정적이셨대. 무엇보다 거기 김 대표란 분이 요즘 태양광 반대 때문에 정신없으시다면서도 자료 같은 것도 꼼꼼히 챙겨주셨어.

"태양광 반대?"

—응, 오늘도 태양군청 앞에 가보신다고 하던데? 주민들 반대 시위가 있나 봐.

"그래? 나 지금 거기 취재하러 가는 길인데? 그 김 대표님 나 좀 소개해줘. 전화번호도 보내주고."

–취재 간다고? 잘됐네. 누나도 한번 만나 봐.

선영은 통화를 마치자마자 식은 커피를 한 입에 털어 넣고, 자리에서 일어섰다.

군청 앞에 도착하자 시위는 벌써 시작되어 있었다. 열댓 명 되는 어르신들이 '남촌마을 대규모 태양광 설치 결사반대'라는 커다란 현수막 앞에 '농지에 태양광 웬말이냐', '자연경관 훼손하는 태양광 설치 반대' 등 각종 피켓을 들고 서 있었다. 군청에서 사람들이 나올 때마다 시위 대표자로 보이는 사람이 '태양광 설치 반대한다!' 외치면 다른 어르신들도 '반대한다, 반대한다!'라며 따라 외쳤다.

남촌마을 이장을 찾는 일은 어렵지 않았다. 예상보다 지긋한 나이의 이장님은 그렇지 않아도 기다렸다면서 반갑게 맞이해주었다. 시위 중인 어르신들이 잠시 쉬는 사이에 이장님을 모시고 군청 옆 벤치에 앉아서 왜 태양광을 반대하는지, 어떻게 하다가 이렇게 시위까지 주도하게 됐는지 등의 질문을 던지며 선영은 수첩에 빠른 손놀림으로 필기를 해 나갔다.

30분 정도 이야기를 마치고 도영에게 받은 전화번호로 다해엔지니어링 김 대표에게 전화를 걸었다. 시위 현장 근처에 있던 김 대표는 선영을 반갑게 대해주었다. 다해엔지니어링이 사업주는 아니었지만 인허가 대행사로 계약을 했고, 사업주의 민원 해결에 도움을 주고 있는 입장이라 오늘 시위에도 참관하러 왔다고 한다.

김 대표는 시위에 대해 안타깝다는 입장이었다. 사업주 입장에서는 지역 주민들을 위하여 부담스러운 액수를 기부한 후 시작하고, 운영 중에도 일정 수익을 주민들에게 배분할 계획까지 세우고 있는데, 사업의 규모나 수익성을 잘 모르는 주민들과 소통이 잘 안된 게 근본적인 원인 같다는 얘기도 덧붙였다.

군청의 이야기는 더 답답했다. 공무원의 입장에서는 규정에서 정한대로 진행되는 사업허가는 내줄 수밖에 없었지만, 지역 주민들의 민원도 매우 부담스러운 일이라고 했다. 진행 과정에서 일어나는 민원은 당사자인 사업주가 해결해야만 하니, 군청은 장려할 수도 없고 말릴 수도 없어 매우 곤란하다는 거였다.

이 다툼은 영영 끝나지 않을 것처럼 보였다.

"사실 따져보면 양쪽 다 피해자인지도 모르겠어요. 주민 분들은 크든 작든 변화의 불편과 두려움을 감수해야 하고, 사업주들은 정부에서 보조금까지 주며 장려하는 사업을 추진했다가 시간 손해 보고 돈 손해 보는 셈이죠."

상황을 설명하던 담당 주무관은 가볍게 한숨을 쉬었다. 지역 주민은 주민들 나름대로 여러 가지 반대 사유가 있긴 하지만, 시대의 흐름상 재생에너지가 필요하다는 점을 잘 알고 있다는 것이다.

선영은 그 말을 듣자 결국 사업주와 주민들 간의 소통이 문제가 아닐까 하고 생각했다. 어차피 해야 되는 일이라면, 서로 비난하고 다투기보다는 양쪽 모두 이득을 보며 진행될 수 있도록 상의할 수 있을 것이라는 생각이 들었다.

하루 동안의 취재를 마치고 사무실 책상에 앉은 선영은 노트북을 열고, '지역상생과 신재생에너지라는 두 마리 토끼'라는 제목을 적고 기사 초안을 작성하기 시작했다.

ABOUT 태양광 발전

태양광 발전은 우리 사회에 필요할까요? 아니면 땅 면적만 많이 차지하는 비효율적인 재생에너지 발전일까요? 미래 사회가 될수록 우리는 전력의 의존도가 점점 커질 것이고, 전력을 생산하기 위해서는 지구 자원을 써야 하는데, 자원은 유한하죠. 그래서 대안으로 떠오른 에너지가 '재생에너지Renewable Energy'이고 그중 하나가 태양광 발전이에요.

하지만 다른 발전원에 비해 차지하는 부지 면적이 크기 때문에 평지 면적이 작은 우리나라 같은 경우는 태양광 발전은 대안이 될수 없다는 의견이 있습니다. 우선 태양광 발전의 특징에 대해 정리해볼까요?

태양광 발전의 장점과 단점

태양광 발전소는 무언가를 태워서 나오는 에너지로 발전하는 설비가 아니에요. 지구 어디서나 얻을 수 있는 햇빛이나 바람과 같이 끊임없이 제공되는 자원을 활용하니까요. 그러니 연료가 고갈될 걱정을 할 필요도 없어요. 게다가 누구에게나 공짜지요. 연료가 필요 없으니 코로나19 같은 비상상황에서도, 전쟁으로 인한 석탄, 석유, 가스 수입가격이 급하게 상승해도 사람들의 삶에 필수적인 전기 공급에 큰 문제가 생길 걱정을 할 필요가 없어요. 그래서 한번 지은 태양광 발전소는 수명을 다할 때까지 그 생산량이 미세먼지나 이산화탄소와 같은 온실가스, 또 기타 다이옥신 같은 오염물질도 만들지 않아요.

원자력이 청정에너지라고 주장하는 이들이 있지만, 끊임없는 방사능 유출에 대한 공포와 사용 후 방사성 폐기물 처리에 대한 우려가 남아 있으니 엄밀한 의미에서 청정에너지라고 분류하긴 어렵다고 생각해요. 우리가 사는 환경과 안전, 기후변화를 생각하면 여러 나라와 국제기구가 태양광을 확대해 나가야 한다는 공감대가 형성된 데에는 이유가 있는 거죠.

또 사람들이 잘 이야기하지 않지만, 태양광은 안정적인 전력 공급에도 크게 도움이 돼요. 이 작은 발전소가 어떤 도움이 되냐고요? 화석연료나 원자력으로 전기를 공급하려면 어마어마한 크기의 발전소를 지어야 해요. 이 큰 발전설비를 관리하는 것도 어렵고, 한 개 발전소의 전력 생산량이 크기 때문에 한두 개라도 문제가 생기면 전체 전기 공급에 큰 차질이 생길 수 있어요. 만일 여러 개의 작은 발전소를 많이 짓는다고 하면 몇 개 정도 발전이 중단되어도 대처하기가 훨씬 더 쉽겠죠. 그래서 태양광 발전소를 '분산 발전'이라고 부른답니다.

물론 태양광이나 풍력이 완벽한 발전원은 아니에요. 예를 들어, 햇빛으로 발전한다는 이야기는 밤에는 발전할 수 없다는 의미죠. 밤에 필요한 전기는 어쩔 수 없이 다른 발전원에서 충당하거나 비싼 전력 저장장치를 설치해서 낮에 남는 전기를 저장했다가 사용해야 해요.

햇빛과 바람이 사람 말을 들어주지는 않겠죠? 그래서 발전량이나 순간적인 출력을 원하는 대로 조절하기 어려워요. 이는 전력시스템의 안정성에 문제를 발생시키는 원인이 될 수 있어요. 그래서 재생에너지와 청정에너지로 전체 전력망의 모든 전력을 충당하려면 전체 전력 시스템에 많은 투자가 있어야 해요.

태양광 사업 추진 절차

다해엔지니어링 김 대표가 도영에게 사업 추진 절차를 보내준 에피소드를 생각해봅시다. 김 대표가 보낸 추진 절차가 어떤 내용인지 함께 볼까요? 지금 보면 너무 어렵고 낯설어 보이지만 이 책을 다 읽고 다시 한번 보면 이해할 수 있을 거예요.

〈태양광 사업 절차〉

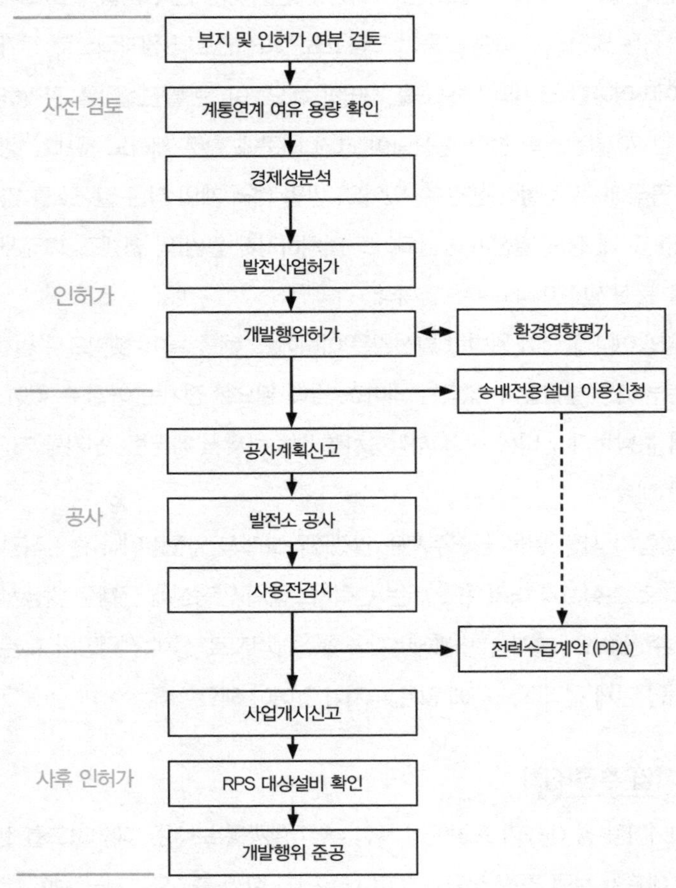

사전 검토
부지 및 인허가 여부 검토
계통연계 여유 용량 확인
경제성분석
인허가
발전사업허가
개발행위허가
환경영향평가
송배전용설비 이용신청
공사
공사계획신고
발전소 공사
사용전검사
전력수급계약 (PPA)
사후 인허가
사업개시신고
RPS 대상설비 확인
개발행위 준공

은퇴 후 여가 생활을 즐기는 70대 부부

"개인택시를 한 지 30년 정도 됐는데, 요즘은 귀가 어두워서 손님들이 목적지를 말씀하시는 것도 잘 못 들을 때도 있어서 낭패를 겪은 적도 있어요. 그런 일이 있다 보니 택시 일 하는 게 스트레스가 되었어요. 올해 택시를 팔고 낮에는 문화센터를 다니면서 서예, 캘리그라피 등을 배우면서 여가 생활을 즐기고 있죠."

박희완(75세) 씨와 심순희(73세) 씨는 50년 평생을 일하면서 취미 생활은 사치라고 생각하며 근검절약을 신조로 살아온 부부입니다. 그들은 2022년 7월부터 충북 단양 소재에 500kW급 태양광 발전소 가동을 시작했습니다. 이후 매달 1,000만 원 넘는 수익이 통장에 찍히는 것을 보면서 이듬해인 2023년 6월 박희완 씨는 드디어 택시를 팔고 은퇴를 결심하게 되었다는데요.

"태양광 발전소가 뭔지도 몰랐죠. 아들이 그쪽 일을 하고 있으니까 그런 게 있나 보다 싶었는데, 어느 날 아들이 한번 해보시겠냐고 들고 왔더라고요. 그때가 아마 2018년 연말쯤 됐을 거예요. 잘 아는 사람이 분양을 한다는데 한번 투자해보라고 하더라고요. 아들이 어떤 식으로 수익이 나는 거라고 한참 설명을 했는데, 잘 이해는 안 됐지만 아들 하는 말 믿어보자고 일단 계약금 5,000만 원을 입금했어요."

심순희 씨는 그때의 일을 회상했습니다.

"저희한테는 5,000만 원이란 돈이 큰돈이니까, 일단 아들 믿고 하긴 했는데, 남편은 심장이 벌렁벌렁한다고 그때부터 걱정을 하더라고요."

그렇게 시작한 태양광 사업 투자는 더디게 진행됐다는데요, 전기사업허가까지는 잘 진행이 되어서 약속대로 추가로 5,000만 원을 입금했지만 개발행위허가 과정은 쉽지 않았다고 하는군요. 이달 말 이달 말 하던 게 2021년이 되어서야 허가증을 받을

〈500kW급 해피태양광 발전소 앞에 선 박희완/심순희 씨 부부〉

수 있었고, 공사 후 발전을 시작한 때는 2022년 7월이었다고 하니 꼬박 3년 반 가까운 세월을 기다렸다고 하네요.

"요즘은 아침에 일어나면 단양 날씨부터 살펴보고 모니터링 시스템으로 발전이 잘되고 있나 살피는 게 일이 됐어요. 해가 지면 매일 자동으로 문자가 오는데 오늘은 얼마 수익이라고 하는 걸 볼 때마다 신기하고 대견하기도 하더라고요. 난 아무 일도 안 하는데 발전소가 일을 하고 있으니까요. (웃음)."

2023년 들어 금리가 올라가면서 대출 이자 부담이 커지기는 했지만, SMP 가격도 급등하면서 발전자회사와 체결된 고정 가격계약 단가보다 훨씬 높은 수익을 올릴 수 있었다고 합니다. 2023년 봄에는 한 달 매출이 1,600만 원을 넘는 경우도 있었다고 하는군요.

심순희 씨는 무엇보다 택시일 때문에 스트레스를 받던 남편이 이제 완전히 은퇴하고 여가 생활을 즐길 수 있게 되어서 마음이 놓인다고 하네요. 고령의 나이로 아침마다 택시를 운행하러 나가는 남편을 보면서 혹여 교통사고라도 나면 어쩌나 하고 걱정했던 나날을 생각하면 지금의 일상이 고마울 따름이라고 합니다.

"지난번 설날에는 애들이 집에 찾아와서 세배를 하고 여느 때처럼 또 용돈을 내놓더라고요. 세배를 받으면서 세뱃돈을 받는 게 늘 미안하고 어색하면서도 애들한테 고마웠죠. 남편한테 얘기해서 이번에는 세뱃돈을 우리가 주자고 했죠. 남편도 흔쾌히 그러자고 하더군요."

"어려운 형편에서도 애들한테는 부족한 것 없이 키우려고 많은 노력을 했는데, 명절이라고 세뱃돈도 내놓을 수 있게 되니까 그때는 정말 흐뭇하더라고요."

심순희 씨의 얘기에 박희완 씨도 맞장구를 치면서 둘은 함께 웃었습니다.

"이제 더 바랄 것도 없어요. 건강 챙기면서 애들한테 경제적으로 폐 안 끼치고 살고 우리 부부 서로 하고 싶은 거 하면서 살면 되죠."

70이라는 나이에 드디어 삶의 여유를 가지게 된 박희완 씨, 심순희 씨 부부의 얼굴에는 그들 부부의 발전소 이름인 '해피태양광 발전소'처럼 행복이 묻어나고 있었습니다.

태양광 발전 사업의 첫발을 떼다

부지와 인허가

부지 확보를 위해 발품을 팔다

—

태양광 부지의 햇빛을 직접 눈으로 확인하다

"날도 더운데 너무 무리하는 거 같아 마음이 안 좋아."

도영은 좁고 어둑한 기차 좌석에 비스듬히 기대앉아 있는 은서의 머리를 쓰다듬었다. 은서는 눈을 감은 채로 도영의 손을 꼭 잡으며 나른하게 미소 지었다.

"아니야, 오빠. 나 괜찮아. 그냥 요새 속이 불편해서 음식을 걸렀더니 기운이 없어서 그래. 그래도 오빠랑 같이 놀러 가는 것 같아서 신난다."

"신난다는 사람 목소리가 그게 뭐야……. 사실 나는 꼭 가볼 필요가 있나 싶어. 그 땅은 나 어렸을 때부터 늘 오가던 곳이거든. 아버지 작물 키우실 때도 도우려고 여러 번 갔고."

"그래도 가보지 않으면 몰라요. 가서 별거 없으면 다행이고, 뭐가 있으면 미리 대비할 수 있어서 좋고."

"아니야. 요새는 인터넷 지도 사이트들이 엄청 잘되어 있잖아. 직접 가본 것 같이 둘러볼 수도 있다니까?"

눈을 부시시 뜬 은서는 도영 쪽으로 몸을 들썩, 틀고는 그의 손등을 꼬집고는 연거푸 비틀면서 장난스럽게 말했다.

“흐흐흐, 그렇게, 다, 해결되면, 얼마나 좋겠어, 응? 나도, 사무실에 가만히 앉아서, 일 다 보겠지? 막상, 가보면 또 다르다고. 그리고 김 대표님이, 해 뜰 때, 가보라고 그러셨다며.”

“아야야, 아파, 아파, 제발, 제발, 아프다고. 그만해 은서야, 알았어, 아야야, 알았다고. 제발!”

기차에서 내려 태양군청 앞에서 차를 빌린 두 사람은 아버지가 사업부지로 허가를 받은 장소로 이동했다. 임신 초기인 데다 날씨가 더워 유난히 피곤해하는 은서에 대한 도영의 배려였다. 도영은 일출 전 이른 시간의 어두움에 왠지 자꾸 은서가 걱정스러워졌고, 한 손을 더듬어 은서의 손을 찾았다. 은서는 자신의 손을 부드럽게 잡아주는 도영이 고마워 미소가 지어졌지만 이내 그의 손을 핸들에 얹어주며 말했다.

“어허, 운전에 집중하세요?”

“미안. 에어컨이 차가워서 그랬어. 아, 참, 내가 인터넷 검색해 보니까 다음 달에 육아 박람회라는 게 있던데, 우리 한번 가볼까?”

“하하하, 벌써 육아 박람회를 알아봤어? 그런 건 천천히……. 아, 오빠, 전화 왔다.”

“어 그러네? 여보세요? 아, 네, 김 대표님. 네, 오늘 대표님도 부지점검 가신다면서요? 이동 중이시겠네요? 저희도 거의 도착해 갑니다."

–네, 그러면 도영 씨도 해 뜨기 전에 도착하시겠네요. 거기 가시면 부지 동쪽에 작은 언덕도 있고 나무도 있으니까 해 뜰 때 부지 내로 어느 정도 그늘이 들어오는지 한번 확인해보세요. 전문적 음영 측정 장비 쓰실 수 있으면 좋지만, 어느 정도는 눈으로 확인하셔도 충분해요. 오전 10시 넘어서까지도 그늘이 지는 부지에 태양광 하시겠다는 분들도 가끔 있으신데, 그러면 발전량 손실이 꽤 있거든요. 해 뜨는 시점에 그림자가 제일 기니까 확인하기 쉬우실 겁니다.

"네, 챙겨주셔서 감사합니다. 아버지 메모도 있고, 어릴 때 자주 갔던 곳이니 충분히 볼 수 있을 것 같아요."

–아, 알겠습니다. 주변도 잘 살펴두시고, 아직 어두우니 운전도 조심하세요.

"네, 대표님도 운전 조심하세요."

이리저리 좁은 길을 따라간 끝에 두 사람은 아버지의 밭에 도착했다. 차를 부지 한쪽에 세우고 내리자 날이 서서히 밝아 오고 있었다. 밭 한편에 선 두 사람은 서로를 마주 보고 미리 준비한 아버지의 노트 중 '부지 점검 사항' 페이지를 찍은 사진을 열었다.

부지 점검 사항

1. 진입로: 진입로 있는지? 공사차량 출입 가능?

2. 그림자: 주변 언덕, 나무나 건물, 철탑 같은 장애물 있는지?
동→남→서 측면, 그늘이 지는지?

3. 토질: 부지 내 바위, 나무, 단차나 기타 지장물 여부

4. 물 빠짐: 배수로 여부

5. DL: 접속점과 경로 확인

* 우리 땅 확인 결과 진출입 OK지만 맹지진입로 사용을 위한 합의 필요, 그림자 OK, 토질/지장물 OK, 배수-구거, 태양DL 잔여 OK

9215W454 태양간 170

두 사람은 아버지의 메모 순서대로 확인을 해 나갔다. 첫 번째 진입로는 큰 문제가 없어 보였다. 이미 차를 몰고 밭 안쪽으로 들어온 길을 보니 좌우 넓이가 충분했다. 입구 쪽에 개울이 있어 작은 다리가 있었지만, 회전을 위한 공간도 넉넉했고, 바닥도 포장되어 있어 웬만한 트럭이나 장비도 진입이 가능해 보였다.

"1번은 문제없을 것 같다. 오빠, 그지?"

"그러게. 이 정도면 충분할 것 같은데?"

두 번째는 그림자였다. 다행히 주변에 눈에 띄는 높은 건물은

없었고, 대체로 그늘이 질 것 같은 부분도 없었다. 눈에 걸리는 것은 부지 남쪽 언덕과 도로 반대쪽 언덕 위로 높이 솟은 소나무였다. 때마침 날이 밝아 오면서 나무들 사이로 아침 해가 보이기 시작했다. 두 사람은 아무 말 없이 나란히 서서 해가 떠오르는 것을 지켜보았다. 아침 해는 생각보다 빠르게 떠올랐고, 밝은 빛이 나무 위로 머리를 내밀자 잠시 지켜보던 은서가 기쁜 듯이 말을 건넸다.

"오, 괜찮은데? 해 다 올라섰는데 그늘이 밭까지 들어오지 않잖아."

"응, 그래. 어릴 때도 여기가 참 햇볕 잘 들어오고 따뜻하다고 생각했어."

"다행이다. 그럼 그림자도 괜찮은 거네? 다음은 뭐였죠?"

"토질하고 물 빠짐, 그리고…… DL? 이건 무슨 의미인지 잘 모르겠어. 검색해도 잘 안 나오더라고."

"그럼 일단 토질하고 물 빠짐이네. 어떨 것 같아?"

사실 토질은 특별할 것이 없었다. 오랫동안 밭을 일궈 온 곳이라 중간에 바위나 나무가 있지도 않았고, 땅 밑에 암반이 있을 것 같지도 않았다. 전체적으로 단차가 크게 없이 평탄했다.

물 빠짐도 마찬가지였다. 기본적으로 밭농사는 물 빠짐이 좋은 곳, 논농사는 물 빠짐이 어려운 곳에 한다는 말을 들어 온 터라 이곳도 물 빠짐이 나쁘지는 않을 터였다. 게다가 도영은 어렸을 적 아버지가 작은 굴삭기를 들여 물이 쉽게 빠지도록 여기저기 물꼬를 터놓던 것을 기억하고 있었다.

"토질도 물 빠짐도 아버지 노트에 있는 것처럼 큰 문제는 없을 것 같아. 원래 농사도 지었던 땅이거든. 여기랑 저기랑 보면 도랑 보이지? 이쪽으로 물이 모여서 다리 밑으로 해서 물이 빠져 나가는 길이니까. 그런데 태양광 설치하면 이렇게 중간중간 물이 흘러도 되는지는 김 대표님께 한번 여쭤봐야겠어."

물꼬를 따라 걸어 내려가면서 설명을 하던 도영은 문득 다리 너머에서 물끄러미 두 사람을 바라보고 있던 노인과 눈이 마주쳤다. 차림새를 보니 주변에서 농사를 짓고 있는 어르신인 듯했다.

"어디서 오셨수? 거긴 황 선생님네 땅인디?"

"아마 저희 아버지 말씀하시는 모양이네요. 저희 아버지가 황 자 기자 원자 되시고요, 저는 막내아들입니다."

"아~ 그려? 근데 여긴 워쩐 일이유?"

"네, 사실 여기에 태양광 발전소를 지어볼까 해서요. 둘러보던 참입니다."

"태양광? 거 뭐, 그, 나라에서 돈 준다고 막 짓고 하는 그거? 하이고, 거 하지 마유."

"네?"

"아니, 그냥 하지 말라면 하지 마유. 황 선생님네 자제분이시라니께 내 좋은 말로 하는 겨. 괜한 소란 일으키지 말고 하지 말여. 알겠는가?"

태양광이라는 말에 태도가 싸늘해진 어르신은 대답을 할 여지도 주지 않고 고개를 돌려 사라졌다. 도영은 화가 나기도 하고 당황스럽기도 했다.

"아는 분이야? 뭐라셔?"

뒤에서 지켜보고 있던 은서가 뒤늦게 도영에게 다가와 걱정스러운 듯 물었다.

"몰라? 뭔가 그냥 기분 안 좋으신 일이 있으신가 봐."

"그래? 그럼 이제 밥이나 먹으러 가자. 올라오다 보니까 저기 아래에 맛있어 보이는 두부집 있더라고. 요새 통 못 먹어서 그런지 한번 가보고 싶네."

"응 그럼 차 놓고 둘러볼 겸 걸어서 갔다 오자."

애써 웃으며 은서를 안심시켰지만 도영은 불안했다. 그리고 선영이 했던 이야기가 떠올랐다. 왜 사람들은 다른 사람 땅에 무언가를 짓는 것에 이리도 민감해할까. 시기심인지 불필요한 걱정인지, 누군가의 거짓말들 때문인지……. 도영은 마음이 불편해지는 것을 막을 수 없었다. 지금이라도 쫓아가서 이야기를 나눠볼까 생각하는 순간 은서가 부르는 소리에 정신을 차리고 뒤를 돌아봤다.

"오빠! 이리 와서 이거 봐!"

"응? 뭔데? 어? 이건……."

전주번호 예시

"그지? 아버님 노트에 있는 숫자들하고 비슷하지 않아?"

"그러네. 이 숫자가 아마 전신주 번호를 의미하는 건가 봐. 숫자도 끝자리만 다른 걸 보면 여기서 멀지 않은 것 같고."

"와, 신기하다. 그럼 조금만 더 내려가면 나오겠는데? 꼭 보물찾기 하는 것 같다."

은서가 갑자기 도영의 팔을 휘감아 팔짱을 끼고는 몸을 기울이며 말했다.

"선장님! 저쪽입니다. 가시죠!"

차근차근 과정을 밟으며 정보를 얻다

"아~ 간만에 잘 먹었다. 고마워요."

"고맙긴. 잘 먹었다니 내가 기분 좋네. 이제 거의 다 왔다. 아까 산 자두는 이따가 먹어요."

냄새가 강하지 않아서인지 은서는 맑은 국물의 순두부를 한

그릇 다 비웠고 조금은 기운이 나는 듯했다. 다시 차에 오른 두 사람은 얼마 지나지 않아 군청에 도착했다. 차에서 내리는 두 사람을 반갑게 맞이한 건 상명이었다.

"어서 와라, 도영아. 아이고, 제수씨 반갑습니다. 말씀 들었어요. 축하드립니다."

"야야, 제수씨라니, 형수님이지. 일 바쁜데 괜히 나온 거 아냐?"

"아냐, 괜찮아. 그래도 금요일이라 좀 낫다. 너 오늘 다시 올라간다고 했지? 시간 없을까 봐 내가 담당자분들 미리 알아놨어. 2층 허가팀에 있는 천 주무관 찾으면 된다. 아, 그리고 여기까지 왔는데 한전도 한번 가봐. 사이트에서 용량이 확인된다고 해도 정보 갱신이 늦는 경우도 있고, 대기해야 할 경우 순번이나 상황 같은 보다 정확한 이야기를 들어보려면 직접 가보는 게 제일 좋아. 요 앞 태양지사 3층에 가면 전력공급부서라고 있어."

"고맙다. 나 이런 거 하나도 모르는데 미리 알아도 봐주고."

"걱정 마. 그리고 원래 민원인들에게 친절한 분들이니까 잘 이야기해주실 거야. 제수씨, 오늘은 어려우실 거 같으니까 조만간 언제 저녁에 소주라도 같이하시죠."

"야, 임…… 그리고 형…… 아니다. 됐다. 고맙다. 바쁠 텐데 들어가 봐라. 소주는 나중에 나랑 하자."

상명과 헤어진 후 군청 2층의 허가팀으로 발걸음을 옮겼다. 사실 개발행위허가 내용도 아버지가 1년 전 사전심사를 통해 확인한 내용이었지만 그사이에 법령이나 제도에 변경이 있을 수 있었기에 두 사람은 내심 걱정을 하고 있었다. 긴장된 표정으로 허가팀 사무실 문을 열어 담당자인 천 주무관을 찾았다.

"태양광 100kW씩 3개를 정남면에 하려고요. 사실 사전심사를 통해 가능하다는 의견을 받았지만 받은 지 2년 정도 지나서 혹시 변동이 있나 싶어서 왔습니다. 태양광 사업은 매년 규정에 변경이 잦다는 뉴스가 많아서요."

"네, 잘 오셨어요. 정남면에 태양광 100kW 설비로 3개 하신다고요? 전체 부지 면적이 얼마나 되죠?"

"아, 그게…… 한 1,200평 될 텐데……."

갑작스러운 질문에 도영이 머뭇거리자 옆에서 듣고 있던 은서가 가방에서 서류봉투를 꺼내어 도영에게 건네주었다. 도영이 봉투에 든 서류를 꺼내어보니 토지대장이었다.

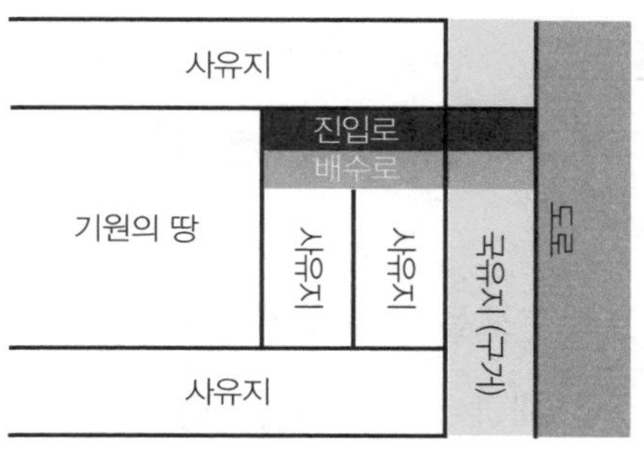

황기원의 땅 위치

토지대장의 지적도를 슥 훑어본 천 주무관이 이야기를 이어 갔다.

“부지가 아직 부친 명의이고, 한 덩어리로 되어 있네요. 별도로 필지 분할을 하실 건가요? 아니면 개발행위허가 진행하시면서 분할을 진행하실 건가요?”

“아, 상의해봐야겠지만 별도로 필지 분할하려면 시간이나 비용이 부담되어서 우선 공동 명의로 상속받은 후에 개발행위허가 진행하려고 합니다.”

“네, 그러는 게 나을 거예요. 별도로 인허가 업체 도움을 받으신다니 사업 계획서나 토목도면, 배수계획 같은 도면이나 문서는 업체에서 준비해주실 겁니다.”

“네, 그럼 그건 서류 준비되어 갈 때 준비해야겠네요.”

“네 맞아요. 그리고 부지사용 동의서가 문젠데…… 일단 당사자 분들 소유인 사업부지에 대해서는 동의서가 필요 없어요. 그리고 국유지인 구거는 점용 허가를 받으면 되고요. 하지만 배수로와 진입로가 사유지 두 개 필지를 거쳐 가야 하기 때문에 각각의 토지주분께 부지사용 동의서를 받아서 제출하셔야 합니다.”

“네, 저희도 토지주분들 만나서 부탁드려보려고요.”

도영의 시원스런 대답에 잠시 말을 멈췄던 천 주무관이 다시 설명을 이어 갔다.

“조례상 사업 시행 전에 주민 설명회 같은 방법으로 지역 주민의 의견을 청취하도록 권고하고 있어요. 허가 접수하시기 전에 주민 설명회를 개최하시고, 당시 사용했던 자료나 설명회 당일 사진 같은 문서도 첨부하시는 게 좋습니다. 그러니까 가능하면 사전에 마을과 잘 이야기해두시는 게 굉장히 중요합니다.”

“네, 알겠습니다. 감사합니다.”

천 주무관에게 인사를 하고 군청을 나온 도영은 시간을 확인했다. 세 시가 조금 넘은 시각이었다.

“한전에 가봐야지?”

“응, 은서야. 너 피곤하지 않아? 괜찮겠어?”

“그럼, 괜찮아. 모처럼 휴가 내고 여기까지 왔는데 다 확인하고 가야지.”

한전지사는 군청에서 걸어서 5분 남짓 걸리는 곳에 있었기에 방문 계획을 짤 때부터 같은 날에 들를 생각이었다. 건물의 입구로 들어서자 ‘전력공급부’라는 명패 밑으로 상담을 할 수 있는 창구가 따로 마련되어 있었다.

“안녕하세요? 태양광 발전 사업 관련해서 문의 좀 드리려고 왔습니다.”

“네, 안녕하십니까? 어떤 내용이 궁금하세요?”

“사실 조금 전 군청에 다녀왔는데 인허가보다도 한전 선로 용량이 더 중요하다고, 빨리 개통이 되는지 확인해보라고 안내를 해주시더라고요.”

“개통이요? 아~ 하하하. 개통이 아니라 계통 선로 용량에 여유가 있냐는 이야기시겠죠?”

“네? 계통이요?”

“네, 전력 계통이요. 전력망을 계통이라고도 불러요. 전기를 보내는 송전선이나 나눠주는 배전선들이 그물처럼 구성되어 있어서 전력망이라고도 불러요. 사업주분들 입장에서는 발전 사업 인허가가 나더라도 계통에 여유가 없으면 발전된 전기를 보낼 수가 없거든요. 전력 계통은 모두 저희가 하나의 전력망으로 관리하니까 저희 쪽에서 확인도 하고, 접속허가도 발급해요. 필요하면 신규 선로를 새로 걸거나 전신주를 설치하는 것도 저희 일이고요.”

“결국 전봇대 전선에 안 쓰는 용량이 남아 있는지를 확인하라는 얘기인 건가요?”

“맞아요. 전봇대에 전선이 있어도 거기다가 무조건 태양광 발전소를 연결할 수는 없어요. 이미 사용하고 있는 전력량이 꽉 차 있으면 추가가 안 되는 거죠. 그래서 그걸 선로 용량이라고 하고, 연결한다는 얘기를 연계라고도 해요. 그래서 계통연계라고 하면 계통에 연결한다는 의미로 이해하시면 되는 거죠. 제가 금방 확인해드릴게요. 잠시만요?”

직원은 발전 사업허가증을 보면서 컴퓨터에서 뭔가를 치고 조회를 했다.

“휴……. 이쪽에는 현재 허가 난 것까지 합치면 이제 800kW 정도 용량이 남았네요. 서두르셔야겠어요. 아직 다른 허가건 들어온 건 다행히 없는데, 300kW 연계하려면 얼마 여유가 없네요.”

“저…… 혹시 미리 예약을 해놓는 방법은 없나요?”

“하하하. 그런 제도는 없어요. 만일 그렇게 되면 전국 선로는 하나도 남는 게 없을 거예요.”

직원의 말에 은서가 재차 확인하듯 물었다.

“그럼 지금 신청해서 확보할 수는 없고 개발행위를 먼저 받아야 신청할 수 있는 거네요?”

“네, 맞아요. 예전에는 전기사업허가만 받아도 신청을 할 수 있었는데 워낙 폐해나 부작용이 많아서 태양광 사업에 대해서는 규정이 바뀌었어요. 군에서 개발행위허가까지 마치셔야 합니다.”

“네, 알겠습니다. 알아봐주셔서 감사합니다. 부지 부분은 저희가 더 알아보고 또 문의 드릴게요.”

태양광 부지 확보뿐만이 아니라, 선로 부지 확보라는 새로운 과제가 생긴 것 같았지만, 그래도 아예 안 된다는 이야기보다는 다행인 상황이었다. 인사를 마치고 건물을 나오자 은서는 도영의 손을 꼭 쥐어주었다.

“오빠, 수고했어요. 걱정만 하고 있는 것보다는 그래도 낫지?”

“그래, 맞아. 고마워.”

은서는 창밖의 햇살이 강해지기 시작하는 늦은 오후까지도 침대에서 일어나지 못하고 있었다. 요 사이 자도, 자도 피곤한 느낌인데다, 전날 온종일 돌아다닌 탓도 있었다. 무언가 불편한 느낌에 이리저리 몸을 뒤척이던 은서는 요란한 전화벨 소리에 정신을 차렸다.

"응, 오빠."

-어제 피곤했지? 몸은 좀 어때?

"아직 좀 불편하긴 한데 그래도 많이 괜찮아졌어요, 오늘 수호 오빠하고 선영 언니 점심 연락은 했죠?"

-응, 멀지 않은 곳에 적당한 초밥집으로 예약해뒀어. 그래도 좀 냄새 덜 나는 게 나을 것 같아서. 한 시간쯤 뒤에 내가 데리러 갈게.

"후후. 고마워요. 근데 나 선물 같은 거 안 들고 가도 될까?"

-선물은 무슨. 건강히 와주는 게 선물이야. 그리고 우리 어제 확인한 내용들 상의하러 만나는 거니까, 너무 격식 차릴 필요 없어.

"그러게요. 너무 걱정 안 하셨으면 좋겠네."

도영을 만나 함께 도착한 초밥집은 나름 유명한 곳인지 내부 여기저기에 방송 출연한 사진과 유명인의 사진이 액자에 걸려 있었다. 은서는 도영을 가만히 바라보면서 미소 지었다.

"왜? 식당 별로야?"

"아냐. 후후후."

멀지 않은 곳인 건 맞았지만, 그래도 이 식당을 찾기 위해 여기저기 알아보고 고민했을 도영을 생각하니 고맙고 예쁘다는 마음이 들었다. 영문을 몰라 하면서도 마주 웃어주던 도영이 익숙한 목소리에 고개를 돌려 반갑게 인사를 건넸다.

"저희 왔어요. 먼저 와 계셨네요."

"어, 그래. 선영이랑 나도 방금 왔다. 어서 앉아라. 은서 씨 맞죠? 반가워요."

"야, 서로 방실방실 좋아 죽는구나. 꼭 연예인 커플 기자회견 같네, 엄청 보기 좋다."

가족이라는 존재가 낯설었던 은서는 오늘의 만남이 은근히 부담스러웠지만, 온화한 수호와 격식 없이 친근하게 대하는 선영의 모습을 보자 이내 마음이 조금 편안해졌다. 그리고 두 사람의 끊임없는 환영과 칭찬이 정신없이 이어지자 겉치레 웃음과 대답으로는 오래 버틸 수 없었다. 고개를 푹 숙인 은서는 눈물을 뚝뚝 떨구고 말았다.

"어떡해요. 죄송해요."

스스로의 모습에 당황한 은서는 부끄러워 어쩔 줄을 몰랐지만, 자꾸 눈물이 나는 것은 어찌할 수 없었다. 기도하듯 맞잡은 은서의 두 손을 양쪽에 앉은 도영과 선영이 연신 쓰다듬어주었다. 한동안 말없이 지켜보던 수호가 손수건을 꺼내 도영에게 건네주며 말했다.

“괜찮아요. 괜찮아요. 그동안 혼자 힘으로 살아내느라 고생도 많았을 거고, 아이도 생겨서 마음도 많이 불안했나 봐요. 이제 우리 가족이니까, 울고 싶으면 울고 웃고 싶으면 울어요.”

“그리고 도영이가 못되게 굴면 이 언니한테 와서 고자질도 하고.”

“아니, 누나, 누나가 이런 식이면 내가 먼저 은서한테 이를 거야.”

자신을 위로하려는 세 사람의 농담에 눈물이 조금 진정되자 은서는 옆에 앉은 도영의 손을 놓고는 격려하듯 어깨를 쓰다듬었다. 은서가 하려는 말을 이해해준 도영은 분위기를 환기하려는 듯 녹차를 따라 돌리며 이야기를 꺼냈다.

부지는 괜찮고 공사하기도 문제가 없어 보이지만, 진입로가 지나는 세 개 필지—개울 위 다리가 지나가는 국유지와 외지인 소유의 두 개 필지—에 대해 사용 허가를 받아야 했다. 또 힘들게 찾은 연계점도 빨리 신청하지 않으면 못 쓰게 될 수 있는 상황이었다.

설명을 들은 두 사람의 표정이 심각해졌고 다들 아무 말도 하지 못했다. 잠시 뒤 모두의 눈치를 보며 식당 종업원이 초밥을 내려놓고 사라졌다.

"아, 모르겠다. 자, 우선 먹고 이야기하자. 은서야 배고프지? 오빠도 얼른 먹어."

선영이 답답하다는 듯 젓가락을 들어 초밥을 집어 먹었다. 두세 개를 연거푸 입에 넣은 선영이 된장국을 한 모금 들이켜고는 무언가 생각난 듯 씩씩하게 말했다.

"도영이랑 은서가 알아보느라 수고했으니까, 부지 문제 해결하는 건 내가 할게. 원래 내가 하는 일이 돌아다니면서 사람 알아보고, 만나고 하는 일이니까 내가 나서는 게 나을 것 같아. 뭐 사람이 하는 일인데 안 되는 일이 있겠어? 심각해진다고 해결되는 것도 아니고."

"너 혼자 다 알아보려고? 혼자 다 할 수 있겠어?"

"그래요, 언니. 전부 다 맡기면 저희가 너무 죄송하잖아요. 보시기에는 좀 답답할 수 있겠지만 어차피 모두 함께하는 일이니 나눠서 하는 게 좋을 것 같아요. 시간도 더 절약할 수 있을 것 같고요."

"그래, 선영아. 은서 씨가 말한 대로 하자. 남의 땅 쓰겠다는 동의 받기가 쉽지 않을 거야. 시간도 최소 6개월에서 몇 년까지도 걸릴 수 있을 거고. 마침 필지도 세 곳이니까 우리 둘이 각자 토지주들 나눠서 만나고 도영이랑 은서 씨가 국유지 쪽을 알아보고."

"음…… 알았어. 그러면 오빠 말대로 하자."

며칠 후, 은서와 도영이 함께 알아본 국유지 쪽 문제는 의외로 해결하기 어렵지 않았다. 은서가 가끔 이용하는 토지정보 사이트를 통해 확인하니 국유지의 소유는 농어촌공사 명의로 되어 있었다. 공사의 지역 지사에 연락해 알아보니 진입로 용도로 10년 단위 장기임대가 가능했다. 기간은 10년이었지만 두 차례 연장이 가능해서 20년 운영을 하는 데에는 문제가 없었다. 다만 면적당 공시지가를 곱한 임대료 10년치를 납부해야 했는데, 필요한 진입로 면적이 크지 않아 지불하지 못할 금액은 아니었다.

"네, 잘 알겠습니다. 감사합니다."

공사 직원과 통화를 마친 은서는 도영과 필요한 서류를 정리해 보았다. 사업 계획서나 임대면적도면 같은 서류들이 있었지만 잘 준비하면 무난하게 허가를 받을 수 있을 것 같았다. 문득 다른 쪽 일을 보고 있는 둘이 걱정된 은서는 도영을 바라보았다.

"수호 오빠하고 도영 언니 쪽은 괜찮을까?"

한편, 수호는 고향 근처 부동산 개발업자 사무실을 찾았다. 주택을 개조해서 한쪽은 사무실로, 한쪽은 집으로 사용하는 것 같았다. 문을 열고 들어서니 30~40년 전쯤에나 볼 수 있었던 철제 책상과 낡은 의자에 60대 후반으로 보이는 백발의 노인이 돋보기로 무언가를 보고 있었다. 수호는 담배 연기로 자욱하고 지저분한 공간에서 순간 뒤돌아 나가고 싶었다. 하지만 이 주변에 부동산 사무실은 여기 한 군데 밖에 없었다. 딱히 대안이 없어서, 수호는 인사를 건네고 전후 사정을 이야기했다.

"그래서…… 그 땅의 주인분을 찾을 수 있을까요?"

"땅 주인이 외국인이유?"

"네? 무슨 말씀이세요?"

"내가 여서 땅 사고판 지가 수십 년째유. 근디, 거, 저, 뭐 사람 하나 못 찾겄어유?"

"혹시…… 공인중개사는 맞으세요? 다른 곳 보면 자격증도 액자에 걸어놓고 하시던데……."

"하이고, 그 사람 벌써 문 앞에 다 왔나 보네. 거, 쯩 들고 있으면 사람이 그냥 찾아진데유? 쯩도 사람도 걱정허지 마시고, 지번이나 줘봐유. 그 사람 찾아가지고 연락 주면 되쥬?"

수호는 호언장담하는 중개인의 말이 어이없었지만 밑져야 본전이라는 생각이 들었다. 그 외에 몇 군데의 부동산을 돌아보았지만, 정중히 거절하거나 부정적인 곳들이 대부분이어서 이곳에 부탁을 하는 수밖에 없었다. 다시 연락이 온 건 수호가 다른 부동산을 돌아다닌 지 사흘째 되던 날이었다.

"땅 주인이랑 이야기했는디, 거 땅 주인이 안 판다 하대유. 사장님이 10평 정도 필요하다고 했잖유? 그랬더니 누가 그 쪼끄맹걸 잘라 파냐고 성을 내고…… 알고 보니 자기네 아부지한테 물려받은 지 얼마 안 된 땅인디 딴엔 아부지 생각나서 땅을 손대기가 좀 그런가봐유. 그래도 거 땅 주인 아부지하고 나가 사촌

관계니 좀만 기다려봐유."

수호는 문득 땅을 남기고 떠난 기원을 떠올렸다. 상황의 절박함을 생각하면 당장이라도 땅 주인을 만나서 한 번만 도와 달라고 읍소하고 싶은 마음이 간절했지만, 땅 주인과 친척 관계라는 말에 조금만 더 기다리기로 마음먹었다. 이틀이 지나자 다시 전화가 왔다.

"사장님, 고놈이 죽어도 안 판다고 빼팅기네유. 그 땅 허가 땜시 진입로 쓸라하는 거쥬? 그라믄 혹시 임대로 하는 건 워떠유?"

"네, 그럼요. 대신 20년 장기임대로 해주시고 토지 사용 승낙서에 도장만 찍어주시면 됩니다."

"되겄네, 그럼. 그 땅이 한 150평은 되는디 나중에 그넘이 농사도 짓고 집도 조그맣게 한 채 지을려 하고 있슈. 근디 사장님께 도로 땅을 팔믄 나중에 진입로가 없을 거 같아 못 판다고 한 건데, 임대만 주면 문제가 없을 거니 20년치 임대료 선불허고 승낙서 받으시쥬."

"임대료는 얼마나 드려야 할까요?"

"가만있자…… 보통 농지 임대하면 평당 3천원이니까, 10평이믄 3만 원이네, 20년치면 60만 원이구만, 그래도 진입로니까 보상비용 좀 보태서 100만 원으로 내가 이야기하면 틀림없이 될 거예유."

일시불로 지급한다면 오히려 60만 원보다 더 금액이 낮아야 하는데. 수호는 중개인의 셈법을 이해할 수가 없었지만, 지금 진입로 확보를 해두지 못하면 사업 자체를 할 수 없을지도 모른다는 생각에 승낙할 수밖에 없었다. 그리고 중개인의 호언장담과는 다르게 한 주, 두 주가 지나도 소식이 없었다. 무언가 제대로 진행되고 있지 않는다는 생각에 수호는 부동산에 다시 전화를 걸었다.

"아이고, 사장님."

"어떻게 되어 가는 건가요? 2주가 지났는데도 연락이 없으셔서요."

"그러잖아도 전화 드릴라고 했는데, 해결 다 됐어유. 다만 그 조카 녀석이 100만 원 더 올려 달라고 해서 내가 그런다고 했어유. 내일이나 모레 계약서 쓰러 내려올 수 있쥬?"

"네, 알겠습니다. 도장 챙겨 가면 되겠죠? 그리고…… 중개 수수료는 어떻게 해야 하죠?"

"200만 원만 주셔유."

"네? 200만 원이요? 아니, 임대료가 200만 원인데 수수료가 200만 원이요?

"몇 년 걸릴 걸 한 달도 안 돼서 해결한 건 이짝이니 그 정도는 생각해줘유. 쩌기 조카 놈이야, 해도 그만, 안 해도 그만이니께유."

"휴…… 알겠습니다. 내려가서 뵙고 다시 이야기하시죠. 그 대신 일 하나만 더 알아봐주세요."

***

"여기쯤인가 본데……."

선영은 수호가 지역 중개인을 통해 파악한 주소를 들고 다른 토지의 땅 주인을 찾아 나섰다. 도영이 부동산에서 들은 말로는 그 땅 주인이 서울에 거주하고 있고, 땅에도 별로 관심이 없다고 하니 의외로 쉽게 해결될지도 몰랐다.

땅 주인의 집 주소는 강남의 한 아파트였다. 아무래도 저녁 즈음에 찾아가는 것이 좋을 것 같아 선영은 일을 마친 저녁에 온 참이다. 옛날 고급 아파트답게 각 라인마다 경비실이 있었지만 마침 경비원은 잠시 자리를 비운 모양이었다. 서둘러 엘리베이터를 탄 선영은 문 앞에 도착하여 긴장된 마음으로 초인종을 눌렀다.

"누구세요?"

인터폰을 통해서도 나이가 든 목소리임을 알 수 있었다. 조용하고 차분한 말투였다.

"네, 김상혁 씨 혹시 댁에 계실까요?"

"무슨 일이시죠?"

"네, 김상혁 씨가 소유하고 계시는 태양군 땅 때문에 잠시 말씀 나누고 싶어서 찾아뵈러 왔습니다."

"난, 몰라요. 우리 아들 지금 해외출장 갔는데, 다음에 오세요."

"아, 잠시만요. 혹시 언제쯤 돌아오실까요?"

"글쎄…… 다음 주 온다고 했던 것 같고, 몇 달 걸릴지도 모른다는 것 같기도 했고. 모르겠네요."

"그러면 혹시 연락처라도……."

"일단 돌아가세요. 없다고 했잖아요. 지금 우리 손주들 저녁 먹을 시간인데 이게 무슨 무례인가요!"

인터폰은 거칠게 끊어졌다. 나름 기자생활을 한 기간이 짧지 않은 선영이었지만, 더 이상 벨을 누를 수가 없었다. 기자 일을 하다 보면 이런 경우가 종종 있었는데, 그땐 기자 신분으로 '알 권리'를 들먹이며 밀어붙였다. 하지만 지금은 더 물고 늘어질 명분이 없었다. 선영은 빈손으로 집에 돌아가야 하나 싶어 난감해졌다.

아니, 그럴 수는 없어. 입구를 나온 선영은 다급히 근처 편의점을 찾아 자양강장제 음료수 두 박스를 사고는 다시 아파트 앞으로 돌아왔다. 잠시 기다리자 순찰을 마친 듯 한 손에 손전등을 든 경비원이 나타났다. 선영은 두 손에 음료수를 든 채로 경비원에게 최대한 높은 톤으로 말을 걸었다.

"어머, 어르신, 안녕하세요. 수고가 많으십니다."

"예, 안녕하세요."

"와, 이거 무겁네요. 일단 좀 받아주세요. 저 이상한 사람 아니고요. 바른일보 아시죠? 제가 거기 기자예요. 아, 그러고 보니 명함 받으실 손이 없으시네요. 저기로 잠깐 좀 들어가서 말씀드려도 될까요?"

"네? 아, 네."

당황한 경비원을 떠밀다시피 다짜고짜 경비실에 들어간 선영은 자양강장제 하나를 따서 테이블 위에 놓고는 명함을 건넸다. 잠시 경비원이 명함을 살피는 동안 다시 황급한 말투로 이야기를 이어 갔다.

"사실 제가 여기 1401호 사장님하고 인터뷰 일정이 잡혔거든요. 근데 어머님이 제가 여자라서 그런지 한사코 여기 안 사신다는 거예요. 아, 이거 드세요. 그런데 저 어쩌죠? 내일 기사가 나가야 하는데 오늘 인터뷰 못 하면 저 큰일 나요. 여기 찾아온 것도 몇 번째인지 몰라요. 어르신은 여기 사시는 분 다 잘 아시죠?"

"아, 1401호 사장님이요? 네, 여기 계시는 건 맞아요. 아아, 지난주에 그 집 상 치르느라 못 만나셨나 보네. 요샌 다시 출근하시고, 매번 비슷한 시간에 퇴근하시니까 곧 오시긴 할 건데……. 그나저나 여사님이 왜 그러셨는지 모르겠네. 참 좋은 분이신데."

"그러게요. 목소리도 너무너무 품위가 넘치시더라고요. 그래서 부탁인데, 저 여기 밖에 벤치에서 기다리고 있을 테니까 혹시 사장님 오시면 살짝 알려주실 수 있으세요? 사진으로만 봬서 댁에 들어가시면 저 오늘 큰일 나거든요. 부탁드려요."

"뭐, 혹시 큰 소리 나고 그런 건 아니죠?"

"그럼요. 잠깐 뵙고 몇 마디 여쭤보기만 하면 되거든요."

경비실을 나온 선영은 입구가 잘 보이는 벤치에 자리를 잡고 등을 기대앉았다. 최대한 편한 자세지만 눈만큼은 경비원에게서 떼지 않았다. 뭐, 이 정도쯤이야.

한 시간 정도 기다렸을까. 주변을 살피던 선영은 경비원의 어렴풋한 기침 소리를 듣고 자리에서 일어섰다. 경비원은 연신 손전등을 흔들며 선영에게 신호를 보냈다. 반대편을 보니 정장을 입은 중년 남자가 승용차에서 막 내려 입구로 몸을 돌리고 있었다. 선영은 얼른 몸을 일으켜 남자에게 뛰어갔다.

"사장님, 안녕하세요?"

"네, 안녕하세요. 누구시죠?"

"저, 사장님 소유하신 땅 때문에 상의드릴 일이 있어서 찾아왔습니다. 사장님, 태양군 정남면 쪽에 200평 정도 가지고 계시죠."

"그런데요?"

"아, 음, 사실 제가 사장님 땅 옆에 건물을 하나 지으려고 하는데요. 제 땅이 도로에 접해 있지 않아서 진입로 확보하려면 사장님 땅을 지나가야 하더라고요. 그래서 진입로를 사용할 수 있는지 문의 좀 드리려고 왔습니다. 겨우 주소밖에 얻질 못해서 무례

하지만 전화도 못 드리고 이렇게 찾아뵙게 됐습니다."

"정남면 땅이요, 그 땅 투자 목적으로 샀는데 주변 개발이 안 돼서 10년이 지났는데 아직도 소식이 없던데, 그쪽 다시 개발된다고 하던가요? 선생님도 집을 지을 정도면 뭔가 호재가 있는 듯한데."

"그건, 아니고요. 솔직히 말씀드리면 사실 건물이 아니라 태양광 발전소를 지으려고 합니다."

"네? 태양광이요? 안 돼요. 아니, 그거 들어서면 내 땅의 가치는 더 떨어지는 거잖아요. 주변에 개발도 안 되어서 그러지 않아도 곤란한데, 태양광이라니요, 어렵게 찾아오신 모양인데, 미안합니다. 안 됩니다."

매몰차게 거절한 남자는 등을 돌려 다시 입구로 향했다. 선영은 얼른 뒤쫓아 앞길을 가로막으며 다시 말을 걸었다.

"사장님, 어떻게 방법이 없을까요? 저, 정말 지금 진입로로 쓰이는 땅만 사용하게 허락해주시면 되거든요."

"......"

"사실 아버지가 돌아가셨어요."

"네?"

선영은 아버지가 돌아가신 이야기, 삼남매가 다시 만나 아버지의 노트를 읽게 된 사연과 태양광을 짓기로 마음을 모으게 된 이야기를 남자에게 털어놓았다. 금방이라도 발을 뗄 것 같은 남자는 들고 있는 가방을 왼손 오른손으로 옮겨 가며 끝까지 이야기를 들어주었다. 선영의 이야기가 남자를 찾아오게 된 데까지 이어지자 남자는 바닥에 가방을 내려놓고 선영의 말을 끊었다.

"그럼 이참에 진입로 말고 전체 땅을 사시는 건 어때요? 선생님은 땅 쓸 수 있어서 좋고, 나는 골치 아픈 땅 처분해서 좋고, 가격은 현재 시세대로 하고요. 계약금 10%만 내시고 잔금은 여유 있게 정하셔도 관계없습니다."

"네? 정말 그래도 되나요?"

"바로 결정 못 하실 테니 형제분들과 상의해서 연락 주세요. 제 명함입니다."

"감사합니다. 감사합니다. 상의해서 바로 연락드릴게요."

"그래요. 그럼 전 들어가겠습니다."

남자는 다시 등을 돌려 입구로 발걸음을 옮겼다. 명함을 들여다보던 선영은 남자에게 경비원이 다가가는 것을 보고는 황급히 몸을 숨겼다. 경비원은 찌푸리던 인상을 펴고는 남자에게 물었다.

"괜찮으세요? 저 사람, 뭐라고 해요?"

"아, 아니에요. 괜찮습니다. 오랜만에 기분 좋은 거래 한 것 같네요."

"거래요?"

어리둥절해하는 경비원이 선영을 찾았지만 그녀는 이미 남자의 명함을 손에 쥔 채 어두운 가로등 사이로 사라진 뒤였다.

ABOUT 태양광 부지 확보

태양광 발전소를 짓겠다고 하면 먼저 드는 생각은, '어디에 짓지?', '땅이 있어야 짓지.' 일 겁니다. 태양광 발전소는 다른 신재생에너지 발전원보다 면적을 많이 차지하기 때문에 땅 확보가 제일 중요해요.

100kW 발전소를 지으려면 작게는 250평에서 많게는 400평까지—땅의 모양이나 경사, 그리고 설치 방법에 따라 필요한 면적은 달라져요—필요하니까요. 보통 집이 25평, 30평 하는데 몇 백 평이라니 생각만 해도 상당히 큰 땅이 필요하죠? 그런데 큰 땅만 찾으면 된다는 게 아니라는 사실!

태양광 발전에 적합한 땅인지?

태양광 발전소를 짓기에 적합한 땅은 어떤 땅일까요? 그늘이 지면 안 되고 평평하지 않거나 북쪽으로 경사진 땅은 피해야겠죠? 그래서 도영과 은서처럼 직접 그 땅을 찾아가서 보는 게 중요해요. 아무리 위성사진으로 보고 등고선을 봐도 전문가가 아닌 다음에야 판단이 어렵거든요. 해가 뜨고 지는 동쪽이나 서쪽에 큰 나무나 숲이 없는지도 봐야 하고, 민원 발생을 피하기 위해서는 주변 주택이 얼마나 떨어져 있는지도 봐야겠죠? 제일 중요한 건 현장에 가봐야 한다는 것입니다.

맹지는 아닌지?

맹지란 도로가 접해 있지 않고 주변에 도로가 아닌 다른 필지들로 둘러싸여 있는 필지를 얘기하는 거예요. 맹지면 왜 안 되냐고요? 태양광 사업도 기본적으로 토지개발사업이기 때문에 개발사업을 위해서는 필수적으로 도로가 연결되어 있어야 해요. 땅을 살 때 맹지는 값어치가 없다는 얘기가 여기서 나온 거죠. 그래서 태양광 사업을 하기에 '적합한 땅'인지도 중요하지만 '개발이 가능한 땅'인지도 굉장히 중요하답니다. 기원이 가지고 있었던 땅도 애초에 맹지였는데 진입로 없이 무모하게 허가를 추진하려다 발목을 잡혀버렸죠. 그래서 삼남매는 맹지를 탈출하기 위해 도영은 농어촌공사로부터 임대를 받고, 수호와 선영은 주변 땅 주인과의 끈질긴 협상을 통해 진입로 확보를 성공해야 했죠.

맹지인지 아닌지 여부를 확인할 수 있는 사업부지에 대한 정보는 정부 사이트 토지이음(eum.go.kr)을 활용하면 이해하는 데 도움이 됩니다. 이 사이트에는 땅의 면적, 용도지역, 지목, 공시지가 등 다양한 정보를 알 수 있어요. 삼남매 스토리를 참고해, 태양광 부지를 확보하기 전, 도로에 접해 있는지 꼭 확인하세요.

주변계통은 여유가 있는지?

땅만 해결된다고 해서 다 되는 것은 아닙니다. 발전소를 다 짓더라도 그곳에서 생산한 전기를 한전에 연결할 수 있는 선로가 있어야 하거든요.

그런데 주변에 선로나 전신주가 있더라도 발전소의 전기를 보낼 수 있는 용량이 남아 있는지 확인해야 해요. 한전 선로용량은 한전 신재생에너지 접속정보 사이트(online.kepco.co.kr)에서 여유 용량이 남아 있는지 확인할 수 있습니다. 간혹 사이트의 업데이트가 늦는 경우도 있으니 해당 지사에 전화나 방문해서 확인하는 것을 추천합니다.

여기서 주의할 점은 땅을 확보하는 시기에 용량이 남아 있다고 하더라도, 그 용량이 충분하지 않으면 내 땅이 개발이 완료되는 시점에는 용량이 없을 수도 있다는 사실이에요.

무슨 얘기냐고요? 안타깝게도 개발을 시작하는 시점에 용량을 확보해놓을 수가 없답니다. 땅을 사는 것처럼 한전에 계약금이라도 내고 확보해놓고 개발을 시작했으면 좋겠는데 한전 입장에서는 용량 확보만 해놓고 개발을 안 하거나 못 하는 사례가 많다 보니 개발이 끝난 다음에 계약 신청을 할 수 있도록 하고 있죠.

이 계약을 PPA(Power Purchase Agreement, 전력구매계약)라고 해요. 개발행위허가 완료되면 한전에 PPA를 신청할 수 있는데요. 이때 PPA 신청 서류는 발전 사업허가증, 개발행위허가증, 발전 사업자 사업자등록증, 공사업체 전기공사업 면허증이 필요해요. 그래서 개발행위허가 완료되는 시점엔 발전소 공사업체를 선정해두어야 업무 처리가 손쉬운 거예요.

애들이 내 맴을 알아주지 않겠어?

기원 1호, 2호, 3호

어두운 겨울 농로는 오늘따라 유난히 구불구불하게 느껴져 운전하기가 쉽지 않았다. 눈도 아직 다 녹지 않은 데다 기원의 낡은 1.5톤 화물트럭은 어제부터 전조등 하나가 들어오지 않았다. 침침한 눈을 가늘게 뜨고 거북목을 하며 운전대를 붙들고 겨우 집에 도착한 기원은 시동을 끄고 짐을 챙겨 트럭에서 내렸다.

"하이고, 아주 목이 탈락해버리겄네. 그나저나 니도 인자 늙어서 눈도 하나 안 비고 히타도 비실비실허구만."

집 마당을 따라 들어가던 기원은 무심코 하늘을 바라봤다. 캄캄하고 적막한 겨울밤. 바람을 따라 어디선가 나무 타는 냄새가 났다. 마당의 익숙한 물건들이 유달리 낯설게 느껴졌다. 문득 아이들이 보고 싶어졌다.

집에 들어와 보일러를 켜자 전화벨이 울렸다. 기원은 아이들의 사진 액자를 들고 소파에 앉아 전화를 받았다.

"응, 상명이냐? 이 시간에 뭔 일이여?"

"아버님, 지가 어제 저녁에 군청 동기 천 주무관하고 저녁 식사를 했는데, 혹시 전기사업허가 신청하셨어유?"

"아, 거 쩌 뭐냐, 다핸가에서 서류 맹글어 보낸다고 했지."

"사실 지가 동기헌테 아버님 사업 이야기를 미리 해뒀는디, 쩌 며칠 전에 그 업체에서 서류 검토한다고 그 친구랑 상담한 모양이에유. 근디 사업성이, 이익률이 별로 좋질 못허다구 아버님 한번 확인해보시는 게 어떻겠냐고, 그래 귀띔을 해주더라고요. 그래서 전화 드리는 거에유."

"이이? 사업성이 안 좋아? 건 또 무슨 소리여? 시상이 워떤 시상인디 문서를 왜곡하구 그러는 겨? 안 되겄네, 내가 직접 가 서류를 갔다가 챙겨봐야 되겄네. 거 암튼 니가 이리 군청에 있으니 참 든든허구만. 말해줘 고맙네."

"그래도 먼가 오해 같은 것이 있겠쥬. 잘 한번 확인해보셔유."

"그려, 고마워. 들어가아. 내가 아침에 거 업체 가서 따져볼라니께."

이튿날 날이 밝자 기원은 서둘러 옷을 차려입고 다해엔지니어링으로 향했다. 이른 시간이었지만 김 대표는 박 과장과 사무실에 있었다. 부스스한 차림으로 기원을 맞는 두 사람을 보니 아마도 어제는 사무실에서 일로 밤을 샌 모양이었다.

"선생님이 아침부터 웬일이세요?"

"시방 웬일이고 뭐고 자기 맘대로 서류를 접수시키면 워쩌겨? 서류 검토했다는디? 군청에서?"

"아, 그거요? 신청하기 전에 미리 담당 주무관한테 검토 부탁한 거예요. 아직 선생님이 필요한 인적사항도 안 주셨고 인감 날인도 안 하셨잖아요. 접수한 거 아니에요."

"아니, 그래도, 김 대표가 사업자여? 내가 사업자인디 김 대표가 맘대로 손익계산서니 원가명세서니 하는 걸 군청이랑 협의를 하는 건 뭔 경우여?"

옆에서 지켜보던 박 과장이 나섰다.

"선생님, 일단 좀 앉으세요. 날도 차고 아침인데 혈압이라도 올라가면 어쩌려고 그러세요. 제가 얼른 난로불도 올리고 차도 한 잔 드릴게요. 자, 이쪽으로 앉으세요."

기원은 여전히 김 대표와 돌아가는 모양새가 못마땅한 표정이었으나 평소 항상 웃는 낯이던 박 과장이 만류하자 마지못해 자리를 앉았다. 박 과장은 손님용으로 쓰는 찻잔에 쌍화차를 담아 김 대표에게 건네며 차분히 설명을 시작했다.

"선생님. 손익계산서나 원가명세서 같은 서류는 허가 신청할 때 보통 통상적인 수치를 적어서 제출해요. 크게 잘못되거나 거짓말로 작성된 내용이 있는 게 아니라면 문제될 일은 아니에요. 저희가 뭐 사업성 조작해서 중간에 떼어먹을 수 있는 것도 아니잖아요?"

"그럼 실제 발전소 돌리믄 손익이 더 좋을 수 있다는 거여? 그라믄 실제랑 다르면 문제 안 생기는 겨?"

"그럼요. 실제 발전되는 건 기상 환경에 따라 다른데 그걸 지금 어떻게 맞추겠어요. 지금은 그냥 '계획'으로 제출하는 거니까 꼭 이대로 손익을 맞출 필요도 없어요."

"……."

기원이 조금은 진정되는 모습을 보이자 옆에 서서 듣고 있던 김 대표가 자신의 책상으로 가 서류 뭉치를 들고 자리에 앉았다.

"선생님, 용역회사가 발주자 몰래 나쁜 짓 하다가 적발되면 저 밥줄 끊겨요, 아시잖아요. 여 동네 바닥이 소문이 빨라서 그런 일 생기면 군청 직원들부터 저희 추천 안 해줘요. 사장님도 공직 생활 오래 하셔서 알겠지만, 회사가 불량하다고 소문나면 공무원들도 사람인지라 그 업체 서류는 더 꼼꼼히 살피고 기피하고 그러잖아요."

김 대표는 들고 온 집게손가락 한 마디 두께의 서류 뭉치를 테이블 위에 올려놓았다.

"사장님, 이거 사장님 전기사업허가 신청할 서류 묶음이에요. 그리고 여기 메모지 붙여놓은 게 추가로 필요한 서류들이에요. 인감증명서랑, 주민등록초본, 잔고증명서예요."

"이건 다 줬잖여?"

"그렇긴 한데 명의가 전부 선생님 명의더라고요. 그러면 신청자하고 서류 명의자가 안 맞아서 접수가 안 돼요. 자녀분들 연락하셔서 이 서류들 각자 보내 달라고 하세요."

"그려, 알겄어, 김 대표. 아 그리고 내가 성내서 미안혀. 맴이 급해서 잘 모르고 그런 거니께 내가 미안허네."

"아뇨. 괜찮습니다. 그러실 수 있죠."

"쩌기, 글고 머 밤새고 그라는 모양인디, 건강 좀 챙기구 그랴. 저녁도 잘 먹고 댕기야 하는 겨. 요새 거 방어가 철인디 저짝 바닷가 앞에 전망도 조쿠, 음식도 잘하는 데가 있다더만."

"하하하, 말씀 나온 김에 오늘 저녁에 방어에 소주나 한잔하시겠어요?"

"오늘? 오늘은…… 봐야 하겄는디. 내가 함 볼 테니께, 이따 연락하자고."

사무실 문을 나온 기원은 마음이 불안해졌다. 삼남매의 전화번호를 모르는 것은 아니었지만 연락을 두절하다시피 살아왔기 때문에 갑자기 전화하는 것이 걱정스러워졌다. 애들이 전화를 아예 안 받거나 통화가 된다고 해도 뭐라고 말을 꺼내야 할지도 막막했다. 기원은 집에 돌아와 여전히 조용히 마당 한구석을 차지하고 있는 철쭉을 바라보았다. 겨울 햇살을 받은 철쭉이 따뜻해 보였다.

***

"자, 이거부터 받아. 홍삼이여, 집에 남는 게 있어서 챙겨 왔어. 나 혼자 다 못 먹으니 박 과장이랑 둘이 먹어."

"아이구, 선생님 뭐 이런 걸 다 주세요. 하하하. 감사히 먹겠습니다. 참, 자제분들하고 통화는 해보셨어요?"

"아직 못 했어. 아이들이 다 바쁠 거 같아서. 문자는 보내뒀는디, 답장이 왔나 모르겄네. 가만있자……."

수호야, 선영아, 도영아. 오랜만이다. 건강하게 잘 지내는지 모르겠구나. 갑자기 연락하여 미안하다. 인감증명서, 주민등록초본 그리고 2,000만 원짜리 잔고증명서를 보내주거라. 중요한 일이니 꼭 좀 보내라.

세 명의 아이들에게 같은 내용의 문자를 보낸 것이 점심 전이었지만 저녁 시간이 다 된 지금까지도 아직 아무에게도 답장이 오지 않았다. 기원은 조금씩 불안 할 마음이 들었다.

"아직 안 왔구먼. 아직 못 보나 벼. 정 저기 허믄 이따 전화를 해보지 뭐."

안주와 술이 나오자 기원이 다시 한번 정중히 사과하는 것으로 술자리가 시작되었다. 기원과 김 대표, 박 과장은 각자 태양에 내려오게 된 개인사와 일을 하면서 겪었던 이야기들을 들려주었다.

김 대표는 애초에 고향이 태양이었지만, 서울에서 대학을 나와 오래 회사 생활을 하였기에 얼핏 보면 서울 사람 같았다. 태양광은 서울 대기업에서 근무하면서 접하게 되었다. 성실히 근무하여 팀장까지 올라갔지만 아버지의 병환으로 고향에 내려오게 되었고, 우연히 회사에서 만난 동향 박 과장과 고향에 사무실을 차리게 된 것이었다. 사무실을 차려 힘들었던 시절의 이야기가 막 시작되려는 순간 기원의 전화기가 울렸다.

"애들한테 답장이 왔구먼."

기원은 전화기를 열어 답장을 확인했다. 내용은 실망스러웠다. 수호는 아내의 허락이 없으면 보내기 어렵다 하였고, 선영도 전세 계약을 갱신한 지 얼마 안 돼 부담스럽다는 내용이었다. 기원의 표정은 어두워졌다. 김 대표와 박 과장에게 양해를 구하고 도영에게 전화를 걸었다.

"어, 도영이냐? 그려, 문자 보낸 거는 본 거여? 이, 고건 머 별거 아녀, 걱정하지 말여. 이이? 왜 화를 내고 그랴. 솔직한 얘기루 아부지가 너한테 먼 나쁜 짓이라도 하겄냐. 고 서류만이라도 다가 챙겨 보내라니께. 야, 도영아. 도영아."

이 선술집은 지역에서 아는 사람들만 가는 곳이어서 손님도 별로 없었다. 단골들 한두 테이블만 있어 조용한 탓에, 맞은편에 앉은 김 대표와 박 과장은 본의 아니게 두 사람의 통화 내용을 전부 듣게 되었다. 전화기 너머로 젊은 남자의 격앙된 목소리가 들려왔다. 아마 다른 두 자식들의 문자 행간에도 같은 말이 담겨져 있으리라. 김 대표는 고개 들지 못하는 기원의 모습이 안타까워 보였다.

“김 대표, 거 애들 맹의로는 힘들겠네.”

“그냥 솔직하게 발전소 지어주겠다고, 필요한 서류가 있으니 보내 달라고 말씀하시지 그러셨어요. 발전소 이야기는 쏙 빼시고 돌려 말씀하시니깐 자제분들도 오해하시는 거겠죠.”

“내가 애들한테 잘 못 해서 늘 미안해서 그랴. 발전소 이야기도 대놓고 말하기 저기 하잖여. 그래도 발전소 잘해서 애들 하나씩 주고, 지들도 애들 생기고 그러면 내 맴을 알아주지 않겠어?”

“그래도 잘 이야기하시면 분명히 선생님 마음 알아주실 겁니다. 자식분들인데요.”

“그려, 김 대표 이야기 알겠어. 애들 맹의는 힘들 것 같으니 일단 내 맹의로 하고, 내 김 대표 말대로 찬찬히 이야기해보겄네.”

“선생님. 여기 회도 맛있지만 굴소라전이 끝내주거든요? 방어도 다 먹어 가니 새로운 기분으로 막걸리에 전 어떠세요? 전은 제가 쏘겠습니다.”

“고맙네, 그라지, 뭐.”

"발전소 이름은 뭘로 지으실 거예요? 전에 이름은 정한 게 있으시다고 했는데, 아직 발전소명을 안 알려주셨더라고요. 이름이 뭐예요?"

"허허, 뭐긴 뭐겠어. 위에서부터 기원 1호, 기원 2호, 기원 3호."

자식들을 위해, 마을을 위해

전기사업허가를 접수한 지 한 달이 흘렀다. 낮 기온이 10도를 오르락내리락할 정도로 계절이 바뀌고 있었지만 전기사업허가에 대해서는 아무 소식이 없었다. 기원은 마음이 조급해졌다. 김 대표에게 몇 번이고 연락해봤지만 답변은 항상 비슷했던 탓이었다. 법에 정한 기한은 60일 이내, 달력 기준으로는 90일이니 앞으로 두 달은 더 걸린다는 설명이었다. 마음이 답답해진 기원은 옷을 챙겨 입고 트럭에 올라타 김 대표에게 전화를 걸었다.

"아직도 허가는 암 소식 없지이?"

"예, 전에 말씀드렸지만 조금 더 기다려보셔야 해요."

"아주 접수한 서류 다 삭아 없어지믄 나오겄네. 다른 사업자들은 한 달 만에도 나온다는디, 군청에 연락은 해본 겨? 내 지금 군청으로 갈라니께."

"자주 찾아가시고 재촉하면 공무원들도 싫어하는 거 아시잖아요. 이러시면 진짜 석 달 꽉 채워서 나와요. 오늘은 좀 진정하시고 제가 다음 달 초에 군청 들어갈 일이 있으니까 그때 만나서 확인해보겠습니다."

"아녀, 그래도 내 시방 군청 댕겨 올라니께. 먼 상황인지 이야기라도 들어야겄어, 그러챦은가?"

군청에 도착한 기원은 안내 데스크에서 담당자인 강 주무관을 안내받았다. 사무실에서 전화를 받고 있던 강 주무관은 낯선 민원인이 다가오자 서둘러 통화를 마무리했다.

"쩌그, 좀 봐유. 전기사업허가 담당하시는 분이유?"

"네, 어떻게 찾아오셨어요?"

"허가 접수한 지 한 달도 넘게 지났는디, 여태 허가가 안 나와갔구 답답해서 찾아왔슈."

"에, 네 그러세요. 제가 확인을 좀 해볼게요. 발전소 명이 어떻게 되나요?"

"기원 1호, 기원 2호, 기원 3호유."

"잠시만요. 검색 좀 해보겠습니다. 음…… 아, 이 건이요. 혹시 사장님이 사업자 본인이신가요?"

"그려유."

"이 건은 실과 협의는 다 끝났고, 특별히 문제될 만한 의견은 없어 보이네요. 그런데 아직 마을에서 의견이 안 왔어요. 몇 차례 면사무소 통해서 회신 달라고 했는데 동네 이장님이 바쁘신지 아직도 의견이 없으시네요."

"아니, 그것이 시방 뭔소리여. 내가 그 마을 주민인디 거 솔직한 얘기로다가 내 의견이 곧 마을 의견이여. 그라구 쩌 참에 동네 이장한테다가 태양광 사업 한다고 이야기도 진작 해뒀으니께. 그냥 내줘유."

"사장님, 요새 태양광은 민원이 잦아서 꼭 동네 의견을 받아야 해요."

"이이? 그라믄 기한 내에 이장이 의견 안 주면 워쩌켜? 이러다 내 상 치를 때 받겄네. 봉투에 잘 담아다가 부의함에다가 넣어주면 되겄어."

"에이, 사장님, 이장님이 의견을 기한 내에 안 주셔도 의견 없음으로 해서 일단 전기사업허가는 나가니까 당장은 괜찮아요. 그래도 개발행위허가 때 문제가 될 수 있으니까 지금 받아두려는 거고요. 사실 요샌 주민 수용성이라는 걸 중요하게 봐서 해결이 안 되면 불허 나는 경우들도 있거든요. 그럼 또 불허 났다고 사업자들은 행정소송 제기하고요. 어쨌든 저희는 되도록이면 분쟁을 최소화하려고 마을 의견 정도는 받으려고 노력하는 거니까 어르신께서 조금만 이해해주시고 기다려주세요."

"뭐여? 내 땅에 내가 사업하는디 먼 동네 사람들 의견이 머가 중요혀. 한 달도 못 지둘리겄는디 두 달을 워쳐케 더 기다려? 겨? 안 그려? 개갈 안 나는 소리 그만혀고, 어여 처리해줘유."

"어르신, 저희도 정해진 순서대로 일을 처리하고 있는 거고 민원 의견이 들어와야 그다음 단계로 넘길 수 있으니 이렇게 막무가내로 하신다고 되는 게 아니에요."

"이이? 여기 군청이 아니라 공쟁인 개벼? 뭘 그렇게 따박따박 틀에 처박혀서 일드를 하고 그렁가? 그렇게 해서 군청 행정이 잘 돌아 가겠능가!!"

"아니, 어르신! 무슨 말씀을……."

"강 주무관!"

두 사람의 목소리가 점점 높아지자 뒤에서 잠자코 지켜보고 있던 큰 키의 남자가 자리에서 일어나 강 주무관을 만류했다. 앉아 있던 자리나 분위기가 강 주무관의 상사임이 틀림없는 사람은 다가오면서 부드럽지만 단호하게 강 주무관을 나무랐다.

"무슨 일이야. 왜 민원인분 앞에서 언성을 높이고 그래?"

"아, 죄송합니다. 과장님."

"사과는 이분한테 해. 어? 잠깐만, 이게 누구세요? 선배님, 오랜만에 뵙습니다."

낯선 사람이 아는 체하자 기원은 당황했고 그런 그를 향해 남자는 웃음을 지으며 말을 이었다.

"선배님, 저 기억 안 나세요? 저 예전에 선배님 과장하실 때 팀장으로 있던 홍길선입니다."

"이이, 이이, 그려, 그랴고 보니 길선이구먼, 잘 지냈는 겨? 여기 근무하는 겨?"

"네, 민망하지만 여기 에너지과장된 지 몇 달 됐어요. 아니, 근데 선배님이 저희 과에는 어쩐 일로 오셨어요?"

"쩌, 내가 태양광 발전소 하려고 허가 신청했는디, 맴이 급해서 확인하러 들어온 겨."

"아, 그러셨군요. 이쪽으로 오셔서 차라도 한잔하고 가세요. 이렇게 오랜만에 뵙는데."

홍 과장이 손수 타온 차를 마시며 두 사람은 자신들의 근황부터 시작하여 옛날 함께 근무하던 시절의 괴로웠던 일화, 즐거웠던 순간을 이야기하며 짧지 않은 대화를 이어 갔다.

화제가 옛날과는 다른 요새 군청 근무 분위기로 이어지자 홍 과장은 기원이 답답하고 서운한 기분이 드는 것이 당연하다며 기원을 달랬다. 사실 기원도 공공기관이 할 수 있는 것과 없는 것이 있다는 걸 모르는 것이 아니었다. 그저 막연히 자신이 무기력하다는 자책에, 무시당하는 것 같다는 자격지심이 겹쳐 기분이 언짢아진 것이다. 생각이 여기까지 미치자 기원은 부끄러워졌다.

자신을 다독여준 홍 과장에게는 고맙다는 말을, 도움을 주려했던 강 주무관에게는 사과를 남기고 기원은 군청을 서둘러 나왔다. 함께 근무했던 선배라고 특별히 일정을 단축시켜준 것은 아니었지만, 기원은 왠지 마음이 가벼워졌다. 낡은 손목시계로 시간을 확인한 기원은 강 주무관의 조언대로 발걸음을 돌려 이장 집으로 향했다.

이장 집으로 향하는 길, 미처 도착하기도 전에 기원은 저류지를 멍하니 바라보고 있는 이장을 마주쳤다.

“동상, 여서 뭐 하는 겨? 신령님 기다리는 겨? 금도끼라도 빼트린 겨?”

“아, 성님 오셨어유.”

“저류지에 먼 일 있는 겨? 아주 나라 잃은 표정이여.”

“이, 작년부터 저류지에 물이 잘 안 빠져유. 이게 2만 톤인디, 인자 절반도 못 담을 거 같아유. 바닥에 흙이 차서 그려유. 바닥이랑 배수로랑 정비 안 하믄 올 여름 마을에 큰일 날 거예유.”

“큰일 나면 화장실에 가서 해결혀. 그라고 흙이야 퍼내서 내뿌리믄 되지 머어. 여름까지믄 삽질을 혀두 열두 번도 파겄네.”

“삽으로 해결 보는 일이믄 월매나 좋겠어유. 작년부터 군청에 사정도 허고, 성도 냈는디 예산 없단 소리만 해대구 거들떠도 안 보네유. 성님 기실 땐 마을에서 꼭 필요하다고 하믄 워처케든 해결이 났는디유. 성님, 이 저류지 팔 때도 성님이 예산 달라구 군수 팔 붙들고 안 놔줘서 군수가 두 손 든 거라면서유.”

“그땐 동상이 허두 마을에 난리난다고 성화길래 그란 거지이. 군수가 화장실 앞에서 오줌 지리고 승낙 받은 겨.”

“허허허, 성님도 대단혔어유. 요새 젊은 직원들은 절대 안 그려유.”

“뭐여, 시절 피는 소리 말여. 갸들도 다 나름대로 열심히 일하는 겨. 싫은 소리 허지 말구 내비둬."

"그러게유. 지 맴 같지 안 허유. 아, 근디, 참, 성님은 먼 일로 오신 거유?"

"그게…… 동상, 쩌, 거…… 내가 말이여……."

기원은 이장에게 아이들을 위해 밭을 정리하고 태양광 발전소를 지어주겠다고 결심한 마음, 그래서 인허가를 신청하게 된 이야기와 군청에서 마을 의견을 받지 못해 괴로운 상황임을 털어놓았다. 잠자코 듣고 있던 이장은 곤란한 표정으로 기원을 바라보았다.

"성님, 솔직허니 말해 요샌 이장이라고 지 맘대로 못 혀유. 면사무소에서 이장이 혼저 결정하믄 내중에 마을에서 알믄 면사무소에 민원 넣는다고 마을 임원회의를 꼭 열라구 혀유. 그랴도 동네 사람 거지반이, 성님이 그간 마을 위해서 두 팔 걷어붙이고 도로 포장해주고, 저류지 파주고, 동의 받는다고 마을 사람들 쫓아댕기면서 사정하고 살살 달래서 전부 해결해주신 일이 한둘 아닌 걸 잘 아니께, 성님헌티 머라곤 절대 못 하겄쥬."

"그라믄 왜 여치 의견을 안 줬어어."

"쩌참에도 비슷한 일이 있었는디 젊은 친구들이 마을에 금전으로다가 기여를 받아야 한다고 해도 우겨서 결국 반대 의견으루다가 나갔어유. 이참에도 그리될 걸 뻔히 아니께, 지가 머라 의견을 못 낸 거유."

"……."

"죄송혀유. 지가 뵐 면이 없네유."

"면이 없기는, 아까 보니 나라 잃은 면은 잘도 하고 있두먼?"

"……."

"그라믄 내 여 저류지 흙 내뿌리고 마을 기여금도 돈 1,000만 원 정도 내면 되는 겨?"

"예? 그렇긴 하겠지만…… 아니 성님이 그 돈이 어디가 있다구유?"

"이이? 내가 그지여? 돈 있어어. 그라고 마을 애들은 우리 애들 아닌가? 내 새끼만 새끼라고 욕심 내믄 애들끼리 다퉈어. 내가 그 꼴 보고 워쳐케 뒤져서 누어 있겄어? 안 그려?"

"성님……."

두 사람의 대화가 있고 채 한 달이 지나지 않아 기원의 전기사업허가가 발급되었다. 홍 과장의 배려였는지, 이장의 미안함 때문인지, 아니면 기원의 약속 덕분인지는 알 수가 없었다. 김 대표로부터 막상 허가증을 받아 들자 기원은 신기하기도 하고 벅차기도 하여 눈이 다 시큰해졌다. 그리고 이장에게 고맙다는 말을 하고 싶었다. 기원은 허가증을 손에 쥔 채로 이장 집으로 향했다.

이장 집에 도착하니 문 앞에 한 무리의 사람들이 서 있었다. 멀찍이서 자세히 들어보니 이장과 이장의 아들 내외, 그리고 손주들인 듯싶었다. 대여섯 살쯤 되어 보이는 큰 아이는 할아버지인 이장의 바지춤을 잡고 떼를 쓰고 있었고, 어떻게든 아이를 떼어놓으려는 아들이 손자와 실랑이를 벌이고 있었다. 아기를 안고 있는 며느리로 보이는 젊은 여자는 난감한 듯 바라보며 아이를 말로 어르고 있었다.

"너 자꾸 이러면 할아버지가 너 밉다고 오지 말라고 하신다? 이리 와!"

아들이 참다못해 아이를 강제로 안자 아이는 그만 울음을 터뜨리고 말았다. 그리고 큰 아이의 울음소리에 엄마에게 안겨 있던 아기도 덩달아 울음을 터뜨렸다. 아들 내외는 서럽게 우는 아이들을 들쳐 안고 서둘러 이장에게 인사를 하더니 뒤를 돌아 발걸음을 옮겼다.

남겨진 이장은 아들 가족이 떠나가는 뒷모습을 바라보며 손을 흔들었다. 아이들은 멀리까지도 울음을 멈추지 않았다. 떠나는 길가로는 꽃이 피어 있었고, 머리 위로는 빨간 노을이 지고 있었다. 한동안 손을 흔들던 이장이 몸을 돌렸다. 눈앞에 기원이 서 있었다.

기원은 이장의 손을 잡더니 웃는지 우는지 모를 얼굴을 하고는 말했다.

"왓 어 원더풀 월드여, 안 그려?"

ABOUT 전기사업허가

기원은 다해엔지니어링이라는 전문 업체의 도움을 받았고, 또 아무래도 지역주민인 데다 과거 해당 관청에서 공직 생활을 했기에 전기사업허가를 받는 것이 보통 사람보다는 좀 더 쉬웠을 거예요.
하지만 태양광을 처음 준비하는 사람이라면 이 모든 절차가 낯설고 어렵게 느껴질 수 있으니, 허가 심사 기준과 전기사업허가 후 체크사항을 간단히 정리해보겠습니다. 기억만 해두고 전문 업체를 활용하실 때 점검하신다면 태양광 전문가라는 소리를 들을 수 있어요.

전기사업허가 심사 기준

전기사업허가 심사 기준은 '사업자의 재무적인 능력이 있는지, 사업자가 부지를 확보했는지, 한전의 여유 용량이 있는지, 주변 마을의 의견은 어떤지'의 이 네 가지가 핵심이에요.
첫째, 사업자의 재무적인 능력은 해당 태양광 사업을 할 수 있는 충분한 자금을 확보할 수 있는지에 대한 평가예요. 총사업비 중 적어도 15%에 해당하는 금액은 자기자본으로 투자한다는 증빙을 해야 하니까 그만큼에 해당하는 금액에 대한 잔액 증명서를 제출해야 해요. 그리고 나머지 85%에 대한 금액은 대출로 진행할 계획이라고 사업 계획서에 작성할 수 있고, 그렇다면 금융권으로 부터 대출 의향서를 받아서 첨부 서류로 제출해야 해요. 금융권에서는 보통 '조건부' 대출 의향서를 발급해준답니다.
둘째, 사업자의 토지사용권 확보는 신청일 3개월 이내 토지주의 인감이 찍힌 토지사용 승낙서와 토지주 인감증명서가 있어야 해요. 토지를 완전히 매입하지 않았다고 하더라도 계약할 때 이 점을 토지매도인과 미리 얘기해둔다면 사용 승낙서를 받을 수 있을 거예요.

셋째, 사업자가 전기사업허가를 신청하면 행정기관은 한전 해당지사로부터 의견을 청취 받고 이를 근거로 허가 여부를 결정할 수 있어요. 따라서 허가 신청 직전에 미리 한전 해당 지사를 방문해서 선로 여유 용량이 있는지를 문의하는 것이 중요하니 꼭 미리 확인하여야 해요.

마지막으로 전기사업허가를 접수한 행정기관은 사업지가 위치한 면사무소에 주변 마을의 의견을 모아 달라고 요청을 하고, 면사무소는 또 이장님들한테 의견 수렴을 부탁해요. 그래서 전기사업허가 때부터 민원을 잘 관리하는 것이 중요하답니다.

전기사업허가 후 체크 사항

전기사업허가증을 받으면 사업자명, 사업지 주소, 용량 등 허가증에 기입되어 있는 내용에 오자가 없는지 꼭 살펴보세요. 혹시 담당 공무원의 실수로 오기가 있다면 나중에 수정이 어려울 수 있거든요.

또한 허가기간도 꼭 기억해두는 게 좋아요. 보통 사업 준비 기간으로 3년을 주는데, 사업 준비 기간이란 것은 발전소를 준공하여 운영을 시작하는 기간까지를 말해요. 하지만 사업을 개발하다 보면 이 기간이 모자랄 수도 있는데 기간이 만료되기 전에 적절한 사유로 연장 신청을 하는 것이 중요해요. 잘못하면 허가가 취소될 수도 있으니까요.

허가증 뒤에는 허가 조건이 붙어서 나와요. 보통 일반적인 허가 조건 내용이 있지만 경우에 따라서는 특별한 허가 조건이 있는 경우가 있으니 꼼꼼히 읽어두는 게 좋아요.

태양광 발전소를 짓기 위한 허가

—

진입로 확보에 먹구름이 낀 삼남매

"정말 괜찮은 거 맞지?"

"응, 매번 오빠 혼자 다니는 거 미안한 것도 있고. 이제 정말 더 몸 불면 같이 못 다닐 거니까. 그리고 원래 이맘때가 임신 기간 중에서도 제일 컨디션 좋은 황금기래. 사람들은 해외로 태교 여행도 다니는 시기인걸?"

"……."

"아, 미안해. 그런 뜻 아니야. 난 도영 님 옆에만 있으면 아~주 행복하답니다. 아, 잠깐 애 또 발로 막 찬다. 깜짝 놀랐다, 얘. 반짝이 너, 아빠한테 실수했다고 엄마한테 때찌 하는 거니?"

"은서야, 너한테 미안하다. 배가 이렇게 불렀는데 결혼식도 못 하고……."

"어허, 못 하다니, 안 한 거죠. 결혼식 급할 게 뭐 있어? 우선 아기 잘 챙기고 오빠 발전소하는 거 돕고 하면 되지. 어차피 휴직도 해서 사람 만날 일도 없어. 안 할 것도 아닌데 뭐. 아, 그러고 보니 결혼식은 아예 애 나오고 발전소 다 지으면 할까?"

"하하하, 준공식 겸해서?"

바다를 접한 태양군은 겨울바람이 매섭게 불었다. 서울에서 주중에 입었던 겉옷을 그대로 입고 나온 탓에 도영은 더 어깨를 움츠려야 했다. 하지만 마음은 따뜻했다. 은서와 배 속의 아기가 옆에 있었고 진입로가 확보되어 전기사업허가의 명의 변경도 문제없이 끝났다. 도영은 자신과 가족을 위한 미래를 이루어 나간다는 뿌듯함을 안고 다해엔지니어링 문을 들어섰다.

난로 위 주전자에서는 김이 모락모락 피어나고 있었고 사무실에는 구수한 차 냄새가 가득해 문밖과는 다른 포근함이 있었다.

"대표님, 저 왔습니다."

"아, 마침 잘 오셨어요. 날도 추운데 두 분 다 내려오시느라 고생 많으셨어요."

자리에 앉아 잠시 인사와 안부를 나눈 세 사람은 김 대표가 꺼내 온 도면을 보며 이야기를 이어 나갔다. 김 대표의 설명을 들은 도영이 의아하다는 표정으로 말했다.

"그러니까 저희 땅은 1,200평인데 땅 모양이 반듯하지 않아서 80% 정도밖에 사용을 못 한다는 말씀이시죠?"

"네, 맞아요. 조례상 지적 경계로부터 안쪽으로 1m를 이격해서 시설물을 설치해야 하는데, 군청에 천 주무관은 부지 내에 유지보수 도로를 3m 확보해야 허가가 가능하다고 하네요. 그래서 240평 정도는 사용이 어려워요."

"그럼 960평이네요. 음…… 300kW 용량이 다 설치가 될까요?"

"모듈 각도를 좀 낮추면 들어갈 겁니다. 원래 우리나라 위도면 30도 정도 기울여야 하는데 이걸 좀 눕히면 그림자가 짧아져서 같은 부지여도 좀 더 많은 용량을 배치할 수 있어요. 너무 눕히면 유지 보수하기도 힘들고 이물질도 잘 끼고 하지만 이 정도면 20도 정도 눕혀도 충분히 들어갈 것 같아요. 설계 업체에서 정확한 수정안 나오면 말씀 드릴게요."

옆의 은서가 걱정스러운 듯 질문을 이어 갔다.

"최적 각도가 아니라면 용량은 그대로라도 발전량이 줄어든다는 말씀이시죠?"

"맞아요. 좀 떨어질 거예요. 그래도 여기는 주변에 산이나 나무가 높지 않아 전체적으로는 큰 영향을 받는 건 아닐 거예요. 허가 받는 게 더 중요하니 이 정도면 다행인 편이에요. 아, 그리고 이건 개발행위허가 신청 서류 묶어놓은 거예요. 같이 보면서 설명해드릴게요."

김 대표는 책상 한편에 놓아두었던 서류 뭉치를 들어 테이블 위에 올려두었다. 서류 세 묶음이 각각 족히 손가락 두 마디 정도 되는 두께였다. 은서가 그중 하나를 들어 보며 말했다.

"와아. 생각보다 양이 많네요."

"네, 사업주분들은 막연히 간단할 거라고 생각들 많이 하시는데, 사실 그렇지가 못합니다. 여러 법들이 얽혀있고 조건도 까다

롭거든요. 그래서 보통은 설명을 자세히 안 드리는데, 두 분은 아직 젊으시고 몇 번 더 하실 수도 있을 것 같으니 제가 우선 전체적으로 간단히 설명을 드릴게요. 자, 우선 개발행위허가를 받으려면 관련된 법 25개 정도를 검토해서 적합성을 검토하게 됩니다."

"아, 잠시만요."

25개라는 숫자에 시작부터 놀란 도영은 노트를 꺼내 들어 메모할 준비를 했다. 발전소 하나를 짓는 데에 이렇게 많은 법을 검토해야 하다니. 분야는 다르지만 지자체에서 근무하는 은서는 이런 일에 익숙한 듯 담담해 보였다. 도영은 부지런히 김 대표의 이야기를 메모했다. 설명과 질문, 답변과 또 다른 질문이 길게 이어졌다.

"생각보다 검토해야 하는 양이 되게 많았어요. 간단하게 설명한다는 게 세 시간은 걸렸다니까요?"

긴 미팅을 마치고 서울로 향하는 차 안에서 도영은 수호에게 전화를 걸어 너스레를 떨었다. 핸즈프리 통화라 두 사람의 대화는 은서에게도 전부 들렸다. 도영의 투덜거림과 수호의 다독임이 길어지자 듣고 있던 은서는 그만하면 됐다는 듯이 도영의 어깨에 손을 올려 만류하면서 통화에 끼어들었다.

"오빠, 저 은서예요. 도영 씨 괜히 그러는 거예요. 아까는 신기하다면서 엄청 좋아했어요."

—아, 은서 씨도 같이 갔나 보군요. 몸도 무거울 텐데 힘들지는 않았어요?

"네, 이 정도야 아직 가뿐하죠 뭐. 아, 제가 좀 반찬 담아둔 거 있으니 조만간 가져다드릴게요. 올라가서 전화 한 번 더 드릴게요. 들어가세요."

통화를 서둘러 마친 은서에게 도영이 약간은 어이없다는 듯이 웃으며 말했다.

"오빠? 반찬?"

"왜에, 벌써 아주버님이라고 하긴 좀 그렇잖아. 그리고 나도 예비 시댁에 점수 좀 따야지."

"나도 얻어먹기 힘든 반찬을 형은 벌써 몇 번째야."

"어허. 걱정 마시게. 앞으로 향냄새 맡으실 때까지 삼시 세끼 잔뜩 먹을 수 있을 걸세."

"예, 마님, 소인 같은 무지렁뱅이야 마님이 거두어주신다면 어찌 불만이 있겠습니까?

"하하하."

"어, 잠깐. 김 대표님이네? 또 무슨 일로 전화하셨지? 여보세요? 김 대표님?"

조금 전 미팅을 마친 김 대표가 전화를 하자 은서는 문득 불안한 마음이 들었다. 도영도 마찬가지였는지 유난히 높은 목소리로 전화를 받았다.

–네, 운전 중이실텐데 죄송합니다. 좀 급하게 말씀드려야 할 일이 있어서요. 조금 전에 천 주무관한테 연락을 받았는데요, 발전소 주변에 동네 주민 한 분이 전입을 들어와 있다고 하네요. 아까 지나가면서 말씀도 드렸는데, 발전소 주변에서 100m 내에는 주택이 없어야 하거든요. 2년 전까지는 없었는데 최근에 들어오신 것 같아요."

"네? 아까는 괜찮다고 하셨는데……."

–사실 아버님 확인하셨을 때만 해도 괜찮았거든요. 그래서 저희도 확인하는 걸 깜빡했습니다. 시골에 신규 전입이 들어오는 일은 굉장히 드물거든요.

"그러면 어쩌죠?"

–죄송합니다만 지금은 저도 별 방법이 떠오르질 않네요. 허가 받으려면 그분이 잠깐이라도 옮기시는 방법밖에는 없습니다.

예상하지 못한 전입자의 소식에 당혹스러운 것은 수호와 선영도 마찬가지였다. 법에 정한 사항을 바꿀 수도 없는 노릇이었다. 유일한 방법은 그 전입자가 주소지를 옮기는 것뿐이었다. 하지만 생판 남이 느닷없이 찾아와서, 자신들이 태양광 발전소를 지으려고 하니 이사를 가 달라 한다면 뭐라고 반응할지는 충분히 짐작이 가능했다.

별다른 방법을 찾지 못한 채 시간만 흐르는 것이 불안했던 수호는 동생들에게 자신이 그 전입 주민을 만나보겠다고 나섰다.

수호가 문제의 집에 도착한 것은 저녁 즈음이었다. 집에는 희미하게 불이 켜져 있었다. 초인종을 찾을 수 없었던 수호는 대문에 몇 번의 노크를 했다. 하지만 아무런 대꾸가 없어서 하는 수 없이 대문을 쾅, 쾅, 쾅 세 번 두드렸다. 그러자 날이 선 거친 목소리가 들려왔다.

"누구세유?"

문을 열고 나온 것은 60~70세 되어 보이는 노인이었다.

"저…… 저녁 시간에 실례가 많습니다. 요 앞에 태양광 발전소를 지으려는 사업자인데요. 선생님께 상의 드리고 싶은 말씀이 있어서 찾아뵙게 됐습니다."

"이 밤에 뭔 일이유?"

노인은 영 불쾌한 듯 퉁명거리는 말투로 대꾸하였지만 수호는 최대한 차분하게 개발행위허가에 걸린 문제를 설명하였다. 반응은 냉담했다.

"됐슈. 앞으로 태양광 야그할 거믄 절대 찾아오지 마유."

노인은 붙들려는 수호를 아랑곳 않고 거칠게 문을 닫았다. 잠시만이라도 주소를 옮겨주실 수 없는지는 묻지도 못하였다. 그 이후로도 몇 번이고 어르신을 불렀으나 대답도 없었고, 희미하게 보였던 불빛마저 사라졌다. 수십 분을 밤 추위에 떨다가 발걸음을 돌릴 수밖에 없었다.

하룻밤을 태양군의 한 모텔에서 보낸 수호는 다음 날 오전 서울에서 급히 내려온 도영을 만났다. 전날 밤 전입자의 반응이 궁금하여 도영이 전화를 했고, 상황을 전해 듣고는 지난번 도움을 받은 부동산에 함께 찾아가볼 것을 제안했기 때문이었다.

두 사람을 반갑게 맞아준 부동산 중개인은 나름 지역에 인맥이 있다고 자랑하던 것처럼 그 노인을 잘 아는 듯했다. 부동산 사장의 말로는, 그 노인이 동네에 집이 두 채이며, 실제 사는 집은 그 집이 아니라 다른 집이라고. 동네 교회에서 매주 마주치는 사이인데, 이사한다는 이야기가 없었다는 정황을 보면 전입신고만 한 것 같았다.

중개인에게 그 노인에게 연락이 온 것은 말씀 좀 꼭 해 달라는 부탁을 남기고 올라온 지 두 주가 지나서였다.

–하나님께서 그 양반 부르시기 전엔 안 되겄어. 6개월 월세 받고 잠깐 나가 살으라는 둥 별의별 제안 다 해봤는디 눈 꿈쩍두 안 혀. 거 몇 년 동안 전입 안 하고 비워뒀더니 전기허구 수도를 끊어버렸디야. 그래서 다시 전입했더니 또 전기랑 수도가 들어왔대나 봐아. 그래서 주소는 질대로 뭇 빼겄대.

"정말 안 될까요? 그 정도예요?"

–말두 마여? 외갓 것들이 지네들 사업할랴구 동네 사람 쫒아내는 게 말이 되냐고, 십자가 앞에서 맥살 잡히고 난리도 아니었어. 목사님이 내 장례 치룰려구 성경책 피구 종 쳤다니께.

중개인의 절망적인 연락에 수호와 도영은 한숨을 쉬는 것 외에는 별다른 말을 할 수가 없었다. 둘은 이번에는 이장을 만나보기로 했다. 어릴 적 기억으로도 아버지와 호형호제하며 친분도 두터웠고, 마을의 인망도 있는 분이니 무언가 도움을 줄 수 있을지도 모른다는 막연한 생각이었다.

상명의 도움으로 연락처를 알아낸 두 사람은 다시 차를 몰고 태양으로 내려가 이장을 만났다. 지난 기원의 장례식에서 성인이 된 수호와 도영을 본 적이 있는 이장은 두 사람을 반갑게 맞이했다.

“그려, 그려, 성님 가신 것이 재작년 여름이니 일 년도 훌쩍 넘었네. 워찌, 잘 지낸 겨?

“네, 죄송합니다. 그날 이후로 연락도 못 드리고…… 부탁할 일이 생겨서 염치도 없이 찾아뵙게 됐습니다.”

“아녀, 아녀. 사정은 들었어. 성님 하시던 태양광 물려받겠다구?”

“네, 아버지가 받아두신 전기사업허가는 명의 변경이 되었는데, 개발행위허가가 문제라서요. 혹시 그 새로 전입하신 분을 만나서 설득을 좀 해주시면 안 될까요? 죄송합니다.”

이장은 잠시 아무 말을 하지 않았다.

“자네들 차 가지고 왔지? 내랑 쪼까 마을 좀 안 돌아볼려?”

“네? 네, 그러시죠. 그런데 어디를……”

“가보면서 설명해줄 겨. 마을 한 바퀴 돌아보자고.”

두 사람은 영문을 알 수 없었다. 이장은 차에 올라 이리저리 마을길을 돌았다. 길을 구석구석 돌 때마다 도영과 수호는 마음이 무거워졌다. 적지 않은 장소에 여기저기 태양광 반대 현수막이 걸려 있었던 것이었다. 빨간색 바탕에 적힌 노란색으로 적힌 '결사반대'가 가장 많은 글귀였다. 다시 이장 집 앞에 도착하자 아무 말 없던 이장이 말을 꺼냈다.

"성님 계실 때만 해도 이 정돈 아녔어. 성님이야 마을에 기여한 것도 많고, 동네 사람들도 태양광이란 것도 잘 몰랐던 거여. 근디 이삼 년 사이에 분위기가 싹 바껴부렀어. 여기저기 발전소 지여지믄서 소란이 생긴 겨. 생판 모르는 외지인들 와 가지고서는 사람들 무시허고, 돈으로다가 해결할려고 하고, 사람들이랑 어울릴 생각이 조금도 없는 겨. 그러잖아도 탐탁치 않은디 공사 차량 오가다가 차 사고 몇 번 나믄서 분위기가 싹 바껴서는 인자는 에지간해서 허락을 절대 안 혀. 밖에서는 동네 사람들이 돈맛이 들었다고 허재? 나가 생각에는 돈도 돈이지먼 동네 사람들은 사업허겠다고 온 사람이 마을에 얼마나 맴이 있는지를 보는 겨."

"……."

"자네들도 발전소 하는 거, 다시 생각해봐아? 성님 생전에 무신 맴으로 시작했는지 내 모르는 것이 아닌디, 자네들 애기 때부터 본 내니께 이렇게 말해주는 것이여. 올라가서는 채분히 잘 생각해봐아."

반대하는 문구가 적힌 현수막들과 믿었던 이장의 반응에 두 사람은 고개를 들지 못했다. 차를 타고 올라가는 길에도 말을 하지 않았다. 선영과 은서에게 전화를 돌려봤지만 두 사람 모두 전화를 받지 않아 그러지 않아도 대화가 없는 차 안에서는 침묵이 이어졌다. 긴 정체를 지나 늦은 밤이 되니 길이 뚫리기 시작했고, 그 즈음에 수호의 전화기가 울렸다. 선영이었다. 그리고 선영의 다급한 목소리가 차 안의 스피커를 통해 두 사람의 귀를 때렸다.

–오빠, 도영이랑 같이 있지? 도영이 넌 왜 전화를 안 받아?

"어, 누나. 왜 무슨 일 있어?"

–지금 병원이야. 은서가 머리 아프다고 진료 받으러 병원 왔다가 쓰러졌다나 봐. 나도 병원에 온 지 얼마 안 됐어.

"어? 은서가 쓰러졌다고? 왜? 지금은 괜찮아? 어디가 안 좋은데?"

–정확한 건 입원해서 검사 받아봐야 하는데, 의사가 임신중독증 같대. 잘못하면 산모도 아기도 위험할 수 있다나 봐. 스트레스 많이 받은 것 같다고, 절대 안정해야 한대. 너 지금 어디쯤이야? 응? 도영아.

"선영아, 일단 도영이랑 그쪽으로 갈게. 병원 위치랑 호실 문자로 좀 남겨줘. 도착해서 전화할게."

—응, 알았어. 빨리 와. 은서가 지금……. 아니야 운전 조심하고.

수호는 속도를 올려 차를 몰았다. 도영은 고개를 푹 숙이고는 어깨를 들썩이며 흐느꼈다.

"형…… 나 은서한테 너무 미안해. 그리고 발전소 짓는 것도 점점 자신이 없어요. 그냥 그만할까요?"

마을 주민의 마음을 돌려야 한다는 과제

"내 좀 나갔다 올 겨."

저녁 식사를 일찍 마친 이장은 두터운 패딩과 모자를 쓰고 길을 나섰다. 한참을 걸어 도착한 곳은 삼남매 발전소 주변으로 전입을 온 노인의 집이었다.

"거 있는 겨?"

"아니 우리 이장님이 이 추운 날에 뭔 일이대유? 밥은 자셨슈?"

"이, 나야 뭐 마을 사람들 덕에 밥 잘 맥구, 설렁설렁 지내지머. 근디 자네 이사는 언제 온 겨?"

"한 달쯤 됐시유. 여를 한 2년 비웠더니만 한전이랑 수자원공사랑 여 귀신만 사는 줄 알았나 봐유. 전기, 수도를 냅다 끊어버렸슈. 그래서 고거 살릴려구 들어왔시유. 그라고 마침 농기구랑도 둘 데도 없었는디 여다 전부 옮겨놓구 보관두 허구유."

"농기구? 아니, 자네 농사 짓는 땅은 쩌 아랫쪽이잖여?"

"이이, 그러게유. 옮다구나 싶어 옮겨놨드니 갱시니 옮기구 나서 한 사흘 앓아 누웠어유. 이제 농사 시작이라 그거 들고 왔다리 갔다리 해야 하는디 큰일이어유."

"이이, 그렇겄네에. 그러지 말고 그냥 농사허는 땅 가챠운 데에 집을 좀 알아봐아. 큰 데루다가아. 보관료 좀 쥐어주고 맡기지 뭐더러 그 고생을 혀. 안 그려?"

"아이고, 그래 줄랴는 데가 있겄슈? 바로 옆에 집이 하나 있긴 헌디, 고긴 글러먹었어유."

"그려?"

"그 집이 옛날에 군청 계시던 성님 친구분, 거 황 과장님 댁이어유. 근디 거 애들이 와 갖고는 태양광 한다고 내 보고 나가라마라 못 된 소리만 허구 갔시유. 아주 지들만 아는 놈들이어유."

"그려? 한 대 줘 패주지 그랬어? 씨게."

"에이, 워떻게 그려유? 그래도 황 과장님 자식들인디. 솔직헌 말루다가, 지두 사실 그라믄 안 되는 거쥬. 황 과장님이 지 젊은 때부터 많이 챙겨준 거 이장님두 아시잖아유. 어렸을 적에 엄니 돌아가셨을 때두 그분이 암 것도 모르는 저 대신 상이랑 다 치뤄주다시피 했어유. 그 뒤로 자리 잡는 것도 매번 도와주시구유."

"거 태양광인가 하는 거 원체 기원이 성님이 시작한 건디, 몰랐어? 좋은 게 좋은 거라고 잘 이야기해서 잠깐 나갔다 들어온다 하고 농기구도 맷기자 하지 왜 그랬어어."

"그라게유. 그랬으면 좋았겠쥬. 몰러유. 지두 큰소리 내구 나서 내내 맴에 걸렸는디, 뭐 워찌겠어유. 저질러진 일인디. 지옥 가겄쥬."

"그럼 그러지 말고, 좀만 기둘려바아. 내 자네 천국 갈 수 있나 알아볼 테니."

***

"민원은 방법 없어. 그냥 가서 고개 숙이고 욕받이 좀 하는 거지. 그분들도 쏟아낼 거 다 쏟아내면 화가 좀 누그러질 거야. 그럼 그때 조용히 설명하고 협상해봐."

"아니, 선배. 그게 해결책이야? 너무 무식하고 비합리적인 방법인 거 아냐?"

"야, 썬. 시골 동네 민원은 어차피 보상금이야. 처음부터 보상금 달라고 대놓고 못 하니까 먼저 현수막 걸고 시위부터 하는 거거든. 시골 어르신들이 무슨 논리나 근거가 있어? 무조건 반대부터 하는 건데 합리적으로 풀리겠어?"

선배 기자의 조언이 마음에 들진 않았지만 다른 수도 없었던 선영은 우선 반장을 만나보았다. 이장의 말에 의하면 반대 의견을 주도하는 것은 마을의 반장이고, 현수막을 거는 등 거칠게 대응하고 있는 것도 반장이라고 했기 때문이다.

선영을 대하는 반장은 냉담함 이상이었다. 자신은 태양광 찬반에 관심도 없고 그저 반민들이 다 반대하자고 하니 어쩔 수 없이 반대한다는 말만 되풀이했다. 그러고는 자신을 원망할 것도, 설득할 것도 없으니 반민들을 설득해 오라는 것이었다. 예전에 사업 설명회도 했고, 이장도 긍정 의견을 냈다는 말을 했지만 반장은 아랑곳하지 않았다.

"그라믄 이장이 알아서 반민들헌티 이야기허것쥬. 그라고 우린 사업설명회 참석도 못 혔으니 다시 허든지 말든지 난 모르겄슈."

선영이 반장을 만난 다음 날 수호는 이장의 연락을 받았다. 이번 주말 그 반에서 마을 행사가 있으니 떡이나 음료수 같은 선물을 보내서 마음을 달래주는 것이 어떠냐는 이야기였다. 일단 뭐라도 해야 하는 입장이었던 수호는 선영과 상의하여 서울의 나름 유명한 가게를 통해 떡과 식혜를 준비하여 태양군으로 내려갔다. 반장은 예상치 못한 수호와 선영의 호의가 싫은 눈치는 아니었다.

"이게 뭐여? 떡 아녀? 우리두 떡 있어. 가지고 가여."

"그래도 저희가 어르신들 행사한다는 소식 듣고 서울에서 준비해 온 겁니다. 그냥 받아주시죠."

"싫여. 떡 있다니께. 노인네들 떡 많이 먹으면 소화 못 혀. 가지고 가."

"이거 정말 저희가 서울에서도 맛있다는 가게 여러 군데 돌아서 구해 온 거예요. 그럼 하나 맛만 보세요."

선영이 떡 포장을 열어 그중 하나를 뜯어 반장에게 건넸다.

"아유, 아유. 허지 말어."

"이거 다시 가지고 올라가면 다 상해요, 어르신. 비싼 음식 버리기는 너무 아깝잖아요. 저희 벌 받아요. 좀 받아주세요. 네?"

"……."

"내일 중에는 꼭 다 드셔야 해요. 남으면 옆 동네 주민분들에게라도 꼭 돌려서 드세요."

"그라믄 일단은 쩌짝 마을회관 안에 넣어놔봐아. 거가 좀이라도 시원하니께."

이장의 행사 선물 아이디어는 성공적인 듯했다. 두 사람이 마을에 다녀간 이틀 뒤 이장이 수호에게 문자를 보내왔다.

> 반장이 너무 맛있게 잘 먹었다고 하네. 떡도 고급지고 식혜도 맛있었다고 어르신들 입이 호강했다고. 그리고 아직 태양광 계속하는 거냐고 설명회할 거냐고 물어보더라고. 나중에 연락하시게나.

다시 사흘이 지나고 수호는 마을 설명회 날짜가 잡혔다는 이장의 연락을 받았다. 설명회 준비는 다해엔지니어링의 김 대표와 박 과장도 함께했다. 그리고 당일에는 수호와 선영만 참석하기로 했다. 은서의 상태가 호전되지 않아 도영이 병원을 벗어나기가 어려웠기 때문이었다. 딱히 도영 외에 간호할 사람이 없는 은서의 사정을 알았던 터라 두 사람도 함께 가자는 말을 꺼내지 않았다.

사업 설명회에 몇 시간이 할애되었는지는 정확히 알 수 없었지만, 1시간을 넘기지는 말기로 했다. 그러려면 사업 내용의 설명은 10분 정도로 마무리하고 나머지 주어진 시간은 주로 질의응답으로 진행해야 했다. 너무 설명을 장황하게 하는 것이 오히려 좋지 않다는 것이 김 대표의 조언이었다.

마을회관으로 들어가자 어르신 20명 정도가 계셨다. 선영은 미리 출력해 간 5~6장짜리 설명회 자료를 나눠주고 10분 정도 사업 설명을 진행했다. 주로 사업의 개요를 설명하고 법령에도 문제가 없고 국가의 정책에도 부합한다는 내용이었다. 보다 더 현실적인 이야기는 질의응답 시간이 되자 여기저기 튀어나왔다.

설명 시간 내내 나눠준 자료를 돋보기안경으로 꼼꼼히 보고 있던 곱슬머리의 한 어르신이 포문을 열자 눈썹이 짙은 할머니도, 심지어는 반장도 앞다퉈 반대 의견들을 쏟아냈다.

"태양광 들어오면 판네루 시꺼먼 게 경관에 좋을 게 뭐가 있슈? 안 그려유? 내가 여기서 태어나고, 자라서, 농사짓고 산 것이 70년이 넘었슈. 우리 마을이 참말로 공기도 좋고 경치도 좋은디, 태양광 판네루 깔리면 경관 다 망치는 거 아뉴? 여기 다 노인네들인디 이제 얼마나 산다구 그려?"

"성님, 지가 보기엔 거 살날 오래 남은 사람들두 마찬가지유. 업자들은 돈 벌고 잠시만 왔다갔다 허지만, 여 우리는 앞으로 평생 매일 시커먼 혐오시설 보고 살아야 하는 거유. 사업자님, 여 주민들 불편한 건 워쳐칼 겨?"

"그거뿐인가. 말은 온실가스고, 기후변화고, 환경보호고 허지만, 막상 발전소 공사하면 나무 자르고, 흙 파헤치고, 도로내면 그게 바로 자연 훼손 아녀? 그려? 아녀?"

"그라고 말 들어보니 여 나오는 태양광 전기를 우리 주는 것도 아니고, 다 도심지로 전기를 보낸다매, 그라믄 여기가 아니라 도심지 주변으로다가 발전소를 지어야 맞잖여. 여 사람들 사용하지도 못할 전기를 왜 여기서 혀어."

마을 사람들 입장에서는 발전소가 들어온다고 해서 좋을 것이 없었다. 그들 눈에는 태양광 발전소란 게, 업자만 배 불리는 일이고 정작 오랜 기간 발전소와 함께 생활해야 하는 자신들에게 어떤 혜택도 없는 일이었다. 정부나 언론에서는 태양광 시설이 친환경이라고 하지만 지역 주민들에게 태양광은 초록을 지우는 혐오 시설이요, 어릴 적 추억을 하나씩 지워 나가는 못된 유행에 지나지 않았다.

한참 반민들의 비슷한 이야기가 반복되자, 수호가 조심스럽게 나섰다.

"저희도 어르신들 말씀하시는 게 다 옳으신 말씀이라고 생각합니다. 그래서 혹시나 마을에서 가장 필요한 일들이 있다면, 그러니까 숙원 사업 말입니다. 그런 게 있다면 저희가 조금이나마 금전적으로 함께하려고 합니다."

"금전? 발전기금 이야기하는 겨?"

"발전기금이요?"

"그려, 발전기금. 거 가챠운 동네 보니께 1억은 받았다 그러두먼."

"……."

"그라고 머 주민 참여형인가 하는 것도 있다던데?"

"……."

"그려, 말을 못 하는 거 보니 안 하면 되겠구먼."

그 뒤에도 두 사람은 힘겹게 몇 번인가의 대화를 이어 갔지만 이야기에 별 소득은 없었다. 설명회는 그렇게 끝났다.

설명회를 마친 수호와 선영은 수고한 다해에너지니어링 사람들과 저녁을 함께했다. 김 대표와 박 과장은 그 정도면 정말 잘한 거라고, 원래 한 번에 합의하기는 쉽지 않으니 기죽을 필요 없다는 위로를 해주었다. 몸도 마음도 지쳐 있던 수호와 선영은 다해 사람들의 위로가 고마웠지만, 한편으로 실망과 자책감이 더 컸다. 아버지의 마음만 생각했지, 동네 어르신들의 마음은 헤아리지 못했다. 생각하지 못한 새로운 이웃들에게 두 사람은 뭐라 들려줄 이야기를 준비하지 못했던 것이다.

하룻밤을 태양군에서 보낸 두 사람은 이장을 만나 이야기만 잠시 나눈 후 서둘러 서울로 향했다. 은서의 상태가 악화되어서 결국 급하게 수술하기로 결정했다는 연락을 받았기 때문이었다. 그대로 더 두면 산모도 아이도 위험할 수 있으니 수술을 더 지체할 수 없다는 의사의 말을 전하는 도영의 목소리는 불안감에 떨리고 있었다.

두 사람이 병원에 도착하니 수술은 이미 시작된 뒤였다. 환자 대기실로 들어가자 초조한 표정으로 도영이 앉아 있었다. 다행히 은서는 잘 준비를 마치고 들어갔고, 몸 상태도 나쁘지 않았다고 했다. 하지만 도영은 두려워했다.

"은서가…… 수술실 들어가기 전에 내 손을 잡더니, 혹시 자기 어떻게 되는 거 아니냐고……. 요즘 발전소 때문에 바쁜데 자기 때문에 형이랑 누나한테까지 신경 쓰게 해서 미안하다고……."

"무슨 소리야. 은서가 불안해서 그러는 거야. 걱정하지 마. 전국에 제왕절개 수술 받는 사람이 오늘만 8,000명이야. 내 친구들도 두 번 정도 하면 무슨 미장원에서 귀 뚫는 것처럼 이야기하더라. 괜찮아. 잘될 거야."

바보 같은 선영의 농담에 잠시 미소를 지은 도영이지만 이내 다시 표정이 굳어졌다. 초조함이 시작된 지 한 시간을 넘어갈 때쯤 간호사가 대기실 문을 벌컥 열고는 도영을 찾았다.

"금은서 환자 보호자분?"

"네!"

"이쪽으로 오세요."

잠시 후 다시 대기실 문을 열고 들어온 도영은 고개를 숙이고 한쪽 팔로 연신 눈물을 닦아내고 있었다.

"어떻게 됐어? 응?"

"은서도…… 반짝이도…… 다 건강하대…… 고마워, 형. 고마워, 누나."

모든 것은 필요했던 과정

"우리 반짝이가, 아니 우리 아들 하늘이가 아빠를 응원해요. 빛이 나는 황도영! 반짝반짝 우리 아빠! 은서 노비 황도영!"

"괜찮아? 인제 아주 기운 차린 것 같아서 너무 좋긴 하다. 근데 이제 노비는 좀…… 나중에 애가 기억하면 어떻게 해."

수술을 마친 지 3주가 지난 은서는 눈에 띄게 건강을 회복했다. 그래도 아이와 떨어질 수 없었기에 오늘 저녁 설명회에 같이 참석하기에는 무리가 있었다.

"미안해. 같이 가야 하는데. 응원이라도 열심히 해야지. 이따 끝나고 전화해줘요. 너무 늦으면 무리해서 올라오지 말고요. 응?"

"그래. 알았어. 다녀올게."

지난 설명회에서 낭패를 본 이후 세 사람은 나름 머리를 맞대 철저히 준비했다. 그리고 반장에게 다시 연락하여 어떻게든 사람들을 모아 달라고 부탁했다. 반장은 지난번 반응을 보니 태양광 설명회가 있다고 하면 반민들이 아무도 오지 않을 거라며 두 번, 세 번 거절했다. 계속되는 수호의 읍소에 반장은 결국 오늘 마을의 정기 회의가 있다는 귀띔을 해줬다.

세 사람이 마을에 도착하여 문 앞에 서니 사람들의 왁자지껄 떠드는 소리와 웃음소리가 새어 나왔다. 초대받지 못한 세 사람은 한동안 문 앞에서 주춤 거리다 수호가 먼저 살그머니 문을 열고 얼굴을 디밀었다.

"실례합니다."

"이이? 저 친구 또 왔네 그려."

"네, 잘들 지내셨어요? 오늘 어르신들 모인다고 해서 말씀 좀 더 나눌 수 있을까 해서 왔습니다."

"지난번에 보니께 머 말두 제대로 못 하고 가두먼, 한동안 말도 없더니 오늘은 또 웬일이여?"

"그냥 이 근처 지나가다가 들렀어요. 지난번 식혜가 입맛에 맞으시는 것 같아서 좀 더 싸 들고 왔고요. 다들 건강하고 즐겁게 지내시는 모습 또 뵈니까 좋네요."

"즐겁기는, 잘 셔바아. 그동안 누구 빠진 사람 없는지. 다들 오늘 내일 혀어."

너스레를 떨며 살갑게 구는 수호의 모습이 싫지 않았는지 지난번 짙은 눈썹의 할머니가 먼저 농담을 건넸고 몇몇 사람들은 재미있다고 껄껄거렸다. 몇 마디의 농담이 오가는 동안 도영은 준비한 다과를 돌렸다. 눈치를 보던 도영이 궁금하다는 듯이 곱슬머리의 노인이 말을 걸었다.

"자네가 막내여? 지난번에는 안 보이두만."

"네. 사실 그 즈음에 제 애가 막 태어날 즈음이라 못 왔습니다."

"허허허. 애 나오는 날 아니믄, 장인 장모가 챙기믄 되지 남자가 되서 신혼에 그리 잡혀 살면 워쳐켜?"

"아, 네 사실 저흰 아직 결혼도 못 했고, 아내 될 사람이 부모님이 안 계십니다."

"이? 아니 무 하느라고 급해서 애부터 낳았는 겨?"

"그게……."

도영은 은서의 부모님이 돌아가신 일들과 자신의 가족사를 털어놓았다. 아버지 기원이 자식들을 위해 태양광을 준비하다 불의의 사고로 돌아가시게 된 일, 그 사실을 알게 된 삼남매가 태양광을 준비하며 다시 교류하게 된 이야기로 이어졌다. 그리고 자신도 막 태어난 아이와 은서를 위해 잘 살아내려 한다는 말을 하려다 감정이 북받쳐 더 입을 열지 못했다. 순간 부끄러워진 도영은 죄송하다는 말을 남기고는 회관 밖으로 나와버리고 말았다. 뒤따라 나온 선영이 이해한다는 듯 도영의 등을 토닥였다.

십여 분이 지났을까. 수호가 문을 열고 회관을 나왔다. 그리고 이어 반장이 뒤따라 나왔다. 다시 시끌벅적해진 마을회관 앞에 서서 네 사람은 이야기를 이어 갔다.

“젊은 친구들이 고생이 많았겠구먼. 솔직허니 말해 나도 애들하고 머 서먹서먹헌디 자네 아부지처럼 그렇게 나이 먹어서 대단한 결심은 못 혀.”

“죄송합니다. 반장님 저도 모르게…….”

“아녀, 아녀. 자네들도 참으로 기특허네. 저 구신들도 먼가 느끼는 것이 있을 것이여. 안 그런가?”

도영에게 다독이는 말을 건네던 반장이 수호를 돌아보며 묻자. 그가 무언가를 눈치챈 듯 이야기를 받았다.

“저…… 그래서 말인데요 반장님. 저희가 지난번에 올라가서 좀 알아봤는데, 먼저 주민참여 제도는 저희 발전소가 작아 해당이 안 되더라고요. 해당되는 용량이 500kW보다 커야 하고 발전소 주변에 관한 보상도 2MW 이상이에요. 그래서 그 방법은 어려울 것 같아요.”

“이, 그려?”

"네, 그래서 저희가 주변 발전소 사례들도 알아봤는데, 작년에 이 근방에서 평당 만 원 정도로 지역에 지원금을 냈더라고요. 저희 땅이 1,200평 정도 되는데 똑같이 하기는 좀 그래서 1,500만 원 정도 생각하고 있었습니다. 어떻게 말씀을 좀 잘 해주실 수 있을까요?"

"글쎄…… 1,500만 원으로 될까 모르겄네. 평당 만 원 사례가 있다면야, 야그는 해보겠지만 지난번에 말이 나온 금액이 있어서…… 어찌 될지 좀 보자구 머어."

"그것도 저희가 알아봤는데, 그 금액은 화력 발전소 사례더라고요. 거긴 규모도 크고 오염물질도 많이 나와서 금액이 높게 정해진 것 같아요. 꼭 잘 좀 말씀 전해주세요. 부탁드립니다. 반장님."

애매한 대답을 하는 반장의 모습이 불안했는지 그 뒤로도 수호는 몇 번이고 당부를 한 끝에 마을을 떠났다. 이장을 찾아가는 길에 통화가 된 김 대표는 몇 번이고 상황을 되묻더니만 큰 고비는 넘긴 것 같다며 기뻐했다. 이장도 마찬가지로 긍정적인 반응이었다.

"머, 이제 큰 걱정은 안혀도 되겠구먼."

"네, 잘 풀리면 정말 좋겠습니다. 이장님이 도와주신 덕분이에요."

"형, 근데 아직 그 전입하신 분 문제는 남아 있는 거 아니에요?"

"어, 참. 내가 깜빡하고 있었네. 그 친구가 거 성님네, 아니 자네들 집 앞에 농사를 혀는데, 쩌그 이번에 전입한 집은 거서 언덕배기 올라 한참이여. 지가 말똥구리도 아니구 지보다 큰 농기구 들쳐 메고 오르락내리락할려믄 피똥 싸게 생겼여어."

"네? 아, 네."

"지가 힘쓴 것도 젊었을 적 야그지. 나이 먹어서 먼 고집이 세서는 그 먼 길을 다닌다 그려? 보는 사람이 다 지치겄네. 그려? 안 그려? 아주 미련허기가……."

이야기를 잠자코 듣고 있던 선영이 무언가 생각난 듯 이장의 말을 끊었다.

"이장님! 그러면 이건 어때요? 그분, 저희 집 마당 넓으니까 편하게 농기구 보관해서 쓰시고 대신 몇 달만 전출 갔다가 다시 들어오시면 되지 않을까요? 저희가 그 집 전기 안 끊기게 전기료 수도료 해서 월에 10만 원씩 60만 원 정도도 드리고요. 그럼 그 분도 편하게 농사 지으실 수 있잖아요."

"선영이 생각이 괜찮은 것 같은데요? 이장님?"

이장은 슬쩍 미소 지으며 '그게 정답이재~'라는 표정을 하고 있었다.

"오, 누나 대단한데?"

마을 설명회를 다녀 온 이후로 막막했던 문제들이 이번 방문엔 신기할 정도로 잘 풀려 나갔다. 마을 기금은 2,000만 원에 이야기되어 합의서에 날인까지 찍었다. 새로 들어온 전입자와는 전기와 수도세를 부담해주고 농기구를 보관해주는 조건으로 6개월 동안 주소를 옮겨주기로 하였다. 수호의 넉살 때문인지, 도영의 눈물 덕분이었는지는 알 수 없었다. 아니면 기원이 그간 마을에 보여준 진심 덕분일지도, 아버지가 새로 태어난 손자에게 준 선물일지도 모를 일이었다.

***

–도영 씨, 축하드려요. 고생 많으셨습니다. 이제 증서 받는 일만 남았네요. 혹시 제가 메일 보내드린 개발행위허가 알림 공문하고 준비할 서류는 확인하셨어요?

김 대표는 이제 개발행위허가증이 나온다는 태양군 담당자의 전화를 받고 도영에게 메일을 보냈는데, 확인차 전화를 준 모양이었다.

"네, 대표님. 이제 막 확인한 참이에요. 아버지 노트에도 있던 내용이라 알고는 있었는데 어디서 받아야 하는지도 모르겠고, 금액도 좀 부담스럽긴 하네요."

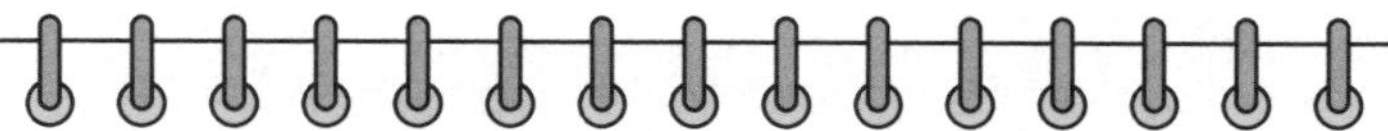

허가 통보 공문 받으면 준비할 사항, 제출해야 증서가 나옴

- 농지전용부담금 납부: 허가면적×공시지가×30%, 확인서 꼭 챙기기

- 이행보증보험증권

- 채권매입확인서

- 면허세

—네, 제가 설명을 좀 해드려야겠네요. 농어촌공사에서 농지전용부담금 고지서는 받으셨죠?

도영은 김 대표가 해준 설명을 꼼꼼히 메모했다. 옆에서 통화를 듣고 있던 은서는 도영이 전화기를 내려놓자 설명이 적힌 메모를 받아 들었다.

"와, 이거 은근히 준비할 게 많네요?"

"응, 그러네. 아마 내가 돌아다니면서 형하고 누나 것까지 받아줘야 할 것 같아. 이장님하고 마을 주민분들, 상명이한테도 들러서 감사하다는 말씀도 드리고. 너한테 말하긴 미안하지만, 사실 그동안 내가 움직이지 못해서 형하고 누나가 너무 고생하셨거든."

"응, 나 이제 어느 정도는 혼자 있어도 괜찮을 것 같아. 걱정하지 말고 얼른 준비해봐요. 그런데…… 오빠?"

"응? 왜?"

"오빤 허가 나온 거 그렇게 기쁘지 않은가 봐? 걱정했던 큰일이 해결됐는데, 오빠 표정이 어째 많이 무거워. 그동안 오빠도 그렇고 형하고 누나가 고생 많이 해서 그런 거야? 이제 다 끝났잖아?"

"아냐, 그런 건 아냐. 그냥, 오히려 이제 시작인 것 같아서……. 이상한 소린지 모르겠지만, 인허가는 나한테 주어진 '자격' 같은 것 같아. 나라에서는 내가 돈이 있는지, 계획이 있는지, 지식이 있는지를 확인하고, 사업을 할 수 있는 자격이 있다고 인정해준 거고, 이제 그 자격으로 20년 넘게 한자리에서 사업을 해야 해. 인허가는 정말 시작일 뿐이니까, 앞으로 이런저런 문제들이 생기면 잘 해낼 수 있도록 노력해야 돼. 아마 그래서 내가 표정이 마냥 기쁘지 만은 않은가 봐. 미안해."

"미안하긴. 다 맞는 말인데 뭐. 그래도 나는 오빠가 좀 더 기뻐해도 괜찮을 거라고 생각해. 생각해보면, 애 키우는 것도 마찬가지잖아? 우리 하늘이가 어른이 될 때까지 많은 일이 있겠지. 아프기도 하고, 말썽도 피우고, 친구들이랑 싸우기도 할 거고. 그래도 아기가 태어나면 다들 기뻐하잖아. 아이도, 발전소도, 커가는 모습을 보는 것도 다 우리한테 주어진 선물 같은 거니까, 좀 좋아해도 괜찮을 것 같아, 그렇지? 그러니까 좀 웃으세요?"

"하하하, 나 키울 거 많아서 좋네. 고마워, 은서야. 그 말 들으니 부담도 있지만 기대도 된다."

"그렇지? 그런 게 꿈이고 보람 아닐까? 사실 난 오빠보다 키우는 보람이 있는 사람이 하나 더 있지만."

"응? 그게 누군데?"

"음…… 바보한테는 비밀입니다?"

ABOUT 개발행위허가 전 할 일

이번 에피소드는 부지를 확보하는 과정부터 전기사업허가와 개발행위허가를 받는 삼남매의 좌충우돌 무용담이었데요. 어느 것 하나 쉬운 게 없었지요? 개발행위허가 전 할 일을 살펴볼까요.

발전소의 이격거리 제한

개발행위허가 시 검토해야 할 사항은 많지만, 사업부지 확보 전에 반드시 체크해야 할 사항이 발전소와의 이격거리에 대한 조례인데요. 행정기관마다 조례를 통해 이를 규제하고 있어요. 설치되는 태양광 발전소와 마을 간 다툼이 잦다 보니 지자체에서 차라리 조례를 만들어서 주거지역으로부터 일정 거리를 이격한 태양광 발전소만 허가를 내주겠다는 건데, 조례 항목이다 보니 조례에 저촉되면 무슨 수를 내도 허가가 불가하니 꼭 사전에 체크를 하는 게 좋아요.
행정기관별 조례를 확인하려면 국가법령정보센터의 자체법규정보시스템(www.elis.go.kr)에서 해당 행정기관을 조회하면 알 수 있어요.

주민 설명회

요즘, 허가를 받는 과정에서 주민 수용성 확보를 위한 주민 설명회는 필수지요. 따라서 주민 설명회에 대한 경험담과 준비 사항을 간략히 소개해볼게요.
통상 마을회관이나 동네 인근 식당에서 자주 열리기 때문에 마을 주체와 일시, 장소가 포함된 내용으로 현수막을 제작해서 설명회 시 부착해두는 것이 좋고, 고령층 주민들을 고려해서 빔프로젝트를 활용하여 파워포인트 양식으로 설명하는 것이 좋아요. 또한 설명회 한 번으로 주민들이 이해하기는 어려우니 4면 이내 전단지를 준비하여 배포해주면 사업을 이해하는 데 도움이 될 거예요.

간혹 행정기관에서 설명회 참석자 명단을 요구하는 경우도 있어서 참석자 명단 출석부도 준비해두면 좋아요. 설명회 마치고 빈손으로 가는 것보다 갑 티슈라도 간단한 선물로 제공해주면 사업자에 대한 긍정적인 인식을 심어줄 수 있으니 디테일한 부분도 신경을 써주면 좋아요.

이번에 나왔던 에피소드들은 허가 과정에서 일어날 수 있는 하나일 뿐 현장과 상황에 따라 다르기 때문에 어느 것이 정답이고 해결을 위한 올바른 방법이라고 말씀드릴 수가 없는 게 안타까워요. 다만 모든 문제에서 가장 어려운 것은 토지주, 지역주민, 공무원 등과 같은 사람과의 관계인 것이고, 사람과의 관계에 대해서는 진심과 열정만큼 정답인 해결책도 없어 보이네요. 미래의 태양광 사업주님들, 화이팅!

경제적 독립을 이룬 50대 직장인

Plant IT 분야에서 컨설팅 업무를 평생 직업으로 살아온 직장인 김수완(56세) 씨는 이미 경제적 독립을 선언하였습니다. 태양광 발전소 사업에 대해 전혀 모르는 초보 투자가였고, 평생 급여 생활자였지만 자신만의 태양광 발전소를 보유함으로써 경제적 독립의 꿈을 이루어냈습니다.

"조기 은퇴를 위한 파이어(FIRE, Financial Independence Retire Early, 경제적 자립 조기 은퇴)족이고 싶었어요. 30년 정도 한 분야에서 업무를 하며 전문가로서 누구보다 더 열심히 직장생활을 해 왔지만, 미래에 대한 불안이 늘 있었죠. 40대부터 부동산 상가 및 주식 투자에도 열심이었습니다. 부동산은 공실율과 임차인 관리로 생각보다 큰돈이 되질 않았어요."

직장인들 누구나가 고민을 하고 있듯이, 미래에 대한 불안감과 불확실성 때문에 끊임없이 고민하고 투자처를 찾아보지 않은 사람이 없을 겁니다. 그런 중에 어떻게 김수완 씨는 태양광에 투자하고 그 투자를 통해 안정적인 미래를 확보하고 본인의 꿈을 이루었을까요?

"사실 고향에 조그마한 창고와 작은 평수의 논이 있었어요. 말년에 내려가서 농사를 지을 생각도 있었지만 크게 돈이 되지는 않아서 경제적으로 도움이 되지는 않았지요. 6년 전이었어요. 창고 임대수익 확보를 고민하는 참에 태양광 사업에 대해서 알게 되었어요. 창고 지붕에 태양광을 올려서 추가 수익을 벌 수 있다는 것이었죠. 그때는 여유 자금도 좀 있어서 속는 셈 치고 규모는 작지만 태양광 발전소 투자를 과감히 했지요."

태양광 발전 사업을 어떻게 진행하는지 잘 몰랐을 텐데 과감히 투자를 한다는 것은 상당한 모험이 아닐 수 없었을 겁니다.

"여기저기 아는 사람들에게 물어보고, 인터넷도 뒤져보고 참으로 많이 발품을 팔았지요. 결국 고향 인근에 소재하는 전기공사업체이자 태양광업체를 소개받으면서 시작됐지요. 일단 소개한 사람을 믿었기에 그 업체도 믿을 수밖에 없었는데 다행히 사기성 업체는 아니었어요. 지붕 면적이 작아서 설치면적이 51kw밖에 설치하지 못했어요. 총 사업비도 7,500만 원이나 들었지요. 그래도 투자비를 6~7년이면 회수한다고 했는데 지금 보니 그게 거의 사실이었어요. 대략 월120만 원 정도 수익이 발생하니까요. 발전소 이름도 꿈을 위해서라는 이름으로 '포꿈 태양광 발전소'로 했지요."

첫 태양광 발전소를 짓고 나서 태양광 사업에 대해 전반적으로 이해하게 된 김수완 씨는 추가로 두 번째 발전소에 도전했습니다.

"창고 옆 부지에 태양광 발전소를 추가로 지었어요. 1호기인 지붕태양광이 2018년 6월에 발전을 개시했기에 약 2년이 채 안 되는 시간에 추가로 인근 토지에 223kw 태양광 발전소를 지었지요. 지목이 농지였기에 버섯재배사를 만들어서 지붕에 태양광을 올리는 형태로 진행했어요. 실제로 버섯은 현지에서 농사를 짓고 계시는 형님이 버섯을 재배하고 있어요. 여기 자금은 1호기 발전소 운영자금 대출을 통해 자금을 조달할 수 있었어요. 1호기 발전소가 씨드머니가 된 것이지요. 2호기에서는 1호기의 4배인 월 450만 원의 수익이 발생합니다. 1, 2호기를 합하면 월 570만 원 정도 수익이 발생하니 노후 준비는 이미 끝났지요."

김수완 씨의 경우는 고향에 보유하고 있는 창고와 토지를 활용하여 태양광 발전소를 짓는 경우입니다. 이럴 경우에는 별도 부지 임대 및 매입비용이 들지 않는 장점이 있어서 투자비 또한 상대적으로 적은 비용으로 할 수가 있었습니다.

"모르는 영역이다 보니 처음에는 시행착오가 있었어요. 특히나 직장을 다니면서 사업자를 내고 공사를 챙겨볼 수가 없었어요. 발전소가 건설된 뒤 운영 단계에서는 거의 할 일은 없어요. 시공사와 계약 단계에서 계약서를 꼼꼼히 살펴봐야 하고 사업 전 단계에 준비할 것들 잘 챙겨봐야 해요. 추가로 신규 분양물량을 열심히 알아보고 있

김수완 씨의 포꿈태양광 발전소 – 버섯재배사 지붕 태양광 발전소

어요. 앞으로 총 10개 정도의 발전소 보유를 목표로 더 투자를 해보고자 해요. 지금도 경제적으로 독립하는 데 문제가 없지만 더 여유로운 삶을 누리고 기존 투자금을 활용한 추가 투자 방식으로 이만한 투자 상품이 없다고 생각해요."

투기성 투자가 아닌 안정적 재생에너지 투자는 이제 검증되고 추가 소득이 보장되는 사업이 되고 있습니다. 투잡 형태로 경제적 자립시기도 당기고 확실한 미래를 보장하는 태양광 사업은 이제는 필수 투자처가 된 것인가 봅니다. 김수완 씨의 꿈을 응원합니다.

태양광 사업의 확신이 섰을 때

수익성과 자금 조달

수익성을 논하다

투자는 확신으로부터 출발해야 하는 것

노트북을 켜고 엑셀을 연 수호는 첫 칸을 어떻게 채워야 할지 막막해 한참 멍하니 있었다. 빈 셀들을 노려보는 동안 갓 내려놓은 커피도 다 식어버렸다.

왼손으로는 턱을 괴고, 오른손으로는 볼펜을 들고 A4 용지에 적힌 '태양광 투자'라는 단어들 중 '투자'라는 두 자에만 30분이 넘도록, 하염없이 동그라미를 겹쳐 그리고 있었다. '투자'라는 업무를 한 지 20년도 훌쩍 넘은 수호였지만, 아직도 투자의 수익성을 검토하는 일은 조심스러웠다. 한참을 고민하던 수호는 펜을 내려놓고 생각에 잠겼다.

***

'삐리리리~ 삐리리리~.'

10년도 넘은 일이었다. 새로운 의류 브랜드 창업 건에 대한 투자 심사보고서를 작성하느라 밤을 샜던 수호는 사무실 책상에서 엎드려 깜빡 졸고 있었고, 갑자기 울려대는 전화에 벌떡 몸을 일으켜 수화기를 들었다.

"네, 심사1부 황수호 과장입니다."

–과장님, 최 이사님 비서실입니다. 지금 이사님께서 급히 찾으세요.

"아…… 혹시 조금 전에 보내드린 보고서 때문인가요? 바로 올라가겠습니다."

–네…… 그런 것 같은데…… 과장님, 이사님 심기가 많이 안 좋으신 것 같아요."

비서의 말을 들은 수호는 숨이 덜컥 막혔다. 이번 심사보고서는 수호가 과장이 되어 처음으로 검토를 주도한 건이었다. 나름 심사숙고해서 작성한다고 했는데, 뭔가 잘못됐나 싶었다. 이사실로 걸어가면서도 수호는 보고서를 연신 넘겨 가며 숫자 계산이 맞는지 보고 또 보았다. 밤새 여러 번 검토했던 터라 숫자는 틀림이 없었다. 옷매무새를 고치고 이사실 문을 열었다.

방에 들어가니 최 이사가 아무 말 없이 수호를 무섭게 노려봤다. 그러고는 대뜸 소리를 지르면서 서류를 집어 던졌다. 사무실 바닥에 수호가 밤새 작업했던 페이지들이 후드득 흩어졌다.

"야, 이 정신 나간 놈아! 이걸 보고서라고 올렸어? 네가 그러고도 과장 맞아? 이 새끼야?"

수호는 아무 말도 할 수 없었다. 무엇이 잘못됐는지도 모르니 말대꾸를 할 수는 없는 상황이었다. 그냥 모든 잘못을 시인하는 듯 쏟아지는 욕설에 서서 고개를 숙이고 있을 수밖에 없었다.

"그거 주워서 앉아!"

수호는 바닥에 있는 서류들을 주섬주섬 주워 최 이사가 가리킨 회의용 책상에 앉았다. 최 이사는 수호를 앉혀놓고는 한동안 모니터 화면을 무섭게 쳐다보았다.

최 이사는 신입 시절 수호의 사수였고, 일은 독하면서 깔끔하게 처리하는 사람이었다. 언변이 직설적이고 까칠하기로 유명했음에도 젊은 나이에 이사까지 고속 승진한 데에는 이유가 있었다. 최 이사는 키보드를 몇 번 거칠게 두들기고는 일어서 수호의 맞은편에 앉았다.

"황 과장, 이거 그래서, 결론이 뭐야? 여기에 1,500개를 쏘자고?"

수호는 대답은커녕 고개를 들지도 못하고 보고서만 쳐다보고 있었다.

"이 건, 투자제안서 들어올 때부터 내가 차주 쪽에서 작성한 근거자료는 100% 믿지 말라고 한 거 기억 안 나? 처음부터 다시 한다는 생각으로 하나씩 하나씩 가정 사항 검증하라고 했지? 지금 투자 제안서 다시 봤더니 거기 있던 전제 사항 그대로 가져왔더라? 저쪽이야 투자받으려면 무슨 얘긴들 못 써? 그 내용이 맞는지, 틀리는지, 과장됐는지, 보수적인지 검증하는 게 우리 역할 아냐? 고객이 믿고 맡긴 돈 가지고 투자하는데, 그것도 1,500억을, 차주 쪽 말만 그대로 믿고 빌려주자고? 자네 개인 돈이야? 개인 돈이라도 이런 식으로는 안 해!"

최 이사의 말투가 처음보다는 조금 누그러진 듯하자 수호가 조심스럽게 입을 열었다.

"죄송합니다. 시간이 너무 촉박해서…… 밤을 새느라……."

"그걸 변명이라고 해? 시간이 촉박할수록 더 집중해서 검증해야지! 이 시장에서 누가 시간 많이 주면서 투자할 기회를 주겠어, 어? 우리가 투자 제안서 붙들고 머뭇거리고 있으면, 저쪽은 마냥 기다리고만 있을 것 같아?"

수호가 다시 입을 다물어 잠시 정적이 흐르는데 비서가 똑똑 노크를 하고는 차를 들고 들어왔다. 차를 내려놓는 동안 자세를 고쳐 세운 최 이사는 내려놓은 찻잔을 들었다.

"뭐 해? 마셔!"

"……."

"황 과장, 이 건, 처음부터 다시 들여다봐. 저쪽에서 쓴 투자 제안서만 보면 대박 사업이야. 하지만 거기에는 가정이 있어. 그 가정 사항들이 올바른지, 타당한지 하나하나 다시 따져봐. 예를 들어 여기서 진입하겠다는 타겟 의류 시장이 매년 10% 넘게 증가할 거고, 거기서 시장 점유율을 빠르게 올릴 수 있다는 이야기잖아. 그러니 매출이 이렇게 엄청나게 늘지. 그런데 황 과장, 이 시장 예측 자료 출처가 사업자협회야. 제3자 보고서 자료도 같은 내용일까? 그리고 이 회사가 이렇게 시장 점유율 늘려 갈 수 있을까? 게다가 매출이 그렇게 늘어나는데 종업원수나 기타 고정 비용들은 그만큼 늘지도 않아. 그럼 회사 운영을 뭐로 하겠다는 거야? 이거 맞아? 생각해봤어?”

신규 의류브랜드 창업이란 것이 수호에게는 낯설었고, 의류산업을 이해하는 데도 벅찼다. 그런데 세세한 가정 사항들을 검증하려다 보니 마감 시간에 쫓기게 되었고, 결국 자신이 해야 할 중요한 포인트들을 놓친 게 사실이었다.

“이 가정대로 안 되면 어쩔 거야? 쫓아가서 그땐 이렇게 될지 몰랐다고, 대출약정서 도장 찍은 거 취소해 달라고 할 거야?”

“죄송합니다. 제가 마음만 급했습니다. 다시…… 올리겠습니다.”

“황 과장, 투자는 말이야, 확신에서부터 시작하는 거야. 그 확신은 검증된 가정을 기반으로 하고 있는 거고, 가정이 잘못돼서 제일 나쁜 시나리오가 현실이 돼도 괜찮다는 생각이 들어야 확신이야.”

“…….”

“몇 명 더 붙여줄 테니까 내일 모레까지 다시 가져와.”

“네, 이사님.”

서류를 챙겨 이사실을 나오는 수호는 자신이 너무 창피했다. 과장을 달고 첫 번째로 맡은 대형 투자 건이었다. 보란 듯이 잘

해보고 싶었다는 의욕만 앞섰다. 그래서 기본을 놓쳤다. 다시 보면 자신도 확신이 들지 않는 투자안이었다. 개인 돈이어도 이런 식으로는 안 한다는 최 이사의 말이 머릿속을 맴돌았다.

***

당시에는 그 말이 마치 회사 일은 대충한다는 의미로 들려 입 밖에 낼 수 없는 거부감이 있었다. 하지만 막상 자신의 투자를, 동생들의 투자를 검토하려니 더욱 신중해질 수밖에 없었다. 다른 이들의 투자금은 그렇게 잘난 척 심사하고, 조건을 내고, 투자 여부의 의사결정을 해 왔건만, 정작 자신과 동생들의 투자 건을 검토하려니 마음처럼 진도가 나가지 않았다.

하지만 이미 두 동생들에게는 자신을 믿어보라고 말해둔 터였다. 투자의 타당성에 대해서는 자신이 검증해야 한다고 처음부터 생각했기 때문이다. 동생들도 당연하다는 듯이 자신을 믿고 있다는 것도 알고 있었다.

마음을 가다듬은 수호는 엑셀을 닫고 도영에게 받은 아버지의 노트 스캔본을 열었다. 아버지의 가정은 옳았을까. 나는 확신할 수 있을까. 수호는 차분히 한 줄 한 줄 자신만의 검토를 시작했다.

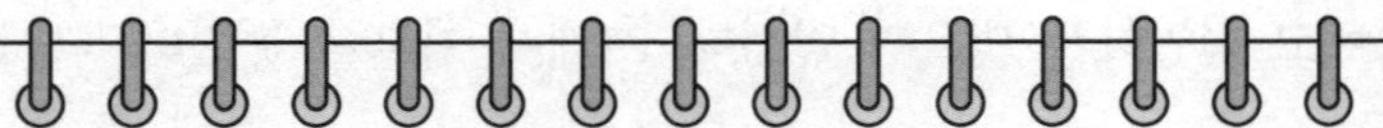

초기 투자금 : 5,000만 원 (대출 1.5억 원 별도)

한달수익 : 3.7×100×30×150 = 1,665,000원

대출 1.5억 원 한 달 원리금 : 1,000,000원

운영비, 기타 : 100,000원

1년 수익 : 565,000원 × 12 = 6,780,000원

20년 총수익 : 135,600,000원

수호의 눈에는 기원의 노트에 적힌 수익성 검토 내용이 너무 축약되고 지나치게 낙관적으로 보였다. 마치 누가 불러주는 대로 적은 느낌이었다.

초기 투자금은 5,000만 원과 대출이 1.5억 원. 그렇다면 총 사업비가 2억 원이다.

'응? 75%까지 대출이 된다고?'

가장 대출 조건이 좋다고 알려진 아파트담보대출도 규제가 없을 경우 자산 가치 대비 대출비율(LTV) 60~70%다. 그런데 태양광 사업에 75% 대출 비율을 적용한 것이 잘 이해가 되지 않았다. 누군가에게 단단히 속은 것일까? 확인이 필요하다고 생각한 수호는 종이 한쪽에 메모를 해두었다.

노트에는 한 달 비용으로 10만 원이 잡혀 있었다. 비용의 상세 항목이나 설명이 없어 어떤 비용으로 10만 원이 들어가는지 수호는 알 수 없었다. 그렇게 해서 계산된 1년 수익은 600만 원이 넘었고, 20년 수익은 무려 1억 3,000만 원이 넘었다.

'이런…… 매해 수익과 비용이 고정? 세금은?'

아버지가 적은 수익성과 '관련'된 기록을, 수호는 그대로 받아들이기 어려웠다. 아버지는 분명 누군가가 얘기해주는 걸 받아 적었을 것이니, 수호는 자신이 이해할 수 있을 만큼 하나하나의 항목에 대해 검증하길 원했다.

비용이 10만 원이란 것도 이해하기 어려웠다. 태양광 발전소를 운영 하는 데 매월 어떤 비용이 들어가고 그 성격은 무엇인지, 그 10만 원에 세금이 포함되어 있는 것인지, 중간에 있을 수도 있는 사건 사고를 대비해서라도 보험이나 예비비도 포함되어 있는 것인지. 여러 가지 것들을 확인해두어야 했다.

투자는 냉정해야 하고, 긴 시간에 일어날 만한 변수에 대한 대책을 마련해두어야 한다. 그는 태양광 투자가 장기간의 수익이 일어나는 사업치고는 타 사업 대비 리스크가 높진 않으리라고 어렴풋이 믿고 있었다. 다만 아버지가 정리해둔 수익성 예상을 좀 더 튼튼하게 만들 필요가 있었다. 같은 실수는 한 번으로 충분했다.

태양광 발전 사업으로 얼마를 벌까?

"자, 황수호의 태양광 교실에 오신 것을 환영합니다."

노트북이 연결되자 수호는 장난기 어린 얼굴로 너스레를 떨었지만 막상 동생들과 김 대표와 눈이 마주치자 민망한 듯 웃어버렸다. 실무에서 한동안 멀어졌던 수호는 며칠을 아버지의 노트와 씨름했고 오늘 그 결과를 설명하기 위해 인근 공유 오피스를 빌려 자리를 마련했다. 그동안 수익성을 준비하면서 김 대표에게 이것저것 물어봤던 수호는 그에게 꼭 좀 참석하여 이야기를 들어주십사 부탁했고 김 대표는 흔쾌히 응하며 자리에 함께한 것이다.

"아버지 노트에 보면 5,000만 원 투자해서 20년 동안 1억 3,000만 원 이상의 수익을 낸다고 적어놓은 것을 기억하지? 난 이 숫자들이 얼마나 현실성이 있는지 검증이 필요했어. 그동안 수익이 정확하게 어떻게 예상되는지, 들어가는 비용은 얼마인지, 결과적으로 수익률이 어떻게 나오는지 알아보려고 공부 좀 했고, 오늘 그 내용을 공유해보려고 해. 내가 틀린 것도 있으니 말하는 중간중간 언제라도 질문도 해주고…… 김 대표님! 오늘 바쁘신데 참석해주셔서 감사합니다. 숙제 검사 받고 싶어서 모셨어요."

"이 분야는 사장님이 더 전문가이실 것 같은데, 제가 뭘 알겠어요."

"아닙니다. 전 태양광에 대해서는 전혀 모르는 숫자쟁이일 뿐이에요. 그동안 김 대표님한테 들은 내용도 참조해서 오늘 숙제

발표를 할 테니 잘 좀 봐주세요."

"네, 최선을 다하겠습니다. 하하하."

"아무래도 작지 않은 돈이 투자되는 거니까 정말 궁금한 내용이었어요. 오빠, 수익률이 정말 13%예요?"

"나도 솔직히 수익률 보고 좀 의아했어. 형, 수익률 13%가 20년 동안 계속된다는 게 가능할까?"

선영과 도영이 시작하기 전부터 질문을 했다. 자신도 궁금했던 내용이었고, 이제는 얼추 감을 잡게 된 수호는 슬쩍 미소를 보였다.

"그지? 그럼 한번 내가 그동안 정리한 걸 같이 볼까? 일단 빈 엑셀에 한 단계 한 단계씩 채워 가볼게. 이렇게 하는 게 다 완성된 분석표를 보는 것보다 서로 이해하기가 더 쉬울 것 같아."

수익률을 계산하기 위해 수많은 칸만 있는 비어 있는 엑셀을 연 수호는 일단 소매를 걷고 심호흡을 했다.

먼저 맨 위의 가로줄에 연도를 쭉 적었다.

"일단 아버지 노트에 있는 대로 20년간 운영한다고 가정하고, 그 20년 동안 매년 수익금이 어떻게 계산되는지 보여줄게. 그럼 이 수익금이라는 건 어떻게 계산되느냐……."

수호는 옆에 있는 화이트보드를 이용해 계산식을 적어 나갔다.

발전량 × 전력판매단가 = 수익금

"바로 발전량과 전력판매단가의 곱이 수익금이 되는 거지. 그럼, 발전량은 얼마로 봐야 할까? 1년의 발전량을 알기 위해서는 먼저 하루의 발전량을 알아야겠지?"

"형, 이게 하루에 3.6시간이다, 3.8시간이다 그거죠?"

"그렇지. 아버지는 3.7시간이라고 노트에 적어놨고, 그래서 나도 3.7시간을 적용해보려고 해. 김 대표님, 3.7시간 괜찮겠죠?"

"네, 태양 지역이면 사실 발전량이 잘 나오는 편이라 조금 더 높게 봐도 될 것 같기는 한데, 일단 수익성을 계산해보는 거니까 보수적으로 생각해서 3.7시간 정도로 해보면 무난할 것 같습니다."

수호는 김 대표의 얘기를 들으면서 화이트보드에 다시 수식을 적고, 계산기를 눌러서 답까지 적었다.

3.7 시간 × 365일 × 100kW = 135,050kWh

"그럼, 발전량은 135,050kWh고…… 전력판매단가는 얼마로 봐야 해?"

선영은 궁금하다는 듯 수호의 판서가 끝나기 무섭게 질문을 한다.

"태양광 전력판매단가는 SMP와 REC라는 것으로 나뉘어져 있어. SMP는 '계통한계가격'의 영어 약자인데, 쉽게 말하면 한전이 전기를 사주는 1kWh당 가격이야. 그리고 이 가격은 알겠지만 고정된 가격이 아니라 그날그날, 시간대별로 가동되는 발전소의 종류와 수, 발전량에 따라 계속 달라져. 하지만 우리는 계산을 위해 일단 같은 가격으로 가정해볼까 해. 과거 SMP 가격을 기준으로 100원으로 넣어보자."

135,050kWh × 100원 = 13,505,000원

"그럼, 1년에 버는 금액은 대략 1,350만 원 정도이고, 이건 SMP로 얻을 수 있는 수익이야. 그리고 또 하나의 단가인 REC는 뭘 의미할까?"

도영이 갑자기 오른손을 번쩍 들고 외쳤다.

"신재생공급인증서 판매 수익이요!'

"하하하. 진짜 수업시간 같네. REC는 1,000kWh, 즉 1MWh 발전할 때마다 1REC를 발급해줘. 또 발전소에 따라 여기에 가중치가 곱해지는데, 100kW 미만의 작은 발전소는 조금 더 쳐줘서 그 가중치가 1.2라고 하거든? 1년에 135,050kWh가 발전한다면 여기서 만들어지는 REC는 이렇게 계산되지."

135,050kWh ÷ 1,000 × 1.2 = 162.06

"이 162는 금액이 아니라 REC의 양이야. 즉, 1년에 약 162개의 REC를 받을 수 있다는 거지. 그럼 한 개의 REC 금액은 얼마가 되느냐. 이 가격도 수시로 변해. 재생에너지 수급과 같은 복잡한 시장 사정에 따라 달라지기 때문에 고정된 하나의 값으로 넣기는 어려워서 시장 전망에 따라 가정치로 계산을 할 수밖에 없어. 김 대표님, 지금은 우선 얼마 정도로 넣는 게 좋을까요?"

"네, 말씀하신 대로 REC 금액도 시장의 수요 공급에 따라 달라지니 우선 최근 가격 기준으로 계산해보는 것이 어떨까 합니다. 작년 시장에서는 5만 원에서 6만 원 사이를 왔다 갔다 했어요. 그보다 과거에는 5만 원 밑으로 간 적도 있고요. 일단 5만 원 정도로 넣는 게 어떠세요?"

수호는 김 대표의 말에 따라 판서를 이어 갔다.

162.06 × 50,000원 = 8,103,000원

"이제 끝이야. 우리가 계산하려고 했던 수익금은 바로 13,505,000원 더하기 8,103,000원."

SMP수익(13,505,000원) + REC수익(8,103,000원) = 21,608,000원

"1년에 2,160만 원. 그럼 이 숫자를……."

다시 노트북 쪽으로 돌아온 수호는 21,608,000원을 복사해서 1년부터 20년까지 붙여 넣었다.

선영과 도영은 수호의 첫줄이 완성되는 것을 바라보며 말했다.

"2,100만 원이 넘네? 5,000만 원 투자하고 1년에 2,100만 원 벌면 2년 좀 넘으면 원금 회수 다 하는 거 아냐?"

"도영아, 우리가 투자한 건 5,000만 원이 아니고, 대출 포함해서 2억 원 투자한 거야."

도영의 감탄을 꼬집은 선영에 이어 수호도 한마디 거든다.

"그리고 우리 아직 비용 얘기를 안 했는데?"

"그런데 오빠, 나 질문 하나 해도 돼? 아까 SMP는 100원, REC는 5만 원이라고 했는데, 이건 그냥 가정이라고 했잖아요. 그럼 그 금액이 달라지면 저 수익금도 당연히 차이가 나는 거 아냐?"

"당연하지. 수익성 분석을 할 때는 어쩔 수 없이 여러 가지 가정하에 할 수밖에 없고, 그 가정을 다르게 적용해보면서 결과값을 보는 것을 '민감도 분석'이라고 해. 이걸 통해서 자기 예상치를 가늠해보는 거지."

"예를 들면 'SMP는 80원, REC는 20원 밑으로 떨어지는 일만 없으면 손해는 안 보겠구나. 이런 식으로?"

"그래 맞아. 잘 아는데?"

태양광 발전소 운영에 얼마나 들까?

"자, 지금까지는 수익을 봤고, 이제부터 비용. 돈을 벌기만 하면 좋겠지만 써야 하는 돈도 있겠지? 태양광 발전소를 운영할 때 어떤 비용이 들어갈까?"

"그거야 뭐 땅 값, 인허가 비용하고 공사비…… 이렇게 해서 전체 2억 원 정도로 본다는 것 아니었어요?"

"아, 도영아, 그건 태양광 발전소를 설치할 때 드는 비용이고, 지금 우리가 보려는 건 설치가 끝나고 운전할 때 들어가는 비용을 보려는 거야. 일반적으로 설치비용은 초기에 한 번만 드는 돈이고, 운영비용은 꾸준히 발생하는 비용이니 둘은 나눠서 생각해야 해. 매해 수익에서 운영비용을 뺀 순수익을 설치비용 대비 계산해보면 그게 수익률이 되는 거야."

"그런데 오빠, 태양광 발전소 무인 운전이라면서? 그냥 해 뜨면 발전하고 해지면 발전 끝나는 거고, 매일 출근하는 관리인도 필요 없다고 하고……. 일반 발전소처럼 연료비가 들어가는 것도 아닌데, 무슨 비용이 들어가?"

선영의 질문에 수호가 씩 웃으며 김 대표를 바라봤다. 김 대표도 조용히 웃고 있었다. 바로 며칠 전에 수호가 김 대표에게 똑같은 질문을 했기 때문이다.

***

그날도 수호는 아버지의 노트와 엑셀을 펴놓고 머리를 쥐어뜯고 있었다. 태양광의 수익에 대해서는 대충 감을 잡았지만, 월 10만 원이라는 비용에 대해서 수호는 이 수수께끼를 혼자 풀 수가 없어서 김 대표에게 전화를 걸었다.

"안녕하세요? 바쁘신데 죄송합니다. 잠시 시간 좀 내주실 수 있을까요? 몇 가지 여쭤보고 싶은 게 있어서요."

–아, 사장님, 안녕하세요? 개발행위허가 받으신 거 축하드립니다. 인허가는 이제 정리가 되었네요.

"네, 대표님 덕분에 여기까지 온 것 같습니다. 그래서 본격적으로 공사비 들어가기 전에 20년 수익성 계산을 다시 좀 들여다보려고요. 매출이야 발전량에 판매단가 곱해서 예상을 해볼 수 있을 것 같은데, 비용은 어떤 것들이 있는지 잘 상상이 안 되네요. 이게 무인 운전이니까 인건비도 없을 테고, 태양을 연료로 하니 연료비도 없을 것 같고요."

–하하하. 설마 비용이 없겠습니까. 매출에 비해 아주 소소하지만 들어가는 비용은 있습니다.

"아, 그런가요? 어떤 게 있을까요?"

수호는 김 대표에게 설명을 들으며 메모장에 타이핑해 정리해 보았다.

- **전기안전관리자:** 법에서 정한 사항으로 반드시 선임해야 하고 월 6~7만 원 수준.
- **인터넷 비용:** 외부에서 발전량을 모니터링하고 CCTV를 보기 위한 용도로 월 2만 원 수준.
- **예초:** 봄, 가을 1년에 2회 잡초를 관리해줘야 잡초가 자라서 태양광 패널을 덮지 않도록 해야 함. 직접 예초작업을 하거나 전문 업체에 대행을 시킬 수 있음. 비용은 1회에 20만 원 수준.
- **회계/세무 수수료:** 6개월에 1회 부가세 신고, 연 1회 종합소득세 신고 등의 세금신고와 기장수수료가 있는데, 대행을 시키면 월 10만 원 정도가 발생함. 하지만 100kW 정도 수준의 발전소는 사업주가 직접 하는 경우가 많음.
- **예비비:** 퓨즈가 나가거나 인버터 고장 시 기판을 교체해야 하는 경우도 있으니 매월 약간의 예비비를 책정하고 충당하는 것이 좋음.
- **보험료:** 연 1회 납부하며 약 50만 원 수준. 소멸성 비용이라 보험 가입을 안 하는 사업자도 많음. 개인 선택.
- **원리금:** 대출 원금과 이자. 연 4.5%의 고정금리로 총 금액의 75%까지 대출 받아서 1년 거치하고 19년 동안 원금분할 상환하는 것으로 가정.

"비용은 크지 않지만 생각보다 여러 항목이 있었네요. 대충 봐도 한달 10만 원 비용은 아닐 것 같은데요?"

–한 달 10만 원이요?

"네, 아버지 노트에는 달랑 한 달 10만 원이라고 적혀 있어서요."

–흠…… 그건 너무 최소로 잡은 것 같은데요. 전기안전관리자랑 인터넷 비용만 내도 10만 원까지는 될 겁니다. 그렇다고 풀이 자라는데 예초를 안 할 수도 없고……. 아, 물론 직접 하시면야 비용이 절감되겠지만요. 다른 비용들도 선택이긴 하지만 아예 없다고 하기에는 무리가 있을 것 같은데요?

"네, 잘 알겠습니다. 비용 항목들을 잘 정리해서 넣어봐야겠네요."

–물가상승률 같은 것도 잘 반영하셔서 장기 수익률을 계산해 보세요. 꽤 나쁘지 않을 겁니다.

"고맙습니다. 오늘도 많이 배웠습니다."

***

화이트보드에 각각의 비용 항목과 대략의 금액을 적어놓은 것을 보며 선영이 웃으며 말한다.

"생각해보니, 다 필요한 비용들이네. 무인 운전이라고 해서 비용이 없는 건 아니구나."

"형, 그런데 아버지는 비용을 월 10만 원이라고 했는데, 생각보다 좀 높네요? 아버지 계산한 비용에 형이 이것저것 보수적으로 안전 마진을 붙였네요."

"그래, 맞아. 내가 보기엔 1년에 260만 원 정도는 들어가니까 월 20만 원 이상은 잡는 게 낫겠어. 분석은 보수적으로, 투자는 공격적으로."

"그런 말이 있어?"

"아니, 내가 지금 막 해본 말이야."

"이런. 어디 있는 명언인 줄."

"수익이 좀 떨어져 보여서 맘엔 안 들 수는 있겠지만 검토는 보수적으로 하는 게 좋아. 아무리 태양광이 위험이 적다고는 하지만 사업은 사업이니까. 적절한 대비가 되어 있지 않으면 도중에 문제가 발생하였을 때 대처가 적절하게 되지 않을 수가 있어. 그러면 예상치 못한 돈이 더 들게 되고, 수익성은 더 나빠져서 차라리 저축하는 게 낫다는 말이 나올 수도 있지. 더 심하면 대출금을 제때 상환하지 못해 발전소를 팔아서 대출금을 갚아야 할 수도 있고. 뭐 그렇게 될 가능성이 아주 높진 않겠지만 말이야. 그리고 보수적인 초기 계획보다 긍정적인 결과가 나오면 기분이 좋아지는 건 덤이야."

화이트보드에 적혀 있는 비용 항목을 아직도 곰곰이 보고 있던 선영이 질문을 던졌다.

"보험은 화재보험?"

"이건 내가 좀 설명해줄게."

도영이 또 손을 번쩍 들자 수호가 기회를 주었다.

"보험 이야기를 미리 좀 알아봤는데, 이건 자동차보험처럼 필수 가입은 아니고, 선택이야. 대형 발전소들은 은행에서의 대출조건에 항상 보험이 있기 때문에 무조건 보험에 드는 편인데, 우리처럼 100kW 정도의 발전소는 대출조건에 들어가 있지 않아서 드는 사람이 있고 그냥 두는 사람이 있는 모양이야."

"사실 1년에 50만 원 정도 들어가니까 좀 아깝긴 하네."

"태양광 보험이란 게 화재, 자연재해, 일반사고 등에 대해 책임을 져주고, 내 태양광 발전소로 인해 다른 사람한테 피해를 준다면 그것까지 커버해준다고 하더라고."

"그래, 선영아. 보험료가 아깝다는 생각보다는 혹시나 사고가 났을 때 우리가 투자한 금액을 지켜줄 수 있다는 데 초점을 맞추고 생각해보면 될 것 같아. 하지만 아까 도영이가 얘기한 것처럼, 이 보험은 선택 사항이니까 각자 신중하게 생각하기로 하자."

"무조건 들어야죠. 회사에서도 사고 나면 제일 먼저 나오는 이야기가 '사람 다쳤어?'이고 그다음이 '보험 들었지?'예요."

"맞아. 그리고 도영아, 사람도 똑같다? 너도 누나한테 평소에 잘해라? 그게 보험이야, 알았지?"

"1년 기준으로 봤을 때, 수익은 2,160만 원이 들어오고, 비용은 전기안전관리자, 보험료, 인터넷, 예초 2회, 예비비 등이 들어가니까 대략 260만 원 정도 잡아야 할 듯해. 좀 여유 있게 300만 원이라고 넣자."

"이야. 엄청난데? 그럼 매년 수익이 2,160만 원이고 비용이 300만 원이니 이익이 1,860만 원이란 거네?"

도영은 계산기를 두드려보다 말을 이었다.

"이익률이 무려 86%야! 이게 정말이에요?"

"에이, 오빠 이건 좀 아니잖아. 무슨 이런 사업이 있어? 누가 얘기하면 딱 사기라고 하겠네."

선영도 커피를 마시다가 기침을 하며 한마디 거들었다.

수호는 침착하게 설명을 이어 갔다.

"여기까지만 이야기하면 사기 맞아. 여기는 설비의 감가상각비를 반영 안 했으니까, 회계에서 이야기하는 영업이익률하고는 다르게 높아 보일 거야. 세금이나 이자 같은 것도 있으니까. 그런데 사실 투자 의사결정을 하는 데에는 이익률도 보긴 해야겠지만 그보다는 투자 수익성, 즉 재무적인 사업성을 우선적으로 봐야 해."

"그럼 그렇지. 그건 어떻게 계산하는 거야?"

"여기서 우리가 빠뜨린 숫자를 생각해야지. 그게 뭘까? 그건 바로 아까 도영이가 얘기했던 설치비용, 즉 초기 투자금이야.

100kW를 하는 데 필요한 전체 금액은 2억 원 정도로 보면, 2억 원이 준공 전에 모두 투자되고, 매년 1,860만 원의 수익이 나온다고 생각해보자. 그럼 어때?"

"엉? 우리 2억 원씩 돈 내서 태양광 발전소 짓는 거야?"

선영이 깜짝 놀라며 묻는다.

"아니, 일단 이해를 위해 일반적으로 얘기하는 거야. 우리 같은 경우는 아버지가 땅을 물려주셔서 실제로 땅값이 들어가지 않았지만, 땅을 팔아서 현금을 만들고, 그걸로 다른 데 투자할 수도 있는 거니까, 실제 그 돈만큼 태양광에 투자했다고 봐도 크게 다르지 않겠지. 보통 땅값, 인허가비, 민원처리비 등 포함해서 개발비에만 7,000만 원 정도 들어가고, 공사비 1억 2,000만 원에, 계통연계비 1,000만 원, 그래서 총 사업비는 2억 원 정도라고 보면 돼."

계산기를 두드리고 숫자를 종이에 적은 도영이 물었다.

"아, 그럼 2억 원 투자해서 매년 1,860만 원 수익이니까 연 9% 수익률이 나오네요. 이렇게 보니까 또 정상적으로 보이는데요?"

"그렇지. 10년이면 1억 8천이고, 11년이면 2억이 넘어. 그럼 11년은 운영해야 원금을 회수한다는 계산도 나오지? 원금회수기간 11년. 이것도 사업성을 검토할 때 생각해볼 문제지."

선영도 이제 알겠다는 표정으로 말했다.

"그럼 이게 이자율 높은 예금 같은 거네! 목돈을 예치해두고 매년, 매월 따박따박 이자 받아 가는 느낌? 11년 걸려서 원금 회수된다는 게 꽤 오래 걸리는 것 같긴 한데, 생각해보면 연 9%니, 10%니 이런 수익률은 은행 이자로는 말도 안 되는 높은 수익률이니까."

"맞아. 그래서 사람들이 태양광 연금이라고도 불러. 예금이자율로 이자를 주는 게 아니라 태양이 뜨는 정도에 따라 수익을 이자처럼 계속 돌려주는 사업이지. 그것도 얼마나? REC 계약기간만 최소 20년. REC 계약이 끝난다고 해도 전기 판매를 계속할 수 있어. 얼마나 오랫동안인지 알아?"

"아! 반영구적이라고 들었어요. 모듈 회사의 제품 보증 기간만 25년이라고 하더라고요. 실제 수명은 더 긴 거죠."

"그래, 맞아. 태양광 발전소에서 가장 비싼 구성품이 모듈인데, 모듈 수명은 반영구적이라고 볼 수 있고, 나머지 소모성 전력 부품이라 제때에 갈아주고 관리하면 계속 쓸 수 있는 거야. 게다가 예금하고 결정적으로 다른 부분은 장기적으로는 물가가 오르는 만큼 전기 가격도 계속 올라갈 확률이 높다는 점이지."

"그럼 문제는 2억 원, 땅값을 뺀다 해도 1억 6,000~1억 7,000만 원은 투자해야 한다는 거네? 그런 돈을 어떻게 준비해? 아빠는 무슨 생각을 하셨던 걸까?"

"그럼 여기서 하나 더 나가볼까? 아까 2억 원이 투자금이라고 했지? 하지만 이것도 대출이 된다는 사실! 즉, 수익률보다 낮은 이자로 대출을 받을 수 있으면 수익률을 더 끌어올릴 수 있어. 보통은 이걸 레버리지 효과라고 해. 내 주머니에 2억 원 있다고 100kW 태양광 발전소를 하나 하는 게 아니라, 70% 대출을 받아서 하나 지을 때 내 돈은 6,000만 원 쓰는 거지. 그럼 2억 원으로 최소 3개의 100kW 발전소를 만들 수 있어."

"그럼, 몇 %의 이자로 얼마의 대출을 일으키느냐가 사업성의 중요한 관건이 될 수도 있단 얘기네요?"

"도영이가 정확하게 봤어. 보면 볼수록 느끼지만, 태양광 사업은 금융사업하고 비슷한 측면이 있어. 목돈을 오늘 투자해서 장기적으로 안정된 수익률로 뽑아내는 금융사업. 자, 그럼 지금까지 만든 이 사업성에 대출을 일으키면 어떻게 되는지 살펴볼까? 아까 내가 수익률보다 낮은 이자율로 돈을 빌려와서 사업을 하면 레버리지 효과 때문에 수익률이 높아진다고 했잖아?"

수호는 엑셀에 한 칸 한 칸 입력해 가며 설명했다. 확실히 은행 대출을 일으켜 투자원금을 줄이니 원금의 회수 기간은 2년 정도 짧아질 수 있다는 것을 알 수 있었다.

"맞네요, 형. 투자금이 줄어드니까 이익금도 줄어들기는 하는데, 원리금을 갚아야 하니 어쩔 수 없는 것 같고……. 그래도 원금을 회수하는 기간이 짧아졌다는 건 뭔가 수익이 더 좋아졌다는 얘기인 거죠?"

"이걸 금융에서는 회수기간법이라고 불러. 여러 개의 투자 안

건을 검토할 때 회수 기간이 짧을수록 사업성이 좋다고 판단하게 되는 거지."

"형, 그런데 대출은 어떻게 해요? 태양광 사업으로도 대출을 일으킬 수 있는 거예요?"

"응, 그건 내가 좀 알아보고 있어. 그렇지 않아도 몇 군데 은행에 전화를 해봤는데, 잘 대화가 안 되더라고. 그래서 그쪽으로 잘 아는 후배한테 부탁해놨어."

엑셀을 바라보며 곰곰이 생각에 잠겼던 선영이 한마디 덧붙였다.

"당연한 얘기겠지만, 낮은 이자율로 대출비율을 높일수록 수익률은 대박이겠는데? 이게 그 레버리지 효과란 거지? 그래도 난 왠지 대출을 높게 가져가는 건 영 찝찝한데? 빚지는 것 같고."

"개인마다 투자 성향이 다르니까. 중요한 건 사업의 기본을 이해하고 사업과 자신의 사정에 맞는 투자 계획을 세워야 한다는 거야."

'사업의 기본'이라고 얘기해놓고 보니, 다시금 의류 브랜드 투자 건에 대한 아픈 기억이 떠올랐다. 당시 자신을 혼냈던 최 이사님은 지금 본부장이 되었고, 얼마 전 수호에게 희망퇴직을 권고한 사람이었다. 여러 의미로 떠올리고 싶지 않은 일들이 이어졌지만, 동생들과 태양광 사업을 준비해 오면서 잠깐 그 막막함을 잊고 지낼 수 있었다. 아니, 이게 인생의 새로운 전환점, 인생의 2

막이 될 수도 있다는 생각도 문득 들었다.

"오빠."

선영이 부르는 소리에 수호가 깜짝 놀라 다시 고개를 들자 수호를 뺀 세 사람 모두가 자신을 빤히 쳐다보고 있었다는 것을 알아차렸다.

"무슨 생각을 하는데, 갑자기 정신 나간 사람처럼 히죽히죽 웃어?"

"아, 응, 내가 잠시 딴생각을 했네. 자 오늘은 여기까지 하고 우리 근처 가서 저녁 식사나 하면서 오랜만에 술도 한잔할까?"

한사코 고사한 김 대표를 보내드리고 삼남매는 근처 삼겹살집에 자리를 잡았다. 퇴근 전 이른 저녁 시간이었지만 두어 테이블에는 양복을 입은 사람들이 일찌감치 자리해 있었다. 수호는 무시하려고 했으나 자꾸 시선이 가고 귀가 기울여지는 것은 어쩔 수 없었다.

"오빠, 우리 잘하고 있는 거 맞겠지?"

"태양광 사업이란 게 나도 생소한 분야긴 한데, 아버지가 알아보신 거라고 그냥 받아서 계산한 게 아니라 나 나름대로 이것저것 찾아보면서 꼼꼼히 들여다봤어. 그리고 혹시나 해서 최대한 객관적으로 정말 되는 사업인가 끊임없이 질문하면서 여러 번 생각해보았고. 나중에 혹시라도 잘못되면 너희들이 '회사일도 이런 식으로 했어?'라고 욕할까 봐 정신이 번쩍 나더라고. 하하하."

"그래서 형, 결론은요? 할 만한 거예요?"

수호는 도영의 질문에 수 초간 뜸을 들였다. 그리고 머릿속으로 그간의 검토를 다시 한번 복기한 수호는 고개를 작게 끄덕였다.

"응. 확신이 든다. 이 사업은 될 거야."

수호의 시원한 대답에 선영과 도영이 활짝 웃었다.

"그럼 난 오빠만 믿는다!"

"어허, 투자할 때 남의 말은 믿는 거 아니야."

"응? 오빠가 남이야?"

"아…… 그런가?"

"형, 그러지 마. 너무 웃겨. 하하하."

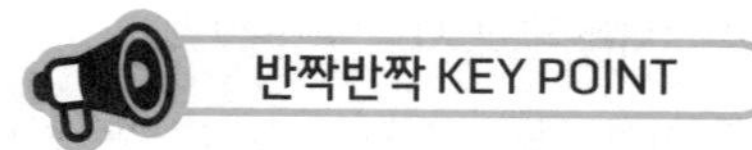

ABOUT 태양광 발전 사업의 수익

삼남매 중 금융권에 적을 두었던 수호가 이런 수익성 분석에는 아주 전문가여서 얼마나 다행인지 몰라요. 보통 분양업체에서 얘기하는 수익성만 믿고 투자하기도 하는데 많이 과장되는 경우도 있어서 하나하나 스스로 따져보는 게 중요하답니다.
이번 장에는 매출, 비용에 따른 투자 수익률까지 알아봤는데요, 레버리지 효과, 회수기간법, 민감도 분석까지 다소 어려운 용어들이 등장했는데 좀 복잡했을지도 모르겠습니다. 어쨌든 중요한 건 얼마를 투자해서 얼마의 매출이 나오고, 얼마의 비용이 나가는지 따져보는 거예요. 이때 어쩔 수 없이 많은 부분을 '가정'해야 해요. 이 '가정'에 따라 결과가 휘청휘청한답니다. 그래서 전문가의 의견을 듣고 올바른 가정, 보통은 약간 보수적으로 가정해보는 것을 추천합니다.
수호가 얘기했던 태양광 매출에 대해 조금 더 자세하게 살펴볼까요?

태양광의 매출 구조

태양광의 매출 = 발전량 × 전력판매단가

발전량은 설치 용량과 발전시간의 곱이며, 발전시간은 보통 일평균 발전시간을 쓰고 단위는 kWh/kWp/day로 표현한답니다. 즉 매일 1kW 설치 용량당 발전량(kWh)이죠. 발전시간은 지역과 설치방법 등에 따라 바뀌며 그 변수는 매우 많아서 전문기업들은 PVSyst와 같은 전문 프로그램으로 예측을 하는 편이나 우리나라는 보수적으로 3.6시간(kWh/kWp/day) 정도를 표준으로 삼으면 무리가 없어요. 수호는 김 대표의 조언에 따라 3.7시간으로 봤네요.

전력판매단가를 구성하는 매출은 수호가 언급한 것처럼 두 가지로 구성됩니다.

하나는 한국전력에 전력을 판매하여 받는 수익이며 이를 SMP(System Marginal Price, 계통한계가격)라고 불러요. SMP가격은 매 시간마다 변동하는데 한국전력거래소에서 확인할 수 있습니다. 태양광의 경우 시간별 SMP가 아니라 월 가중평균 SMP가 적용돼요. 보통 SMP가 150원이다, 160원이다 하는 것은 150원/kWh, 160원/kWh를 뜻합니다.

또 다른 하나의 매출은 REC(Renewable Energy Certificate, 신재생에너지 공급인증서) 매출이에요. 같은 전력을 생산하더라도 석탄화력이나 원자력이 아닌 정부에서 정한 신재생에너지로 발전을 하게 된다면 한국에너지공단에서 인증을 받는 REC로 매출을 만들 수 있어요. 다시 말하면, 태양광으로 발전을 하면 전력은 한전에, 발생하는 REC는 REC가 필요한 수요처(보통 '공급의무자'라고 해요)에게 팔 수 있어요.

REC는 신재생에너지 1,000kWh가 생산될 때 1REC가 만들어지는데, 신재생에너지의 규모나 형태에 따라 이에 가중치를 곱하게 된답니다. 즉 1,000kWh의 신재생에너지가 생산되더라도 가중치가 1.0이라면 1REC가, 1.2라면 1.2REC가 만들어져요.

REC는 현물시장이나 계약시장을 통해 거래가 되며 수만 원 정도의 가격이 됩니다. 1REC가 만들어지는 에너지 양이 1kWh가 아닌 1,000kWh이기 때문에 그래서 결국 보통 1kWh 기준으로 수십 원 정도로 얘기한답니다. 이번 장에서 수호는 SMP를 100원으로, REC를 50원으로 가정해서 총매출 기준을 150원/kWh로 잡아본 거예요.

가중치 테이블(요약)

얘기하는 중간에 가중치 얘기도 나왔죠? REC라는 게 신재생에너지 1,000kWh가 발전할 때 1REC가 나온다는 게 기준인데, 어디에 설치했는지, 그 용량은 얼마인지, 신재생에너지발전원이 태양광인지 풍력인지 아니면 다른 에너지원인지에 따라 가중치가 달라서 1REC가 되기도 하고 최대 1.6REC가 되기도 해요. 태양광 발전을 했을 때의 REC 가중치만 살펴볼까요?

설치위치 (유형/설치 용량)	100kW 미만	100~3,000kW	3,000kW 초과
일반부지 (임야 제외)	1.2	1.0	0.8
임야	0.5	0.5	0.5
건축물 이용 (지붕 등)	1.5	1.5	1.0
수면 (저수지, 댐 등)	1.6	1.4	1.2

출처: 산업통상자원부 고시 제2023-158호 신·재생에너지공급의무화제도 및 연료 혼합의무화제도 관리·운영지침 〈별표2〉 신재생에너지원별 가중치

예를 들어 태양광 설치 위치가 일반 부지인데 용량이 100kW 미만이면 1.2의 가중치가 주어진답니다. 하지만 같은 용량을 임야에 설치했다면 0.5REC밖에 못 받아요. 이는 임야의 훼손을 줄이고자 하는 정부의 의지가 담긴 것이라고 볼 수 있어요. 일반부지든 임야든 SMP 금액은 100원/kWh로 똑같아도 그때의 1REC 가격이 50원/kWh이었다면 실제 받게 되는 REC 수익은 일반부지에서는 60원/kWh(50원×1.2 가중치)로 환산되고 임야에서는 25원/kWh(50원×0.5 가중치)로 환산되니까 일반부지, 임야의 총 매출 기준은 각각 160원/kWh, 125원/kWh로 차이가 나게 되는 거예요.

태양광을 짓는 데 얼마의 자금이 필요할까요? 대출도 된다고 하여 수호가 알아보고 있다고 했죠? 한번 그 결과를 들어볼까요?

자금 조달을 논하다

타인자본과 자기자본의 비중

전날보다는 가벼운 마음으로 눈을 뜬 아침이었다. 태양광 투자에 대해 확신을 못 갖고 고군분투하던 수호는 마침내 동생들에게 자신이 분석한 수익성에 대해 공유했고, 스스로도 투자에 대한 확신을 하게 되었다. 정확히 말하면 앞으로의 사업 기간 동안 성공적인 투자가 될 수 있도록 만들 수 있다는 확신이 들었다. 말의 힘이라는 게 이런 의미구나하고 수호는 새삼 느꼈다. 정리되지 않았던 생각이 말을 함으로써 오히려 명쾌해지고 있었다.

어릴 때부터 말수가 별로 없었던 수호는 그냥 묵묵히 학교 숙제를 해 가며 늘 상위권에 머무는 학생이었다. 수호가 열일곱이던 고 1때 암으로 투병하던 어머니가 사망하고, 그 이듬해 아버지가 재혼하는 걸 보면서 더 말이 없어졌다. 기원도 그런 수호에게 이러쿵저러쿵 간섭하는 일이 없었다. 아니, 간섭이 없었던 것이 아니라 거의 무관심으로 수호는 가정에서 멀어졌다.

서울에 있는 명문대에 합격한 이후 홀로 상경해서 학교를 다니고 은행까지 취직했지만 딱히 친하게 지내는 관계는 만들지 못

했다. 주변에선 그냥 성실한 황 팀장님, 황 이사님으로 여겨졌지만, 속내를 털어놓고 누구에게 말을 하는 것은 익숙하지 못했다. 하지만 어제 동생들에게는 평소의 수호답지 않게 자신의 생각을 얘기할 수 있었다. 아마 '가족'이기 때문에 가능했을지도 모른다.

"손님? 손님, 여기요.."

"아, 네."

아이스 아메리카노를 주문해놓고 또 멍하니 있었다. 정신 차릴 생각으로 벌컥 들이켰더니 머리가 더 띵 아파 왔다. 그때 전화가 걸려왔다. 퇴직한 은행에서 예전 팀원이었던 김 과장이었다.

-이사님, 지난번에 여쭤보신 태양광 대출이요. 우리 쪽에서는 취급하지 않아서 여기저기 물어봤는데, 그게 은행마다 다 취급하는 것도 아니고, 취급하는 은행도 특정 지점에서만 취급하더라고요. 아무래도 주택담보나 전세보증금담보 같이 일반적인 대출상품이 아니기 때문에 그런 것 같아요. 하지만 취급하는 데서는 태양광 대출로 실적을 쏠쏠히 올리고 있는 것 같더라고요. 제가 들은 지점으로는…….

고마웠다. 바쁠 텐데 예전에 같은 팀에 있으면서 좀 챙겨줬던 선배라고, 따로 시간을 내서 조사를 했던 모양이었다. 집에 도착한 수호는 김 과장이 알려준 지점의 담당자를 찾아서 전화를 걸었다. 한참 지루한 ARS를 기다리자 담당자가 전화를 받았다. 수호가 알아봤던 다른 은행들과 달리 '네? 태양광요?'가 아니라 바로 알아듣고 설명을 해주었다.

–태양광 시설담보대출이 가능하고, 준공일로부터 대출해주는 겁니다. 다만 공사를 하려면 자금이 미리 필요하니 공사 기간에는 시공사가 담보를 서서 공사 과정에 맞춰 부분적으로도 대출이 가능하고요.

“그건 시공사가 동의를 해줘야 가능하겠네요?”

–네. 그런 경우를 선시공이라고 해요. 시공사가 선시공을 하면 공사 기간 동안 시공사가 대출을 받아 이자를 직접 부담하고 대출금으로 공사비를 지출하는 방식이에요. 사업주님이 준공 잔금을 지급하면 대출금은 전부 상환하고요. 아, 그리고 사업주분은 보통 시설담보대출을 받아 잔금을 치르죠.

“그럼 사업주가 받는 시설담보대출은 대략 조건이 어떻게 되나요? 이자라든가, 상환 기간이라든가.”

–이자는 3개월 변동금리고, 상환 기간은 최대 20년까지 되는데 원금 상환 전에 1년에서 3년까지 거치 기간을 선택할 수 있어요.

“보통 대출은 얼마나 가능한가요?”

–보통 많이들 하시는 크기인 100kW 정도는 1억 4,000만 원까지 대출이 가능하고요, 그 대신 6,000만 원 정도는 자기자본 증빙 해주셔야 해요. 땅을 샀다든가, 인허가나 민원보상 비용으로 썼다든가 하는 증빙이 필요해요.

"네, 잘 알겠습니다. 감사합니다."

수호는 그동안 알아본 대출 조건에 대해 아무래도 같이 모여 설명하는 시간을 갖는 게 좋겠다고 생각했다. 사실 지난번 모임 이후에 수호는 동생들과 함께하는 시간이 좋아졌다. 그동안 너무 오랫동안 연락 없이 지내서였을까. 서로 같은 목적을 가지고 얘기를 나누는 것도 즐거웠고, 무엇보다 따뜻했다. 그래서 수호는 굳이 한 번 더 모이자고 제안을 했다.

"그러면 황수호의 태양광 교실 시즌2를 시작하겠습니다."

일주일 뒤쯤 세 사람이 다시 모였다. 수호는 김 과장이 알려준 은행 외에도 몇 개 더 알아내서 통화하고, 직접 방문해 상담해서 비교표를 만들었고 이를 동생들에게 설명해주었다. 조건은 크게 다르지 않았다.

"근데 오빠 만약에 대출을 받았다가 원리금을 못 갚는 상황이 나오게 되면 어떻게 돼?"

"그래서 은행에서 안전하다고 보는 금액 이상으로는 대출이 어려워. 그게 1억 4,000만 원인 것 같아. 은행은 웬만하면 위험해 보이는 대출은 안 하려고 하거든. 여러 가지 가정이나 리스크를 전제로 해서 대출 가능 금액을 정해. 내가 거꾸로 민감도를 계산해봤는데 1년에 2.8시간 발전만 해도 원리금은 갚을 수 있는 수준이더라고. 태양광 발전소에 큰 문제가 생겨서 몇 달 동안 발전을 못 하게 되는 경우를 제외하고는 기상 상황 등으로 2.8시간까지 떨어질 가능성이 별로 없어 보여."

"우리가 3.7시간 예상하는데 설마 2.8시간까지 떨어지진 않겠죠?"

"요약하자면, 태양광 100kW 사업을 할 때 1억 4,000만 원까지는 시설담보대출이 나온다는 거고, 1억 4,000만 원까지라고 하는 건 개인에 따라 1억 원만 대출하든 1억 4,000만 원까지 대출하든 상관이 없단 뜻이야. 대출을 많이 받을수록 원리금을 제외하고 가져가는 수익금은 작아질 테고, 그 대신 초기 투자금은 줄어들겠지."

"그 시설담보대출이라는 건 태양광 시설을 담보로 하는 거니까 태양광 시설이 전부 완성되고 나서야 대출이 된다는 거고?"

선영의 질문에 이번엔 도영이 말을 가로챈다.

"형, 그러면 우리가 시공사를 선정할 때 선시공을 해주는 데를 찾아야 하는 거네요? 아니면 시공비를 따로 마련해야 하는데 시설담보대출은 원칙적으로 시공비로 대출을 해주지 않으니까요?"

"그렇지, 아마 선시공 조건을 걸면 시공비가 좀 올라갈 수도 있을 것 같아. 아무래도 시공사 쪽에서는 자신들이 담보도 제공하고, 이자도 부담해야 하니까. 그래도 우리 입장으로서는 그렇게 하지 않으면 1억 원이나 넘는 돈을 마련해서 준공할 때까지 융통하기가 쉽지 않을 것 같아."

"도영아, 네가 시공업체 알아보고 있다고 했지? 그때 선시공

요건도 꼭 확인해봐야겠다."

"응 누나. 메모해놨어."

"그럼, 대출은 방법이 나온 것 같고, 아까도 얘기했지만, 대출 말고 자기자본에 대해서는 각자 고민 좀 해볼래? 6,000만 원 정도 증빙이 필요하다고 하는데, 우리가 물려받은 땅값으로 한 3,000만 원 정도는 하니까 나머지 3,000만 원 정도가 필요한 거야."

도영이 살짝 당황하는 걸 눈치챈 수호가 물었다.

"도영아, 넌 괜찮겠니?"

"계산을 좀 해볼게요. 은서랑 상의도 해보고요."

"그래 내가 도와줄 일 있으면 언제든 얘기하고."

"자, 그럼 오늘 미팅은 끝난 거지? 오늘은 가볍게 치맥 한잔 어때? 내가 쏠게."

자금 계획은 각자의 사정에 맞춰서

수호가 알아본 바에 따르면 100kW 발전소라면 1억 4,000만 원까지는 시설담보대출이 가능해 보였다. 전체 사업비 2억 원 중 나머지 6,000만 원은 각자 자기자금으로 하든가 발전소 담보 말고 다른 대출을 일으켜 마련해야 했다. 다행히 6,000만 원 중 3,000만 원 정도는 사업부지 현물이 포함되어 있는데, 아버지가 유산으로 남겨준 것이니 상속세 정도만 제한다면 자기자금을 많이 줄일 수는 있었다. 진입로 등으로 인한 추가 부지 확보로 들어간 비용은 별도였다.

20여 년간 직장 생활을 한 수호는 퇴직금을 적지 않게 받았고, 희망퇴직 위로금으로 2년치 급여를 더 주어서 자본금을 조달하는 데는 어려움이 없었다. 만일 이번에 한 태양광 사업이 잘된다면 남은 돈으로 몇 개 더 해봐야겠다는 생각도 들었다.

"오빠, 나 잠깐 볼 수 있어?"

선영의 전화였다. 머리가 굵고 나서 거의 따로 만난 적이 없었는데, 요즘 태양광 사업으로 몇 번 만나고 나니 그동안 소원했던 관계가 많이 회복한 듯했다. 근처 카페를 알려주고 거기서 보자고 했다.

"지난번에 우리 같이 만났을 때 수익률이랑 대출을 통해 레버리지 한 거 설명 듣고, 각자 자기자본 금액을 결정하자고 했잖아. 땅값 포함해서 최소 6,000만 원 정도라고……. 땅값은 실제로 안 들어가니까 3,000만 원 정도라고 했지?"

"응, 그렇지. 좀 생각해봤어?"

"응, 근데, 난 아무래도 대출 많이 하는 게 꺼림칙해. 오빤 잘 모르겠지만 난 지금까지 대출을 거의 안 하고 살았거든. 누굴 닮은 건지 모르겠어. 지금 사는 집도 대출 받아 전세로 들어갔다가 겨우겨우 몇 년 전에 대출 다 갚아서 하나도 없어."

"이야, 악착같이 살았네. 그런 사람들 은근히 있어. 어떤 사람들은 은행도 못 믿겠다고 집에 현금이랑 금이랑 쌓아놓고 사는 사람들도 많아."

"하하하……. 난 그 정도까진 아니고, 지금 한 3,000만 원은 되는데 몇 달 후에 친구한테 빌려준 1,000만 원을 받을 게 있고, 연말에 성과급이 나올 것 같아서, 5,000만 원 정도는 내 돈으로 될 것 같아. 그래서 1억 2,000만 원까지만 대출을 받을까 해서."

"당장 없는 2,000만 원은 어떻게 하게?"

"몇 달만 쓰면 되는 거니까 일단 마이너스 통장에서 당겨쓰고 메워야지, 뭐."

"그게 편하면 그렇게 해. 대출을 1억 4,000만 원까지 할 수 있다는 거지, 다 할 필요는 없고, 개인 여력이나 투자 성향에 달린 문제니까. 자기자본금이 높으면 수익률 자체는 떨어지더라도 갚아야 할 원리금이 줄어드니까 매달 수익은 커질 거야. 난 다행히 퇴직금이다, 위로금이다 있어서 요즘 자금은 괜찮은 편인데, 그래도 대출은 최대한 받으려고. 수익률을 좀 높이고 싶고, 남은 금액으로 나중에 기회 되면 몇 개 더 해볼까 해."

"오빤 그럴 줄 알았어요. 레버리지 효과를 이용하겠다는 거죠? 금융인답네?"

"나 이제 금융인 아니다. 태양광 사업자라고 불러줘. 하하하."

이미 짐작은 했지만 수호의 말을 들으니 선영은 대출을 줄이겠다는 자신의 생각이 정말 올바른 판단인지 살짝 흔들렸다. 혹시

나 태양광 사업이 잘된다면 자신도 추가 태양광 사업에 대한 욕심이 생길 것 같았다.

"오빠, 그런데 도영이는 자금이 있으려나? 걘 사회생활 시작한 지도 얼마 안 됐고, 결혼 준비도 해야 해서 좀 빡빡할 것 같은데……."

"글쎄? 그때 한 3,000만 원은 있어야 한다고 하니까 약간 당황하긴 하던데, 한번 전화해볼까?"

카페에 사람이 별로 없는 시간이고 테이블 간 간격이 좀 있어서 수호는 스피커폰으로 도영에게 전화를 해 물어봤다.

–네, 형. 저는 사실 쓸 수 있는 돈은 1,000만 원이 있고, 2,000만 원은 결혼 자금으로 모아둔 돈이 있어서 그거까지 하면 3,000만 원이 되긴 하는데, 고민이 좀 되네요.

"그래도 결혼자금까지 당겨쓰는 건 좀 아닌 것 같은데? 결혼이 인생에서 가장 중요한 건데 그 자금으로 태양광 하는 건 아닌 것 같아. 이제 은서도, 아이도 있으니까 너무 무리하는 건 나중에 좋지 않을 수 있어. 아마 은서도 납득하기 어려울 거고. 그럼 이건 어떠니? 형이 퇴직하면서 여윳돈이 좀 있으니까, 2,000만 원은 내가 빌려주는 걸로 하자."

–네? 아, 형, 아니, 괜찮아요. 형도 힘드실 텐데…….

"도영아, 누나다. 그냥 오빠 말 들어라. 너 은서한테 결혼자금으로 사업한다고 말하면 은서 성격에 그렇게 하라고는 하겠지만……. 나중에 섭섭했다고 하면 어떻게 할래?"

"그래, 도영아, 선영이한테도 얘기했는데, 지금은 그래도 내가 좀 자금 여유가 있어. 그 정도는 큰 무리 아니니까 내가 빌려줄 수 있어. 나중에 발전소 운영되면 거기서 천천히 조금씩 갚아봐."

–그럼 제가 감사하죠. 제가 꼬박꼬박 이자 낼게요.

"이자? 하하하, 얼마씩 주려고? 많이 내라. 나 금융쟁이다."

"어허, 도영아, 이자 주지 마라. 이분 태양광 사업자시다. 알았지?"

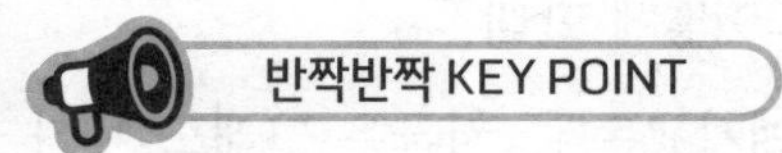

ABOUT 자기자본과 수익률

아파트나 주택을 구입할 때 주택담보대출의 비율(LTV)도 그 한도가 정해져 있는 만큼, 태양광도 대출 한도가 있어요. 아파트나 주택만큼 대중적인 대출이 아니기 때문에 국가에서 규제하는 것은 아니지만 대출을 해주는 은행 입장에서 태양광 발전 사업의 안정성을 고려하여 자체적으로 가이드라인을 가지고 있는 경우가 많죠.

그런데 모든 은행에서 태양광 발전 사업 대출을 취급하는 것은 아니고, 또 이것도 취급해본 지점에서만 많이 실행한답니다. 그래서 수호가 태양광 대출을 취급하는 은행을 찾는 데 애를 먹었던 것이고요.

수호는 대출을 최대한 많이 받으려고 하고, 선영은 최소의 대출로 시작하려고 하네요. 여러분은 어떻게 하시겠습니까?

대출은 얼마나 해야 할까?

자기자본이 없다면 어쩔 수 없지만 대출 규모를 선택할 수 있다면 전체 투자금의 얼마를 대출하는 게 좋을까요? 기본적인 원리부터 따져볼까요?

자신이 가지고 있는 자금을 다른 데 투자했을 때 얻을 수 있는 이익(기대 이익)이 이자비용보다 크다면 대출을 많이 받을수록 유리해요. 예를 들어 대출 이자율이 4.5%인데, 다른 데 투자할 생각이 없고 예금에만 넣어둘 생각인데 예금 이자율이 3%라고 하면 대출을 줄이고 자기자본 비율을 높이는 게 유리해요. 대출 금액을 늘릴수록 금리 차(대출이자–예금이자)로 인한 비용이 늘어날 수밖에 없으니까요. 반대로 자신이 주식 등에 투자해서 최소한 7% 정도 수익을 올릴 수 있다면 대출 금액을 늘리는 게 유리하겠죠? 결국 자기자본을 어떻게 굴릴 수 있느냐에 따라 대출에 대한 비율을 정하는 게 좋아요.

태양광의 수익률을 10%로 가정해볼까요? 예를 들어 2억 원을 들여 100kW 태양광 발전소를 짓고, 1년에 2,000만 원 가량의 매출이 발생한다고 하면 10%라고 볼 수 있겠죠? 하지만 보통 대출이자율은 10%보다는 낮기 때문에 태양광 사업의 경우 대출을 많이 할수록 수익률이 좋아요.

이것을 '레버리지 효과'라고 합니다. 지뢰대를 이용해 큰 물건을 들 수 있다는 원리인데요, 6,000만 원의 자본금으로 2억 원의 태양광을 지을 수 있는 효과라고 볼 수 있죠, 1억 4,000만 원은 대출로 충당하게 될 테니까요. 아파트를 매입하거나 전세금을 낼 때 대출을 하는 이유도 이 레버리지 효과를 이용한다고 볼 수 있어요.

수익률 vs. 수익금

중요한 것은 수익률이 좋다는 것이지 수익금이 크다는 말은 아니에요. 이건 또 도대체 무슨 말이냐고요? 대출을 많이 할수록 갚아야 할 원금과 내야 할 대출이자가 늘어나기 때문에 수익금 자체는 줄어들 수밖에 없답니다. 그래서 대출 규모를 결정할 때 고려해야 할 요소는 자기자본에 대한 기대수익률 이외에 자신이 얼마의 투자수익을 받고 싶으냐입니다.

간단하게 생각해볼까요? 태양광 수익률을 10%라고 가정—가정이라고는 하지만 실제로 비슷해요—했던 것 기억하시죠? 2억 원을 몽땅 자기자본으로 투자하면 수익률 10%, 즉 1년에 2,000만 원의 수익금을 받을 수 있습니다. 2억 원 중 1억을 대출 받게 되면 자기자본은 1억 원을 투자하는 거니까 1억 원에 대한 10%, 즉 1년에 1,000만 원의 수익을 기대할 수 있어요. 나머지 1억 원은 대출 원리금으로 나간다고 가정해보는 거예요.

아, 수익률은 10%보단 조금 높겠네요. 레버리지 효과라고 했죠? 11%라고 해볼까요? 수익률이 11%라면 1년에 1,100만 원 수익을 기대할 수 있다고 하죠. 레버리지 효과 때문에요.

만약 자기자본을 6,000만 원 투자하면? 수익률은 12%라고 해보죠. 이것도 따지지 말고 대충 넘어가요. 역시 레버리지 효과! 1년 수익금은 720만 원이 되겠죠?

즉, 대출 비율을 높일수록 수익률은 높아지고 수익금액은 줄어든다는 사실입니다. 자신이 필요한 금액과 가용할 수 있는 자기자본을 고려하여 대출비율을 선택하는 게 좋아요.

자기자본 투자금 (자기자본 비율)	수익률 (가정)	수익금
2억 원(100%)	10%	2,000만 원
1억 원(50%)	11%	1,100만 원
6,000만 원(30%)	12%	720만 원

지금까지 3장에서는 태양광 수익은 어떻게 계산할 수 있는지, 자금 조달 중 대출은 어떤 효과가 있는지 알아봤어요. 좀 딱딱했나요? 그래도 태양광 수익 구조는 다른 사업들에 비해 매우 간단한 편에 속해요. 매출에 영향을 주는 요소가 거의 날씨밖에 없기 때문이죠. 복잡하게 유가의 변동이나 인건비의 상승 뭐 이런 것까지 고려할 필요는 없는 거죠.

이제 인허가도 끝났고, 수익성 검토랑 자금 준비도 끝났고, 다음에 할 일은 바로 시공입니다. 공사를 시작하면서 또 무슨 일들이 일어날지 한번 볼까요?

미래를 위해 태양광 투자를 결심한 20대 직장인

이제 막 사회인으로서 발걸음을 뗀 박명진(29세) 씨는 다니던 회사가 경영상의 어려움을 겪으면서 전 사무직 직원을 대상으로 1개월간 무급 휴직 처분을 받았습니다. 이를 계기로 그동안 생각해 오던 안정적인 직장 생활에 대해 다시 한번 생각해보게 되었습니다.

"어렵게 들어간 직장이었는데, 막상 무급 휴직이란 걸 받고 보니 정신이 번쩍 들었어요. 회사만 들어가면 돈을 차곡차곡 모아 미래를 설계할 수 있을 줄만 알았거든요. 회사는 나를 책임질 수 없는 거구나. 경제적인 자립을 위해서는 별도의 고정적인 수입원이 필요하구나. 이런 생각이 들었어요."

신재생에너지 사업 분야에서 종사하고 계시는 아버지를 옆에서 봐 오던 박명진 씨는 아버지께 조언을 듣고 개인 태양광 발전소를 짓는 것을 본격적으로 생각했습니다. 다행히 경기도 이천에 할아버지 소유의 1,000여 평의 땅이 있었고, 할아버지도 흔쾌히 박명진 씨의 사업 제안을 허락해주셔서 부지 확보에는 큰 어려움이 없었다고 합니다.

"아버지의 도움을 받기는 했지만 제가 발로 뛰면서 직접 개발해보고 싶었어요. 부지 주변에 민원이 없었던 것은 아니나, 지금 생각해보면 수월하게 진행되었던 것으로 기억하고요, 또한 당시에는 지자체의 거리제한 조례가 없던 시기라 그 부분도 다행이었다고 생각해요. 아버지와 함께 이천시 개발행위 주무 부서를 방문하고 용역 업무를 진행했던 담당자 분과 의사소통하는 과정은 단지 태양광 사업뿐만 아니라 추후 다른 투자 기회가 있을 때 활용할 수 있는 소중한 경험이 된 것 같아요."

그렇게 시작된 개발은 약 1년이 지난 2018년 3월에 100kW 발전소 2개를 완공하면서 본격적으로 상업운전을 시작하게 되었고, 남동발전 및 남부발전과 SMP+REC를 20년간 장기고정 가격 계약을 체결하면서 안정적인 수입원이 생기게 되었답니다.

"각각 100kW 미만으로 개발해서 가중치 1.2를 감안하면 약 kWh당 209원이 계약금액이었고, 지금은 원리금 및 각종 부대 비용을 제외하고 연간 2,400만 원 정도가 수익으로 들어오니까 직장에서 받는 급여 대비 꽤 많은 부수입이 발생하고 있는 투자자산이 되었어요."

부서 이동으로 현재 구매부서에서 일하고 있는 박명진 씨는 태양광 사업을 통해 생기는 부수입으로 미국 주식 투자를 통한 자산 증식을 꾀하는 한편, 태양광 사업의 추가 투자처도 모색하고 있다는데요, 그야말로 20대의 패기와 열정으로 똘똘 뭉쳐 있는 젊은이였습니다. 박명진 씨는 금융 투자에 대해 일찍 눈떠 투자자산 관리에 대해서도 전문가 같은 조언을 했습니다.

"태양광 발전소는 장기금융상품의 성격을 가지고 있는 만큼 고금리시대에는 수익의 상당 부분이 은행의 수익이 될 가능성이 높아요. 저는 다행히 상업운전 약 2년이 지난 후 제1금융권에서 고정물 5년 상품으로 대환하여 현재의 고금리 위험을 피해 갈 수 있었어요. 만약 변동금리에 가입 중이라면 대환 상품을 수시로 체크하면서 수익을 높이는 방안을 찾는 게 좋을 거예요."

박명진 씨의 200kW 태양광 발전소 전경

벌써 6년차에 접어든 태양광 발전소 사업주 박명진 씨는 그동안의 운영에 대해서도 자신의 의견을 아끼지 않았습니다.

"아직까지 태풍 등 자연재해로 인한 발전소 피해가 발생되지 않았으나, 점차 기후 변화로 인하여 관련 리스크가 증가하고 있어요.

이를 대비하기 위해서는 발전소 수익에 있어서는 일부 감소가 있더라도 사전에 이를 대비할 수 있는 보험을 매년 가입하는 것은 필수적인 요소라고 생각해요. 또한 발전소 내 잡초는 태양광 음영을 발생시키므로 정기적인 제초를 통한 관리가 정말 중요해요. 이런 부분만 제외하고는 태양광은 상업운전 개시 이후 관리포인트가 적은 사업이라 노후 대비 등 경제적 안전망을 필요로 하는 분들께는 적합한 투자자산이 아닐까 생각해요."

아직 20대라는 게 믿기지 않을 만큼 차곡차곡 미래를 준비하고 있는 박명진씨 의 환한 웃음을 보면서 우리나라의 앞날이 밝게 빛나는 것 같아 기분이 저절로 좋아지는 시간이었습니다.

신중한 선택이 필요할 때

계약과 시공

시공사 선정과 계약이라는 큰 산

발전소를 건설해줄 공사업체를 찾아

"휴…… 이제야 두 단계를 마친 건가."

다해엔지니어링의 김 대표로부터 받았던 태양광 사업 추진 절차표를 보며 아직 갈 길이 멀었다는 생각에 도영은 자기도 모르게 가벼운 한숨을 지었다. 아버지의 노트에도 태양광 추진 절차는 간략하게 적혀 있었다.

1단계 - 발전 사업허가

2단계 - 개발행위허가

3단계 - 시공사 선정 및 계약

4단계 - 전력수급계약

5단계 - 시공 및 상업운전 개시

6단계 - 운영

처음 이 메모를 보았을 때는 하나하나의 단계를 거치는 것이 간단한 절차처럼 보였다. 하지만 개발행위허가 하나를 넘기 위해 이런저런 과정을 겪은 도영에게는 남은 단계가 처음과는 달리 서너 배는 무겁게 보였다.

다음은 시공사를 선정하고 계약하는 일이었다. 다행히 맨땅에서부터 시작할 필요는 없었다. 기원이 몇 군데의 시공사를 알아봐둔 것이다.

'인허가도 끝나지 않은 상황에서 시공사 물색까지 챙기시다니, 아버지는 마음이 정말 급하셨네.'

도영이 아버지의 노트를 덮은 순간 상명으로부터 전화가 걸려왔다.

–어, 도영아. 혹시 아버님 태양광 노트 안에 나도토건이란 회사 이야기도 있니?

"아…… 있었던 것 같아. 다른 회사 것들과 제안서도 있길래 비교해서 한번 훑어본 것 같아. 근데, 왜?"

–그 회사에서 연락이 왔어. 그쪽이 관급공사도 많이 하고 해서 나도 자주 보는 곳이거든. 아마 아버님하고 발전소 공사 상의도 하고 비용도 좀 쓰고 그랬나 봐. 그런데 갑자기 이야기가 끊기니까 난감해하다가 나한테 연락해서 알아봐 달라고 하더라. 아마 장례식장에서도 너한테 인사했을 거야.

"그래 알았다. 아, 그리고 상명아, 나 좀 도와줘라."

–응? 뭘?

"내가 건설회사에서 일한다고는 하지만 협력사 선정을 해본 것도 아니고, 더군다나 태양광도 잘 모르잖아. 제안서는 한 세 군데 정도 있었던 것 같은데 비슷한 측면도 있고, 차이가 나는 부분도 있더라고. 근데 뭘 기준으로 선정해야 할지 모르겠어. 너도 좀 봐주고 조언 좀 해주면 안 될까?"

–그런 거라면 뭐, 공직자 윤리에 어긋나지 않은 선에서 자비를 베풀어주마, 흐흐흐. 그래도 너무 기대하진 말고 같이 상의 정도는 해보자.

두 사람이 살펴본 기원의 서류는 가자건설, 나도토건, 다복일렉의 회사소개와 제안서들이었다.

상명도 나도토건 외 두 군데 회사에 대해서는 잘 몰랐다. 다만 들은 이야기로는 가자건설이나 다복일렉 또한 나도토건과 같이 나름 관급 공사를 자주 수행하는 지역 업체이고, 관공서 사람들하고도 좋은 관계를 유지하고 있는 듯했다.

제안서 내용을 확인하고 이야기를 나눈 두 사람은 먼저 한 가지에 동의했다. 세 군데 모두 초기 수준의 제안이라 어떤 제품을 써서, 어떻게 건설할 것이며, 계약 조건은 무엇인지 정확히 명시되지 않았다는 점이었다. 같은 시공비라도 조건에 따라 싸고 비싸다는 판단이 달라진다. 정확한 판단을 위해서는 세 군데 모두 구체적인 견적서를 받아야 했다.

도영은 세 군데에 '견적 요청서'를 보내기로 했다. 기원이 받았던 초기 제안이 아니라 구체적인 항목이 기재된 업체의 견적과 제안이 필요했고, 그러기 위해서는 현재 진행하고 있는 발전소의 정보도 알려줄 필요가 있었다.

<발전소 개발 진행 현황>

발전소 용량: 3 x 100kW

위치 및 지번 인허가상 평면도

한전 연계점 위치

그리고 도영이 비교하고 싶은 항목만 일목요연하게 정리했다.

<요청 내용>

공종별 시공비 견적

주요 공급 기자재모듈, 구조물, 인버터 및 주요 전기설비

공사예정표

시공비 지급 조건

보험 가입 및 이행보증증권 발급 여부

무상유지보수 기간 및 하자보증증권 발급 여부

세 회사의 이메일 주소 및 연락처는 아버지가 받은 제안서에 기입되어 있었다. 도영은 세 회사에 견적 요청 이메일을 보낸 후 연락처에 있는 전화번호로 연락해서 구두로도 설명하고 견적서

를 줄 것을 부탁하였다. 세 회사에 모두 검토 후 연락 주겠다는 답변을 했다.

2주 정도가 지나 도영은 단체 채팅방을 통해 수호와 선영에게 연락했다.

[나] 이번 주에 시간 괜찮으세요? 한번 모여야 할 것 같은데요.

[수호형] 난 수요일 빼고 이번 주는 콜. 무슨 일?

[나] 우리 시공사 정해야 하잖아요. 아버지가 받으셨던 세 군데 회사에서 견적을 다시 받았어요. 그래서 한번 모여서 얘기해봤으면 해서요 업체에서 보내준 자료랑 제가 비교표는 멜로 보내드렸어요.

[수호형] 아 ㅇㅋ 고생했네.

[수호형] 그러잖아도 가자건설인가 하는 곳에서 전화 와서 난리임 믿고 맡겨 달라고 일단 거절.

[나] 오 잘하셨어요.

[나] 처음 아버지가 받은 제안서는 너무 초기라 기본적인 설계도 없어서 정확한 견적도 안 됐던 것 같아요 그래서 이번에는 인허가 자료 기준으로 다시 요청했어요.

[수호형] ㅇㅇ 열어보고 있는 중 잠시만.

[수호형] ㅇㅋ 열었음. 오, 이렇게 보니까 비교가 되네. 굿잡!

[썬기자] 아 ㅈㅅ 나 회의 지금 끝났음. ㅠㅠ

[썬기자] 난 이번 주는 취재 때문에 지방 가는데 ㅠㅠ

[나] 그럼 일단 카톡으로 할까요?

[수호형] ㅇㅇ

[썬기자] ㅇㅋ

[수호형] 회사 규모나 조건들은 대동소이한데? 금액 차이는 회사마다 꽤 있고. 가자건설이 약 1억 500만 원 정도 되니까 제일 쌈. 다복일렉은 1억 2,000만 원이니까 제일 비쌈.

[나] 넹. 근데 대금 지급조건이 달라요

[썬기자] 가자건설, 나도토건은 계약금이 30%? 3,000만 원이 넘네? 헐…… 부담시러 ㅠㅠ

[수호형] 중도금도 있음 모듈 현장 입고하면 또 30%. 우리 대출은 준공 후에 나오니까 별도로 또 돈이 필요함.

[나] 그 부분은 다복일렉이 좋네요. 계약금도 10%고, 시공 기간 중 사업주가 대출을 받을 수 있도록 보증을 서준대요. 물론 준공이 되면 그 은행에서 시설담보대출로 변환해야 한다는 조건이지만.

[수호형] 지난번 얘기처럼 우리가 초기 현금 융통이 한계가 있음. 다복 조건을 좀 들어보는 게 좋을 듯. 대출은 어디고, 금리는 얼만지.

[나] 넵 그래야 할 거 같아요. 그런데 시공 기간 중 대출 이자는 시공사가 부담한다니 시설담보대출 금리 쪽만 확인하면 될 것 같아요.

[썬기자] 오 저번에 들은 선시공이구나 비싼 이유가 있네 ㅋ

[수호형] 금리는 내가 알아볼게.

[썬기자] 엥, 부가세가 별도네. 10%는 추가로 내야 하는 거지?

[나] 넵 세금계산서 발행해야 하니까 지금 이 금액에 10% 추가 맞긴 한데요 나중에 환급되는 세액이에요.

[썬기자] 다른 데 더 알아볼 필요는 업나?

[나] 금액이 엄청 차이가 났으면 그럴 건데, 일단 다복하고 먼저 만나봐도 될 듯요.

[수호형] ㅇㅋ 난 찬성 도영이가 한 번 더 수고 좀 해줘.

[썬기자] 부탁해~

[나] 넵넵. 그럼 다복일렉을 우선협상대상자로! 땅땅땅! ㅋㅋㅋ
[써기지] 우선협상대상자??? 그게 뭐임?
[나] 경쟁입찰에서 일등한 회사? 바로 계약이 아니니 이 회사랑 먼저 협상한다는 거고, 합의가 안 되면 다음 회사랑 얘기한다는 뜻?
[써기지] 오오오 전문용어군 역시 ㅋㅋ

건설회사에 근무하고 있는 도영은 다복일렉 사무실이 친숙했다. 회색 회사점퍼를 입은 직원들, 도면을 출력하는 플로터, 복잡한 도면이 떠 있는 모니터들……. 직원의 안내를 받아 들어간 남 소장 사무실도 마찬가지였다. 작지도 크지도 않은 5인용 소파가 책상 앞에 있었고, 진열장에는 각종 감사패들이 놓여 있었다.

"어서 요세요. 다복일렉 남성식 소장입니다. 손 과장! 태양군 300kW 도면 출력 좀 해줘."

남 소장은 먼저 명함을 건네며 악수를 청했다.

"안녕하세요? 연락드렸던 황도영입니다. 이건 제 명함입니다."

"아, 건설회사에 계시네요? 이쪽 일도 잘 아시겠네요?"

"아뇨, 아닙니다. 사실 전 엔지니어는 아니고 인사팀에 있어서 현장 일은 귀동냥 정돕니다."

"그래도 같은 업계 종사자시네요. 잘 부탁드립니다. 하하하."

남 소장이 넉살좋게 웃으면서 자리를 권했다.

"바쁘신데 견적서도 보내주시고 이렇게 시간도 내주셔서 감사합니다. 사실 이게 작은 사업이라 대부분 꺼려한다는 말도 들었거든요."

"아니에요. 작다뇨. 요즘 경기도 어렵고 이래저래 시장도 얼어붙어서 이런 정도 규모 공사도 자주 안 나와요."

인사가 끝날 즈음 손 과장으로 보이는 사람이 A3 사이즈의 도면 여러 장을 테이블에 내려놓았다.

"오늘 오신다고 해서 도면을 다시 한번 준비해봤습니다. 잠깐 설명해드려도 되겠죠?"

남 소장과의 미팅은 대략 1시간 정도 이어졌다. 다복일렉은 이미 현장 실사를 마쳐 이해도가 높았다. 공종 간의 선후 관계가 표현된 공정 예정표도 보여주면서 전체적인 공사 일정에 대한 설명도 했다. 인허가가 끝났다고 해서 모든 준비가 끝난 건 아니고 공사계획신고부터 시작해서 지자체와 관련 기관에 신고할 사항들이 있었다. 그리고 앞으로는 공사업체에서 전담 진행한다는 설명이었다.

무엇보다 신뢰가 간 부분은 그동안 진행했던 여러 다양한 발전소 사례를 예로 설명해준 부분이었다. 결코 자랑하는 투는 아니었다. 경험을 바탕으로 우려가 될 만한 부분이 무엇이고, 어떻게 대비하겠다는 내용이었다. 남 소장은 이윤을 위해 낮은 품질의 재료를 쓰고, 대충 공사를 하는 걸 경멸했으며, 자신 이름으로 지어진 발전소에 대한 자부심이 대단한 듯 보였다. 설명을 듣고 사무실을 나서는 도영에게 남 소장이 마지막 인사를 건넸다.

"혹시 다른 곳이랑 계약하시더라도 개의치 마시고 궁금한 사항이 있으시면 언제든지 편하게 연락 주세요."

주요 기자재를 확정한 후

도영으로부터 다복일렉과의 미팅 이야기를 전해 들은 수호와 선영도 긍정적인 반응이었다. 내심 다복일렉으로 마음을 정한 도영은 조금은 더 편한 마음으로 두 번째 미팅을 할 수 있었다. 첫 만남이 지난 며칠 후 도영은 다시 다복일렉을 찾았다.

"아, 황 사장님, 날도 더운데 오시느라 고생하셨어요."

"네, 남 소장님, 불쑥 죄송합니다. 마침 지나가는 길에 사무실 계신다고 해서 잠시 들렀습니다. 지난번에 기자재 문의 주신 것도 있고 해서…… 직접 설명 듣고 정하는 게 더 나을 것 같아서 왔어요."

"아유, 그럼요. 잘 오셨어요. 아이스커피 괜찮으세요? 좀 달 수도 있어요."

"하하, 달달한 거 좋아합니다."

"날씨가 많이 더워졌죠?"

"네, 이제 곧 장마가 오겠어요. 장마 때는 공사하시는 입장에서는 힘드시죠?"

"아무래도 비가 좀 많이 오면 공사를 잠시 중단하긴 해야 해요. 특히 시멘트 양생할 때는 맑은 날을 잘 골라서 하는 게 좋고, 일정 맞춘다고 무리하게 공사하다가 나중에 더 곤란해지니까요."

"네, 저희는 그렇게 무리하게 시공은 안 했으면 좋겠어요. 일정보다는 튼튼하고 오래가게 지어주시면 좋겠습니다."

"물론이죠. 하하하. 오늘 오신 건 지난번 전화로 말씀드렸던 모듈, 인버터 선정 때문이죠?"

"네, 보내주신 견적서에 보면 모듈은 국내산 제품이고 인버터는 KS인증 50kW 2식이라고 되어 있더라고요. 사실 제가 모듈, 인버터에 대한 지식이 부족해서 뭘 기준으로 선정해야 하는지를 잘 몰라서요."

"네, 그러실 수 있죠."

"모듈은 그냥 국내산으로 하면 좋은 건가요?"

"아닙니다. 전 세계 상위 10위권 회사 대부분은 중국의 모듈 제조사예요. 그런데 우리나라는 사업주분들이 국산 모듈을 선호하는 분위기가 아무래도 있다 보니 국산 모듈이라고 제안드린 거죠."

"아……. 그러면 국산 모듈이라고 더 좋은 건 아닌가 보죠?"

"품질 차이는 별로 없다고 보시면 되요. 다만 정부에서 태양광 친환경성을 강화한다고 탄소검증제라는 것을 만들어서 탄소인증등급 1등급을 사용하면 입찰 시 배점을 잘 받으니까 국산 모듈을 쓰시기도 해요."

"국산 모듈이 중국산보다는 비싼가요?"

"그럼요, 아무래도 국산이다 보니까……."

다른 회사 견적서에는 모듈 금액 얼마라고만 되어 있었지, 탄소 인증등급은 언급되어 있지 않았다. 시공비 차이가 있던 이유가 또 있었던 것이다.

"그럼 인버터 고를 때는 어떤 기준이 중요한가요?"

"인버터는 모듈처럼 등급제로 구분되어 있지는 않지만, 그래도 KS인증 제품을 써야 해요. 제조국이 국산이냐, 유럽이냐, 중국이냐에 따라 가격도 다르고 A/S도 다르고요."

"A/S요? 인버터가 A/S가 필요한가요?"

"인버터 효율같은 성능도 중요하지만 A/S가 잘되는지도 매우 중요해요. 사장님 생각해보세요. 100kW 발전소 짓는 데 500W짜리 모듈 몇 장이 설치될까요? 200장 설치되죠? 인버터를 50kW짜리 딱 두 대 설치한다고 하면 인버터 한 대에 모듈 절반이 전부 연결되는데, 그게 고장 나면 모듈들이 한꺼번에 노는 거예요. 발전량도 절반으로 떨어지고요. 모듈 한 장 고장 나는 거랑은 차원이 다른 얘기예요."

"생각해보니 소장님 말씀이 맞네요. 견적서를 보면 모듈 금액이 제일 크고 인버터는 모듈 금액 대비 얼마 안 해서 별로 중요하단 생각을 못 했어요."

"대부분 그러세요. 사실 인버터가 가장 중요한데도요. 그리고 구성 면에서도 모듈은 셀이라고 불리는 반도체 부품을 통해 태양빛을 전기로 변환하는 비교적 정적인 작동 원리인 반면에, 인버터는 전기 장비거든요. 안에 퓨즈도 있고, 케이블도 있고, 열을 빼는 팬도 있고……. 사장님 집에 있는 PC 생각해보시면 되요. PC를 20년 동안 매일매일 10시간씩 돌린다고 생각해보세요. 아무리 조심해서 써도 고장 날 수 있잖아요?"

"아…… 인버터라는 게 고장 날 확률이 분명히 있겠네요. 그럼, 인버터는 고장 나면 어떻게 해야 하나요?"

"그래서 제품 보증 기간도 중요하고, 보증수리나 유상수리 체계도 상당히 중요한 게 인버터에요. 모듈은 대부분 20년이다, 25년이다 어떤 제품은 30년까지도 보증을 하는데, 인버터는 제품마다 천차만별이에요. 5년 보증하는 제품도 있고, 10년 제품도 있고요. KS 인증 제품이라고 해도, 회사마다 제품에 따른 정책이 다르기 때문에 결국은 잘 보고 선택하시는 방법밖에 없어요."

"그럼 어떤 게 좋은지 소장님께서 추천 좀 해주시면 안 될까요? 전 정말 하나도 모르겠네요."

"저희가 많이 써보고 사업주분들 평이 좋은 제품들 중에서 국산 제품 하나, 중국산 제품 하나 해서 두 가지로 견적 드려볼게요. 한번 보시고 검토해보세요."

"말씀만 들어도 국산은 가격이 비싼 대신 품질 보증이나 AS가

확실할 것 같고, 중국산은 반대겠네요?"

"엄격하게 말씀드리면 꼭 그렇지도 않아요. 요즘 글로벌 시장에서의 시장 점유율은 중국산이 훨씬 높으니까요. 중국산을 사용하는 것에 대해 비판하시는 목소리도 있지만, 결국 최종 결정은 사업주께 달렸죠."

"하긴 누가 그러더라고요. 사람들이 최고로 쳐주는 핸드폰도 사실 중국에서 만든다고요."

시공 계약서 날인을 하고

삼남매는 다복일렉과 시공 계약을 체결하기로 최종 결정했다. 몇 차례 남 소장을 만나면서 도영은 신뢰가 쌓였고, 과정을 전해 들은 수호와 선영도 동의했다. 무엇보다 공사를 시작하면서 필요한 자금 부담을 덜 수 있다는 점이 큰 장점이었다.

도영은 다복일렉으로부터 이메일로 받은 계약서 초안을 열어보았다. 처음 몇 장은 이해가 되었으나 생소한 단어가 많았다. 사내 법무팀에 의뢰할까도 생각했지만 친한 사람도 없고, 개인적인 일을 부탁한다는 것이 아무래도 엄두가 나지 않았다. 대신 도영은 선영에게 도움을 요청했다. 선영은 직업 특성상 인맥도 넓을 테고, 뭔가 실마리를 제공해줄 수 있을 것이라고 믿었기 때문이었다. 도영의 도움 요청을 받은 선영은 다시 건설 분야를 전문으로 하는 친한 선배 기자에게 부탁했다.

“이런 건 변호사가 봐주면 제일 좋긴 하지. 아, 참. 얼마 전에 취재하다가 만난 변호사가 한 명 있긴 하다. 잘됐다. 친절하게 잘하는지는 모르겠는데 그 사람 한번 만나봐라.”

“응? 잘 모른다며?”

“키 크고 잘생긴 미혼이거든.”

”선배!”

“왜? 뭐, 어때?”

“고맙다고. 흐흐흐.”

선영은 선배를 통해 받은 연락처로 문자를 보내 약속을 잡았다. 그리고 약속한 시간에 서초동의 법무법인을 찾아갔다. 안내데스크에 이야기를 하자 접견실에서 잠시 기다려 달라는 답이 돌아왔다. 10분 정도를 기다렸을까. 선영은 안내 데스크 직원을 따라 변호사의 방으로 향했다.

‘보통은 회의실에서 보지 않나? 아니, 그러고 보니 보통은 변호사가 의뢰인을 찾아오는 게 맞는 거 아냐?’

살짝 불편한 기분을 안고 찾아간 방문 앞에는 명패가 붙어 있었다.

변호사 오세영

‘풉. 이름이 이게 뭐야. 뭐, 호는 ‘어서’인가? 어서 오세영?’

노크를 하고 들어선 오세영 변호사의 방은 작기도 작았지만 여기저기 문서 더미 때문에 더욱 산만해 보였다. 오 변호사는 성큼성큼 들어와 우뚝 서서 자신을 바라보는 선영을 흘끗 보고는 시선을 다시 모니터로 옮기고 차갑게 말했다.

“어서 오세요. 앉으시죠.”

오 변호사의 첫인상은 별로 좋진 않았다. 얼굴은 뽀얗고 반반하게 생기긴 했는데, 약간 차가운 인상이었다. 머리는 덥수룩한 데다 넥타이도 메고 있지 않았다. 선영은 도무지 호감이 가지 않았다. 잠시 후 오 변호사가 일어나 안경을 벗고는 맞은편 자리에 앉더니 명함을 건넸다.

“오세영입니다.”

‘뭐야, 이 사람 키도 크고 손도 크네?’

명함을 건네받은 선영은 자신의 명함도 꺼내 건넸다. 명함을 받은 오 변호사는 선영과 눈도 마주치지 않았다. 뭔가 바쁜 일이 있는 듯 보였다.

“바쁘신 것 같으니 용건만 좀 말씀드릴게요.”

“네 그래 주시면 고맙겠습니다.”

순간 속에서 욱하고 무언가 올라오는 것을 억지로 내리누르며 선영은 빠르게 용건을 전달했다. 그리고 가지고 온 USB를 건넸다.

“이게 그 말씀드린 계약서 초안이고요, 시공사 쪽에서 작성한 계약서예요. 저희가 시공을 발주하는 게 처음이다 보니 용어들도 낯설고, 저희 쪽에 불리한 게 있는 건지 없는 건지도 잘 모르겠고요."

"네."

오 변호사는 무심하게 USB를 받더니 주변을 두리번거리다 책상에 올려두고는 다시 책상 앞에 앉아 모니터를 바라보았다. 아예 파일을 볼 생각도 안 하는 것 같았다. 선영은 잠자코 기다렸지만 오 변호사는 아무 말이 없었다.

"저…… 변호사님?"

"네? 네. 제가 한번 보고 나서 연락드리는 게 어떨까요?"

"네?"

"지금은 좀…… 당장은 안 될 것 같으니 나중에 시간 날 때 보고 연락드릴게요."

"아…… 네……."

초면에 화를 낼 수는 없고, 간신히 표정 관리를 하고 방을 나오자마자 두 손으로 머리를 부여잡았다.

"아…… 괜히 변호사까지…… 저런 사람들한텐 이런 일은 허드렛일 수준일 텐데…… 오바했네, 오바했어."

이상한 의뢰를 맡긴 날이 얼마 지나지 않아 오 변호사에게 문자가 왔다. 메일을 보냈다는 것이다. 메일을 확인해보니 제목이 '표준 계약서 참고 자료'였다. 내용은 '공부하신 후에 연락 바랍니다.'가 전부였다. 첨부 파일을 확인해보니 '1. 태양광 발전 사업설비공사 도급계약서(안)' 등등 5건의 문서였다.

선영은 하도 기가 차고 어이가 없기도 했지만 순간 오기가 생겼다.

'사무실에 앉아서 돈도 많이 벌고 키도 크고 얼굴도 잘생겼다 이거지? 네가 그 말로만 듣던 엄친아냐?'

선영은 기자라는 직업과 현재 자신의 성취에 나름대로의 자신감과 자부심이 있었다. 내가 누구냐, 기자 초년 시절에 알려주는 선배 하나 없었다, 여기저기 좌충우돌, 밤샘을 몇 달씩하며 쌓아온 내공, 등등 선영의 머릿속에 이 희멀건 엄친아 콧대를 눌러주자는 오기가 발동했다.

한 주 동안 업무를 전폐하다시피 하여 다복일렉에서 작성한 계약서 초안과 '표준 계약서' 사이의 차이를 정리했다. 두 개의 계약서를 여러 번 다시 읽은 선영은 결국 계약서의 핵심 사항이라고 할 수 있는 부분을 정리할 수 있었다.

- 업무의 범위
- 계약서에서 말하는 '준공'의 정의
- 시공사가 발주자에게 제출해야 하는 서류
- 선급금, 계약이행, 하자보증 등 각종 보증의 제공 방법
- 발주자가 대금지급을 하게 되는 조건
- 공사의 지체 시 지체상금의 정의와 산정식

- 하자보수의 책임 기간
- 계약의 해제, 해지 조건

……

각 항목별로 표준계약서의 내용과 다복일렉 계약서 내용을 나란히 대조해 정리하고, 그 옆에는 내용의 차이에 대한 선영의 의견과 변호사에게 묻는 질문 등으로 각 줄을 정리하였다. 다 완성하고 다시 읽어보니 분량이 상당하기도 했지만 나름 정곡을 찌르듯 질문이 날카로운 느낌이 들었다. 이 정도면 그 변호사도 '정말 놀랍네요.' 정도까진 아니겠지만, '까불지 마라' 정도의 감상은 할 듯 보였다.

새벽에 보낸 메일에 대한 반응은 그날 저녁 바로 받을 수 있었다. 오 변호사에게 문자가 온 것이다.

[오세영] 공부 열심히 하셨네요? 내일 오후에 시간 될까요?

[황선영] 네 괜찮습니다. 내일 2시 저희 신문사 1층 카페에서 보시죠. 그런데 수임료는 어떻게 되나요?

[오세영] 수임료요?

[황선영] 네. 아는 분께 소개받았어도 수임료는 지불해드려야 할 것 같아서요.

오 변호사의 회신이 잠시 주춤했다. 예상 못 했던 질문인가?

그냥 해줄 수도 있는데 내가 괜히 말을 꺼냈나? 선영이 전화기를 내려놓고 잠시 다른 일을 보는 사이 다시 문자 수신 알람이 울렸다.

[오세영] 변호사 자문료는 기본적으로 시간 차지입니다. 시간당 비용으로 청구된다는 의미고요. 그냥 해드리고도 싶지만 부탁받은 일을 '그냥' 다 들어주면 제가 일을 못 하거든요. 먼저 이야기 꺼내주셔서 감사합니다. 자세한 이야기는 만나서 말씀드리겠습니다. 내일 뵙겠습니다.

선영은 문자를 보며 혼잣말을 내뱉었다.

"그러실 줄 알았습니다. 엄친아님."

***

다시 만난 오 변호사는 지난번과는 다르게 환하게 웃으면서 선영을 맞이했다. 머리도 단정했고 넥타이 정장 차림에 안경도 쓰지 않은 데다 기분 좋은 향수 냄새까지 나는 것 같았다. 갑작스러운 태도 변화에 선영은 살짝 당황했다.

'이게 전투복장이라 이건가?'

"기자님이셨죠?"

"네."

"역시 내공이 상당하시네요. 이렇게 깔끔하고 날카롭게 비교하고 정리하실 줄은 몰랐습니다. 정말 놀랐어요."

"공부하라면서요."

오 변호사의 외모 변화와 난데없는 칭찬 세례가 영업 모드인 것을 알고 있음에도 선영은 어깨를 으쓱했다. 기분이 나쁘지는 않았다. 그러고 다시 보니 오 변호사가 차가운 안경테 너머로 눈을 빛내며 한 채 기분 좋은 일이라도 있는 듯 흐뭇한 미소를 보내고 있었다.

"정리 너무 잘하셨어요. 공사도급계약서는 하나하나 따지자면 끝도 없고, 어차피 업체에서 준 것도 그동안 사용된 계약서라서 무난한 내용으로 보여요. 다만 몇 가지 조항만 살펴보면 될 것 같아요. 여기 제가 코멘트 단 게 있으니까 이걸 보면서 설명해드릴게요. 앞서 말씀드렸지만, 중요한 것만 짚었어요. 그래야 효율적으로, 빨리 진도를 나갈 수 있으니까요."

"아, 그렇죠. 시급이었죠?"

"네? 시급이요?"

"시간당 비용이라면서요?"

"아, 네, 네. 시급 맞네요. 하하하. 아무래도 계약서 보는 시간은 줄이는 게 좋겠죠."

그렇게 선영과 오 변호사의 미팅이 시작되었고, 이미 표준계약서를 꼼꼼히 학습한 선영은 오 변호사의 코멘트를 어렵지 않게 이해할 수 있었다. 몇 가지 사항을 정리해서 시공사 측에 수정 반영을 요청하기로 했다.

그 후에 시공사에서 의견이 올 때마다 선영과 오 변호사는 계속 의견을 공유했다. 메일이 수차례 왔다 갔다 했고, 둘이 대면 미팅을 진지하게 한 것도 세 차례 이상이 되었다. 만나고 나면 '이메일로 해도 됐을 법한데?' 싶은 미팅도 있었지만, 선영은 오 변호사가 하자는 대로 할 수밖에 없었다.

마침내 시공사와도 계약 내용을 최종 합의하고 서명할 계약서가 완성되자 서류를 정리하며 선영이 말을 꺼냈다.

"그동안 감사했어요. 계약서도 정리되었으니 제가 식사라도 모실게요. 어떤 음식 좋아하세요?"

"음…… 식사도 좋긴 한데, 우리 시작할 때, 시급으로 처리하기로 하지 않았나요?"

"네?"

"계약서 검토하고 이메일 교환한 시간, 대면 미팅한 시간까지 하면 한 50시간 정도 될 거예요."

"시급은, 아니, 페이는, 아니, 그러니까…… 그, 비용은 그러면 시간당 얼마 정도인가요?"

"저 비쌉니다. 시간당 500이에요."

"뭐라고요?"

"아, 곤란하시면 뭐…… 일대일 교환은 어떠세요? 대면 상담 열 번 해주시는 걸로."

"네? 제가 상담을 해준다고요? 무슨 상담이요?"

어이없다는 표정으로 바라보는 선영에게 오 변호사는 시원한 미소를 보냈다. 그동안 봤던 표정이 아니었다. 선영은 순간적으로 생각했다. 이건 희롱이다. 기분이 나빠야 하고 따져 물어야 한다. 하지만 입이 열리지 않았다. '어어…….' 하는 순간 드는 생각은 하나뿐이었다. 이 사람 뭐야. 귀엽잖아.

전력수급계약 신청

다복일렉과 계약을 마치자 일의 진행은 일사천리였다. 도영은 남 소장이 보낸 메일을 확인했다.

[제목] 전력수급계약신청 서류

황도영 사장님, 안녕하세요? 다복일렉 남성식입니다. 전력수급계약에 필요한 서류를 첨부해드립니다. 확인하신 후에 한전에 접수하시기 바랍니다. 필요하시면 저희가 접수를 대신 해드릴 수도 있습니다.

다음에 뭘 해야 하지 크게 걱정할 필요도 없고 남 소장이 알아서 척척 진도를 빼주는 것 같아 안심이 되었다. 첨부 서류들은 전력수급계약 신청서 외에도 모듈과 인버터의 시험성적서, 단선결선도 등 기타 도면과 같은 기술자료들이 포함되어 있어서 도영이 모두 이해하기는 어려웠다. 전력수급계약도 다복일렉에 위임할까 하다가 도영은 직접 한전 찾아가 접수해보기로 하였다. 혹시라도 잘 진행이 되지 않으면 다복일렉 쪽에서 도움을 받으면 된다고 생각하니 마음이 놓였다.

"안녕하세요? 태양광 발전소 건설 때문에 왔습니다. 개발행위 허가는 받았고, 전력수급계약을 해야 한다고 해서요."

한전 태양지사 고객지원팀을 찾은 도영은 담당 직원에게 전력수급계약에 대한 안내를 받았다. 전력수급계약이란 태양광 발전소에서 발전하는 전력을 한전이 구매해주겠다는 약속이고, 발전사업자와 한전 사이에 체결하는 매우 중요한 계약이었다.

한전 안내와 다복일렉의 도움으로 신청서와 사업자등록증, 설계도면 등 필요 서류를 접수한 도영은 1주일 후 한전으로부터 문자를 받았다.

> 귀하께서 신청하신 접수번호123456은 선로용량에 여유가 있어 연계가 가능합니다. 접속협의 및 고객부담금 납부 후 접속공사를 진행하오니 참조하시기 바랍니다.(담당자: 김경수 041-123-4567)

다행이었다. 일전에 방문했을 때 800kW 용량만 남아 있었다고 해서 가슴을 졸였는데, 다행히 연계가 아직 가능했다.

–오빠 너무 잘됐다. 이제 어려운 일 없이 술술 풀리는데? 너무 다행이야. 그동안 사람들 만나서 푸는 거 너무 어려웠잖아, 그치?

"그런데 은서야."

–응, 오빠.

"요새 이 근처 자주 다시 찾게 되서 그런지 주변 길도 익숙해지고 길가 풍경도 낯설지가 않더라? 앞으로 20년 넘게 다시 다닐 거라고 생각하니 기분이 묘해. 주변 분들도 계속 뵐 분들이라고 생각하면 만나서 이야기 나누는 게 전처럼 무섭지가 않네. 뭔가 마음이 편해진 것 같아……. 은서야?"

–응, 미안, 아니야. 다행이다. 조심해서 올라와. 안 자고 기다리고 있을게. 사랑해요."

통화를 마친 은서는 도영이 기원의 집에서 가져다놓은 가족사진을 바라보았다. 한날한시 다 같은 장소에서 찍은 사진이 아니라, 젊은 기원의 빛바랜 사진 위로 수호, 선영, 도영의 증명사진이 각각의 액자 모서리에 꽂혀 있는 누더기 가족사진이었다. 은서는 도영과 통화하며 남은 한구석에 자신과 아이의 사진을 예쁘게 오려 꽂아두고 있던 참이었다.

ABOUT 시공사 계약서의 핵심 항목

오 변호사와 선영의 첫 만남에서 묘한 긴장감이 흘렀습니다. 오 변호사는 선영에게 어려운 숙제를 냈고, 선영은 보란 듯이 오 변호사에게 회신을 보냈네요. 둘 사이는 앞으로 어떻게 진행될까요?
선영은 계약서의 핵심 사항을 하나하나씩 정리하고 표준계약서와 다복일렉의 계약서 초안을 비교했어요. 선영이 이해한 계약서 핵심 항목을 한번 살펴볼까요?

사공사 계약서의 핵심 사항

업무의 범위

시공사의 업무의 범위를 명확하게 정의해야 해요. 시공이라고 하면 보통 공사만 생각할 수 있지만 공사에 따른 여러 인허가 업무, 예를 들어 공사계획신고, 사용전검사, 사업개시신고 등도 시공사의 업무 범위로 명확하게 해두는 게 좋아요. 이 외에도 시공민원의 처리, 사용자 교육 등도 포함시킬 수 있어요.

계약서에서 말하는 '준공'이라는 명확한 정의

공사가 완료되어 전력을 판매할 수 있는 상태(사용전검사 완료)까지를 준공으로 볼 수도 있지만 공급인증서 발급대상 설비확인이나 개발행위 준공(개발행위허가대로 공사가 되었는지 지자체에서 확인 후 준공 처리하는 것)을 포함할 수 있는데, 시공사와 협의해야 해요.

시공사가 발주자에게 제출해야 하는 서류

시공 전에는 설계도면, 일정 등을 포함하는 시공계획서가 필요하고, 시공 후에는 준

공도면, 사용자매뉴얼, 설치제품 인증서 등을 시공사로부터 받아야 해요

선급금, 계약이행, 하자보증 등 각종 보증의 제공 방법

대금이 지급되고 난 후 계약 불이행에 따른 환급에 대한 보증 사항으로 현금 예치나 보증증서로 받을 수 있는데, 보통 보증보험을 통한 보증증서로 받아요. 선급금, 계약이행, 하자보증에 대해 각각 몇%로 받는지 정해야 해요. 다만 선시공의 경우 증권 발행을 생략하기도 해요.

발주자가 대금지급을 하게 되는 조건

계약금은 계약시, 마지막 잔금은 준공시에 지급하지만 그 중간에도 기성대금이 있어요. 기성대금은 발전소의 공사 진척도에 따라 지급하는 대금으로 발전소의 규모에 따라 한 차례 혹은 여러 차례로 나누어 지급할 수 있고, 기성을 측정하는 방법에 대해 시공사와 합의해야 해요. 예를 들어 모듈이 현장에 입고되었을 때 얼마, 모듈까지 설치가 완료되었을 때 얼마(기계적 준공) 등 이런 식으로 나눌 수 있어요.

공사의 지체 시 지체상금의 정의

공사의 준공일을 정하고, 준공일을 지체하였을 때 지체상금율을 얼마로 할지 시공사와 합의해야 해요. 국가 계약법상 1일 지체당 5/1000으로 정하고 있으니 참고하세요.

하자보수의 책임 기간

무상하자보수기간을 1년으로 할지 3년으로 할지 정하고, 그 기간만큼 하자보증증권을 받아야 해요.

계약의 해제, 해지 조건

'해제'는 계약 자체를 없던 것으로 하는 것이고, '해지'는 해지된 이후부터만 효력이 없어지는 거예요. 보통 계약에서는 해제 조건이 들어가는데 발주자와 시공사 각각이 해제할 수 있는 상황이 나열되는데, 더 이상 계약상으로 시공사를 관리할 수 없을 때 해제를 하기 위해서는 명확한 해제 항목이 정의되어 있어야 해요.

다복일렉을 시공사로 정한 삼남매. 시공사의 업무범위는 보통 설계(Engineering), 구매(Procurement), 시공(Construction)이라고 해서 앞글자만 따서 EPC라고 하고 시공사를 EPC사라고도 해요. 태양광 발전소의 설계는 어떻게 하는 건지 다음 에피소드를 살펴볼까요?

설계도뿐 아니라 현장도 확인하다

백문이 불여일견, 운영 중인 발전소를 방문하다

–황 기자님! 첫 번째 상담 의뢰를 드릴까 해서 전화 드렸습니다.

"의뢰요?"

–네, 상담 의뢰 열 번 받아주시기로 하셨잖아요.

그보다 더 사무적일 수 없을 것 같은 오 변호사의 목소리였지만, 선영은 괜히 설레었다. '바보 같아.' 하고 생각하며 선영은 잠시 헛기침으로 목소리를 가다듬었다.

"흠, 흠. 그래서 그 상담 의뢰는 어떤 거죠?"

–저 태양광 발전소 구경 좀 시켜주세요.

"네?"

–계약서 보다 보니 저도 관심이 생겨서요.

"아…… 하지만 저도 사실…… 발전소 실제로 본 적이 없는데요?"

–괜찮습니다. 다복일렉 남 소장님께서 안내해주신다네요.

이러면 누가 구경을 시켜주는 거야. 당황하여 그러겠다고 웅얼거리며 전화를 끊은 자신이 정말 바보 같다고 생각하는 동안 카톡이 울렸다. 오 변호사가 약속 장소를 보내준 것이었다. 시간은 이번 주 일요일 아침이었다.

***

오 변호사가 알려준 장소로 도착하니 그가 차에서 내리는 모습이 보였다.

"황 기자님!"

짙은 감색 폴로셔츠에 하얀색 면바지를 입고 스니커즈를 신은 오 변호사의 모습은 그동안 계약서를 상담하면서 보았던 말끔한 슈트 차림일 때와 달리 좀 더 편해 보였다. 선영이 오 변호사의 차에 타자 그가 대뜸 커피를 권했다.

"커피 드세요. 티슈는 여기 있고요."

"이른 시간인데 문을 연 카페가 있었어요?"

"어제 밤늦게 커피 생각이 나서 주문하는 김에 몇 개 더 했어요. 요샌 전문점에서도 캔으로 포장해주거든요. 남는 거예요."

"아하…… 한밤중에 커피를요? 그래요?"

앞좌석 컵홀더에 고급스러운 포장의 커피 캔 두 개가 나란히 놓여 있었다. 캔 포장에는 '더블샷 IA'라는 글씨가 쓰여 있었다. 만날 때마다 늘 더블샷 아이스아메리카노를 주문했던 걸 그가 기억한 건지 선영은 알 수 없었다. 커피는 어젯밤 내렸다기에는 이상하게 신선했고 얼음도 그대로였다. 선영은 이런 오 변호사의 모습이 약간 얼떨떨했다.

"그런데 갑자기 발전소를 가보신다고요?"

"말씀드렸잖아요? 계약서 검토하다 보니까 실제 발전소를 보고 싶어서."

"그래서 남 소장님한테 따로 연락도 하시고요?"

"아, 그거요. 아…… 음, 남 소장님이 먼저 부탁하시더라고요. 한번 보러 오라고요. 계약서 왔다 갔다 하면서 연락했으니 남 소장님하고도 모르는 사이도 아니잖아요?"

"네, 네, 남 소장님이 먼저, 부탁을, 하셨군요? 좋아요. 그럼 어디 있는 발전소로 가는 거예요?"

"멀진 않아요. 일단 안전벨트부터 매시죠. 출발하겠습니다."

차 창문 밖에는 늦여름의 아늑한 풍경이 지나가고, 살짝 창문을 내려보니 더위도 한풀 꺾였는지 시원한 바람이 들어왔다. 매일 출장에, 야근에 일에 메여 지냈던 선영은 열린 창으로 들어오는 바람과 햇살에 설레고 들뜨는 기분이 들었다.

"변호사 하신 지는 오래되셨어요?"

창밖을 바라보던 선영이 먼저 말을 꺼냈다.

"음…… 올해로 이제 딱 10년 차네요. 로스쿨 졸업하고 바로 시작했으니까요."

"그럼 나이가 꽤 되시겠어요?"

"에이 설마요. 아직 마흔도 안 됐는걸요."

“마흔이면 할아버지고요.”

“아휴, 무슨 말씀이세요, 백세 시대에? 마흔은 한창 젊을 때죠. 기자시라면서 세상 물정이 약하신가 보네요.”

“네, 제가 좀 순수해요. 할아버지.”

“아니, 마흔도 안 되었다니까요? 그리고 사람들이 결혼도 늦고 그래서 나이 감각이 달라졌다고요. 애 낳기 전엔 다 애들이라는 말도 모르세요?”

“어머, 그 연세에 아직 결혼도 못 하셨어요?”

“네! 못 했습니다. 아, 아니, 안 했습니다!”

“여친분이 대단하시네요. 그 연세까지도 기다려주시고요.”

“하아…… 여친이라뇨. 그런 건 저한텐 전설 속의 생물입니다.”

“하하하, 놀려서 죄송해요. 누가 봐도 좋은 신랑감이라고 할 텐데, 그렇게 말씀하시니까 좀 심술이 났나 봐요.”

“뭐, 주변에서 뭐라고들 하시긴 하죠. 그동안 일하면서 바쁘게 지냈거든요. 정말 앞만 보고 달린 것 같아요. 밤늦게까지 사무실에 있다가 겨우 퇴근해서 쓰러지다시피 잠들고, 또 다시 아침이 되면 사무실에 출근해서 증거 보고, 변론 검토하고, 준비서면 쓰고……. 그랬더니 어느새 10년 근속이라고 상 주더라고요. 그거 받아 들고 좀 허탈했죠.”

선영도 마찬가지였다. 대학 졸업하자마자 바로 취직한 신문사에서 일을 배웠다. 남들보다 일 욕심이 많아서이기도 했지만, 신문사 규모도 크지 않았기 때문에 선영이 커버해야 하는 영역이 넓었다. 그만큼 새로운 분야가 많았고, 하나의 기사를 쓰기 위해서는 늘 새로운 공부를 해야만 했으니 정시에 퇴근하기가 어려웠다. 대학 재학할 때부터 사귄 남자친구는 훌쩍 유학을 떠나버렸다.

선영에게 남은 건 일에 치여 바쁜 시절 위로가 됐던 남자친구와의 가슴 아픈 추억과 새로운 일거리들밖에 없었다.

"선영 씨도 일만하고 사셨나요? 누가 봐도 좋은…… 아, 죄송해요. 선영 씨라고 해도 될까요?"

"네……."

짧은 대답과 잠시 뜸을 들인 선영이 솔직하게 털어놓았다.

"글쎄요. 변호사님처럼 산 건 아니겠지만, 저도 나름대로 열심히 살긴 했네요. 정신없이 살다가 갑자기 이런저런 일이 생기고, 그러다 보니 요즘은 뭘 위해서 사는 건지 문득 스스로 질문할 때가 자주 생겼어요. 작년에 아빠 갑자기 돌아가시고, 아빠가 발전소를 준비하셨다는 얘기를 들었고, 그러다 연락도 뜸했던 오빠와 동생과 요즘은 발전소 얘기 때문에 자주 만나기도 하고 카톡도 하고 전화도 하고 그래요. 아마 이런 발전소 일이 없었으면 우울증 오지 않았을까 싶기도 해요."

"낮이 있으면 밤이 있고, 또 낮이 오는 거래요. 삶에는 오르막과 내리막이 있어서 힘든 일이 있어도 또 다음을 바라보게 되는 거겠죠?"

"낮과 밤이라. 맞는 말이네요. 그럼 변호사님은 요즘 낮이세요 밤이세요?"

"요새요? 즐거운 새벽을 맞으려고 노력하고 있는 것 같아요. 오늘같이 휴일 날 발전소 구경 가는 것도."

"흠…… 보기보다 노력파시네요? 다 가지고 태어나신 것처럼 보여서 제가 오해했나 봐요."

"네? 제가요? 또 놀리시는 거죠?"

빵을 좀 싸올걸. 선영은 오 변호사의 옆얼굴을 바라보며 생각했다. 간만에 느끼는 휴일의 여유로운 아침이었다.

"거의 다 왔네요."

차는 어느새 좁은 골목길로 들어섰고, 작은 마을을 지나자 연두색 철제 울타리로 둘러싸인 태양광 발전소가 나타났다. 정문 앞에는 차 한 대가 서 있었고, 그 옆에 주차를 하자 남 소장이 내렸다.

"고생하셨습니다. 찾는 데 어렵지는 않으셨죠?"

"네. 한 번에 왔어요. 일요일인데 시간 내주셔서 감사합니다."

"변호사님 부탁인데 일요일이 대순가요."

선영은 그거 보라는 듯 오 변호사를 바라보며 미소 짓자 그는 급히 말을 돌렸다.

"아, 아, 네, 그래도 휴일인데 고마워서 어쩌죠?"

"요즘 저희는 평일, 일요일 이런 게 없어요. 여기 발전소도 내일이 사용전검사 날이라 마지막으로 점검하느라 마침 와봐야 했어요. 변호사님이 발전소 보고 싶으시다길래 서울에서 가깝기도 하고 해서 이쪽으로 와보시라고 했습니다."

"아니, 그게…… 제가 아니라 원래 계약상 업무 범위가 설계, 구매, 시공이잖아요. 그런데 여기 선영 씨, 아니 황 기자님이 내용을 잘 모르실 것 같아서, 그래도 제 클라이언트이신데 내용을 아셔야 될 것 같아서 모시고 왔습니다. 그죠?"

"네, 네. 이유가 뭐든 두 분 잘 오셨어요. 그렇잖아도 기원 1, 2, 3호 발전소 설계도 지금 한창 진행 중이고, 곧 설계 도면을 제출할 예정이에요. 그런데 사실 그 도면이란게 우리 같은 업자들만 알지 일반 사람들은 잘 모르시거든요. 이렇게 발전소를 직접 보면서 설명 들으시면 이해가 쉬울 겁니다."

남 소장은 차에서 주섬주섬 도면 몇 장을 가져와서 차 보닛에 크게 펼쳤다. 남 소장이 보여준 첫 설계도면은 배치도였다. 모듈이 부지에 어떤 형태로 배치가 되는지 보여주는 도면이었고, 허가 과정에서 선영도 여러 번 본 적이 있어서 생소하지는 않았다.

"이게 모듈배치도인데, 이 배치도대로 이 발전소가 건설된 거예요. 도면으로만 보다가 직접 보니까 어때요?"

"이 네모가 여기 있는 모듈들이죠? 생각보다 도면이 어렵지 않은데요?"

선영이 웃으며 모듈 쪽으로 다가가자 오 변호사가 허둥지둥 뒤를 좇았다. 두 사람을 보고 있던 남 소장은 뒷짐을 짓고는 재미있다는 듯 미소를 지었다.

전기를 만드는 설비 이해하기

두 사람 뒤를 따라온 남 소장은 태양광 모듈 판 하나를 손으로 짚으며 설명을 이어 갔다.

"태양광 전기 설계를 이해하시려면 먼저 직병렬 구조부터 시작하셔야 해요."

"직병렬이라 하면 직렬, 병렬을 얘기하는 건가요?"

"네, 변호사님, 그 직렬, 병렬 맞아요. 학교 다닐 때 건전지로 꼬마전구 불 켜는 실험 하셨죠? 건전지를 직렬로 많이 연결할수록 불빛이 밝아지고, 병렬로 연결하면 불빛 세기는 그대로죠. 즉, 직렬로 연결하면 전압이 올라가고, 병렬로 연결하면 전압은 올라가지 않으면서 전류가 늘어나는 거죠."

"태양광 발전소가 꼬마전구 원리로 동작한다고요?"

선영은 고개를 갸웃거리며 남 소장에게 질문했다. 남 소장이 웃으며 답했다.

"이 판을 아까 뭐라고 부르셨죠?"

"모듈이요."

"네 태양광 모듈이죠. 그런데 태양전지라고도 해요. 전지."

"아…… 그러면 이것도 건전지와 같은 개념인 건가요?"

"건전지처럼 미리 저장된 에너지를 내보내는 건 아니지만, 태양빛으로 만들어진 전기를 내보내는 장치니 다 같이 전기를 발생시키는 전지로 보시면 쉬워요."

남 소장은 고개를 숙여 모듈이 설치된 구조물 아래로 들어가며 모듈과 모듈 사이에 연결된 선들을 가리키며 설명을 이어갔다.

"이 태양전지판 하나를 건전지 1개라고 보면, 이 전지판을 −, +, −, + 순으로 여러 장을 직렬로 연결하는 거죠. 이걸 직렬연결이라고 하고, 이 직렬연결을 통해서 특정 전압을 만드는 거예요. 이 전압의 최대치는 인버터에서 허용하는 최대 전압을 넘지 않아야 해요. 이렇게 하나의 인버터에 20장을 직렬로 연결하는 설계를 했다고 하면, 이 설계 형태를 20직렬이라고 부릅니다."

"아, 인버터 특성에 따라서 하나의 직렬에 들어가는 모듈 수가 결정되는 거군요. 그러면 병렬은요?"

"이렇게 하나의 직렬을 20장으로 구성했다면, 다시 여러 개의 직렬들은 병렬로 인버터에 연결합니다. 좀 쉽게 설명해드리면, 이 발전소의 경우도 대략 기원 1,2,3호와 같은 100kW 설비고 500W 모듈 200장으로 구성되어 있어요. 그럼 20장의 모듈을 연결한 직렬은 10개겠지요? 각각 20장으로 엮인 직렬 10개가 병렬 연결로 인버터로 들어가는 거예요.

모듈 뒤편을 열심히 살피던 오 변호사가 남 소장의 설명을 듣다 또다시 질문했다.

"음…… 그런데 아까 태양광 전기 설계가 직병렬부터 시작이라는 말씀은 무슨 뜻이죠?"

"직병렬이 확정되어야 모든 설계가 거기에 맞춰서 이루어지게 되어서 그래요. 직병렬 구성에 따라 모듈 배치, 구조물 지지대 구성, 케이블 굵기 등등에 영향을 미치거든요. 어떤 경우에는 사업부지 모양에 최대 용량이 가능한 직병렬을 구성하려고 모듈과 인버터 사양을 바꾸기도 해요."

"그럼, 여기 달려 있는 박스 같은 건 뭔가요?"

"아, 이게 바로 인버터입니다. 태양전지에서 나와 접속반까지 모이는 전기는 모두 직류인데, 우리가 사용하는 전기는 교류이기 때문에 전력 계통이 받아줄 수 있도록 이 인버터가 직류를 교류로 바꿔주는 거죠. 그 후에는 전체 전기를 끊어줄 수 있는 차단기와 보낸 전력량을 측정할 수 있는 계량기가 달려 있어요."

"그럼 그 뒤로는 저기 저 전주에 연결되는 거군요?"

"네, 저 전주 위의 변압기 보이시죠? 저걸 주상변압기라고 부릅니다. 저기서 발전소에서 나가는 교류 전기의 전압을 계통에 맞게 22.9kV로 승압해서 연결해주죠. 그러면 이 발전소에서 생산된 전력이 필요한 곳으로 보내는 겁니다."

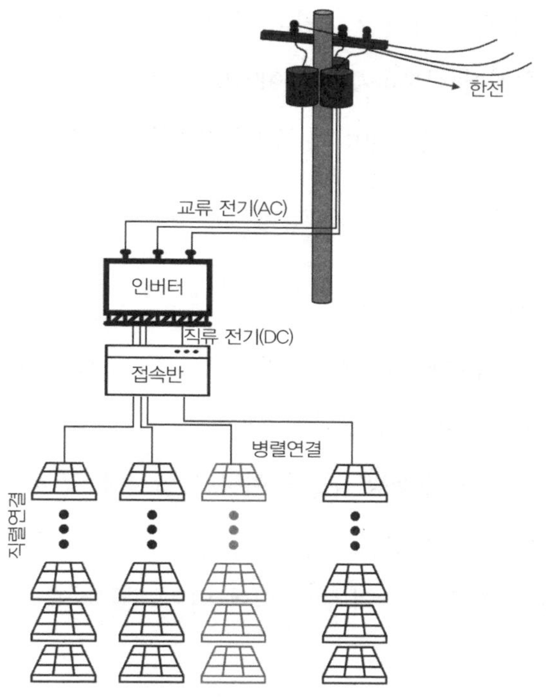

태양광 발전소의 요약 결선도

"오, 신기하기도 하고 재미있기도 하네요. 간단히 정리하면 태양빛으로 전기를 만드는 모듈을, 건전지처럼 연결해서 모은 다음, 전력 계통에 맞게 교류로 바꾸고 전압도 올려서 한전에 파는 거군요?"

"네, 이해가 빠르시네요. 실제는 고려할 사항도 많고 부수적인 장치들도 많지만 핵심만 말하면 그렇습니다."

선영은 쏟아지는 오 변호사의 질문과 남 소장의 친절한 답변을 들으며 잠자코 따라만 다녔다. 오 변호사가 선영 자신이 궁금한 점을 콕 집어 질문하기 때문이기도 했지만, 그가 아이같이 신나 하는 모습을 보는 것이 꽤 즐거웠기 때문이었다.

설비를 지탱하는 구조물

"자, 이제 이걸 좀 볼까요?"

남 소장은 태양광 모듈들을 받치고 있는 철제 구조물을 만지며 다시 설명을 이어 갔다.

"자, 요놈들을 태양광 구조물이라고 합니다. 먼저 태양광 모듈을 몇 장을 어떤 형식으로 올릴 건지 설계를 하고 그에 맞춰서 구조물을 제작해서 이 밑을 땅에 박아 튼튼하게 설치하는 거죠."

"그럼 이게 기성품이 아니라 그때그때 제작한다는 건가요?"

선영이 오 변호사를 돌아보니 입은 질문을 하면서도 손은 어느새 핸드폰을 꺼내 연신 사진을 찍고 메모를 입력하고 있었다. 마치 당장이라도 태양광 발전소를 짓기로 마음먹은 사람처럼 보였다.

"회사마다 자체적인 방식이 있지만 어차피 각 현장 특성에 맞춰서 제작되어야 합니다. 일단 설계할 때는 입사각과 경사각부터 설계를 해요. 태양빛을 최대로 잘 받으려면 태양빛을 수직으로 받아야 하는데, 태양이 계속 움직이니까…… 아, 물론 사실은 움직이는 건 지구긴 하지만요."

"오, 코페르니쿠스!"

"풉."

선영은 뜬금없는 오 변호사의 한마디에 뿜어져 나오는 웃음을 참을 수가 없었다.

"아, 소장님, 죄송해요. 변호사님, 지금 일부러 그러시는 거죠?"

"일부러요? 그럴 리가요."

똑똑하다고 해야 할지 멍청하다고 해야 할지 모를 오 변호사의 행동에 선영은 웃을 수밖에 없었다. 남 소장의 설명이 이어졌다.

"아무튼 태양이 움직이니 그에 맞춰 구조물이 움직이게 하려면 시공비가 많이 올라가니까 최대한 태양빛을 잘 받을 수 있는 최적의 각도를 계산해서 설계에 반영하는 거예요. 태양광 발전소가 설치되는 장소에 따라 그 최적의 각도는 달라지죠."

"그럼 설계 때는 그 각도를 정하는 거고, 거기에 따라서 이 구조물을 맞추나 보죠?"

"각도 정하고, 모듈 몇 장 올릴 건지 정하고 그에 따라 하중계산을 해요. 모듈 하중도 있지만, 순간 돌풍에도 견뎌야 하는 풍하중, 그리고 겨울에 눈이 쌓였을 때는 무게가 더 올라가니 설하중도 계산하고요."

“이야, 보기에는 단순해 보이는데, 이거 하나 만드는 데에도 고려할 게 많네요?”

“그럼요! 이거 하나로 20년 넘게 버텨야 하는데, 바람 불고 비 왔다고 부서지고, 무너지고, 날아가고 하면 큰일 납니다. 주변에도 피해를 줄 수 있어요. 가끔 공사비 낮춘다고 엉망으로 구조물과 토목 작업을 대충하는 경우가 있는데, 그게 사고의 원인입니다. 절대 그렇게 하면 안 돼요.”

“아…… 그래서…….”

선영이 무언가 떠오른 듯이 나지막이 혼잣말을 뱉었다.

“그리고 녹슬어도 안 됩니다. 그래서 겉에 용융아연도금 처리를 하거나 녹이 아예 안 스는 재질을 사용합니다.”

잠시 멍하니 있던 선영이 무심코 몸을 돌렸다. 그 순간 무언가 따뜻하고 푹신한 무언가에 머리가 쿵 부딪혔다.

“윽!”

비명을 지른 것은 선영이 아니라 오 변호사였다. 선영이 몸을 돌리는 쪽에 구조물의 모서리가 있었고 키가 큰 오 변호사가 손을 급히 뻗어서 선영의 머리를 감싼 것이다. 그 덕분에 선영의 머리는 무사했으나 오 변호사의 손이 구조물에 찍혀버렸다. 깜짝 놀란 눈으로 선영이 오 변호사를 바라보며 외치듯 물었다.

“괜찮으세요? 손 많이 안 다치셨어요?”

“아야야…… 선영 씨 머리는, 머리는 괜찮아요? 안 놀랐어요?”

"전 괜찮아요. 변호사님이 막아주셔서……. 정말 괜찮으신 거예요? 죄송해요, 저 때문에."

"아니에요. 선영 씨가 왜요. 이 구조물이 낮아서 그런 거죠. 좀 더 높게 설치하면 좋을 건데요. 아야야……."

"이거 높게 하면 높은 만큼 두꺼워져야 해서 공사비가 엄청나게 올라가요. 모듈 설치하거나 유지보수 할 때도 불편하고요. 이 정도가 딱 좋습니다. 그나저나 손은 정말 괜찮으세요?"

"그럼요. 그냥 살짝 까진 것 같아요. 피도 안 나는데요, 뭐. 계속 둘러보시죠."

발전소의 기반이 되는 토목공사

선영은 부실한 공사가 사고로 이어진다는 남 소장의 말이 계속 마음에 걸렸다. 자신도 공사나 운영 중인 태양광 사고 현장을 눈으로 본 터라 내친 김에 남 소장에게 좀 더 물어보기로 했다.

"지금까지 설명해주신 게 전기, 구조물이네요…… 그럼 토목공사는 어떻게 하는 건가요?"

"우선 부지에 굴곡이 있으면 땅을 깎거나 흙을 쌓아서 평평하게 만드는 작업, 물이 잘 빠질 수 있도록 배수로나 배수관을 적절히 설치하는 작업, 이 두 가지가 태양광 토목공사의 주된 내용이죠. 원래 전답으로 쓰던 부지들은 어느 정도 평탄하기 때문에 물이 잘 빠질 수 있도록 배수 작업이 중요해요."

"사실 지난번에 태양광 발전소 사고를 취재한 적이 있어요. 비탈에 설치한 태양광 발전소였는데 비가 많이 오니까 발전소 밑의 흙이 쓸려 내려갔더라고요. 발전소가 엉망이 된 것도 있지만 쓸려 내려간 흙이 아래 있는 밭을 덮쳐버렸어요. 밑의 밭 주인분들은 농사도 망치고 축사도 무너지고…… 바닥에 주저앉아서 대성통곡을 하시는데 너무 맘이 아프더라고요. 토목이 잘못되면 전기니 구조물을 아무리 잘 해놔도 한순간인 것 같아요."

"정말 그래요. 토목공사는 말 그대로 발전소의 기반이에요. 그런 일이 생기지 않도록 원래는 개발행위허가 때 수량을 잘 계산해서 그걸 충분히 소화할 수 있는 배수 계획을 세우죠. 그대로 시공하지 않으면 준공검사도 통과 안 시켜주고요. 여기 발전소도 보이지만 보통 부지 경계선을 둘러서 배수관을 규격대로 설치하고 물길 방향에 따라서 추가하기도 해요."

남 소장은 두 사람을 발전소를 둘러 설치되어 있는 펜스 쪽으로 안내했다.

"지적 경계에서 3m를 이격하여 태양모듈을 설치합니다. 지적면을 기준으로 경계용 펜스를 설치하고요. 최근 경관 민원이 자주 발생되면서 군청에서 개발행위허가 조건부로 태양모듈을 설치한 곳과 경계 펜스 사이 나무를 심으라고 하는 경우가 있어요. 이런 작업도 모두 토목공사 범위에 해당됩니다."

여전히 전화기에 열심히 메모하고 있는 오 변호사가 남 소장에게 또 질문을 했다.

"그럼 전기, 구조물, 토목 이렇게 세 가지 공사가 태양광 발전소를 만들어내는 거군요. 설계할 때 또 포함되는 사항들이 있을까요?"

"네. 통신이 있어요. 통신선로가 있어야 발전소 모니터링도 할 수 있고, CCTV를 설치해서 원격에서 감시할 수 있습니다. 주로 발전소 보안을 위해 CCTV를 설치하게 되는데 대부분 위치는 인버터나 배전반을 보이는 각도에 설치합니다."

남 소장은 발전소 입구 쪽 전주에 걸려 있는 통신회사 장비를 가리키며 설명을 이었다.

"발전소 준공하시고 나면 실제로 현장에 방문하는 것보다 인터넷 통신을 통한 모니터링 시스템에 접속하여 발전량을 조회하시는 경우가 더 많으실 거예요. 일반적인 통신사를 통해서 인터넷 개통해놓으면 모니터링 회사에서 제공한 솔루션으로 휴대폰에서 발전량을 실시간으로 확인할 수 있어요."

실제 준공을 앞둔 발전소 내를 직접 걸어 다니면서 남 소장으로부터 자세한 설명을 들은 선영은 태양광 '시스템'을 전반적으로 이해할 수 있게 되었다. 사실 공사 부분은 도영에게 맡겨놓은 것과 다르지 않았는데 막상 발전소를 돌아보니 기본적인 이해가 없으면 큰일이었겠다 싶어 약속을 잡아준 오 변호사에게 고마운 마음이 커졌다.

식사를 마치고 서울로 출발한 이후에도 오 변호사는 태양광 발전소에 대한 이런저런 이야기를 계속했다. 선영은 오 변호사의 기분 좋은 목소리를 듣다가 그만 깜빡 잠이 들고 말았다. 문득 정신을 차리고 보니 한 시간은 지난 것 같았다. 선영의 무릎에는 작은 담요가 덮여 있었다.

"아, 죄송해요. 제가 깜빡 졸았나 봐요."

"괜찮습니다. 아침 일찍 출발한 데다 걷기도 하시고, 식사도 하니 졸음이 올만도 하죠."

"변호사님은 안 졸리세요?"

"네, 전 멀쩡합니다."

"참, 아까 전화기에는 뭘 그렇게 열심히 적으신 거예요?"

"아, 사진도 좀 찍고 남 소장님 말씀하신 거 요약을 좀 했어요."

"그래요? 사진 좀 보여주실 수 있어요?"

"사진이요? 네 여기…… 아, 아얏!"

"아니, 손 아직도 아파요? 손 좀 줘보세요."

오 변호사의 손등이 퉁퉁 부어 있었다. 살짝만 건드려도 통증을 느끼는 것을 보니 졸음이 오지 않을 만도 했다.

"아니, 이 손으로 그렇게 열심히 전화기를 두드리신 거예요? 운전도 하시고요?"

"아까는 안 아팠는데……."

"사람이 왜 그렇게 미련하세요!"

"아니, 그…… 그거 사실 선영 씨 드리려고 정리한 거예요. 나중에 도움도 되실 거고, 오빠분이랑 동생분한테 설명도 해드려야 하잖아요……."

오 변호사의 뜻밖의 대답에 선영은 이 미련한 남자를 바라보기만 할뿐 뭐라 할 말이 떠오르지 않았다.

"고맙……네요……."

간신히 입을 연 선영의 얼굴 뒤로 어느새 해가 지고 있었다. 노을이 하늘을 붉게 물들여 가자 오 변호사, 아니 세영을 바라보는 선영의 눈빛도 노을을 따라 붉어지는 듯했다.

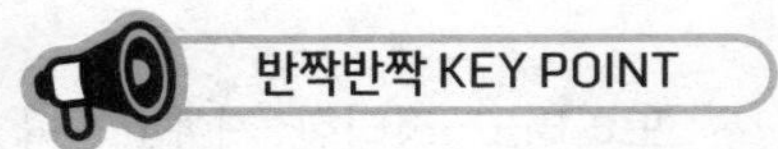

ABOUT 태양광 발전소 설계

선영과 오 변호사의 첫 번째 데이트 장소는 태양광 발전소였네요. 아무튼 이번 에피소드에서 남 소장님으로부터 태양광 발전소의 전기, 구조물, 토목 및 통신에 대한 설계 내용을 들어 봤는데요. 잘 이해가 되셨나요?
좋은 설계란 무엇일까요? 결국 태양광 발전소의 효율을 높이는 설계가 아닐까요? 그렇다면 태양광 발전소의 효율에 대해 조금 더 살펴보겠습니다.

태양광 발전소의 효율

일단 태양광 모듈 효율과 발전소의 효율의 차이에 대해 얘기해볼게요. 모듈 효율은 면적 효율이에요. 즉 동일 면적에서 출력이 어떤지에 대한 것을 효율로 표현한 것이지요. 태양광 모듈 한 장의 출력은 500W, 530W, 550W 등 제품에 따라 다양해요. 그런데 태양광 모듈 한 장의 면적 역시 같지 않아요.
보통 태양광 모듈의 면적을 가로 1m, 세로 2.2m라고 할 때, 면적은 2.2제곱평방미터가 되고(1x2.2=2.2) 모듈의 출력을 W에서 kW 단위로 바꾸면 0.5kW, 0.53kW, 0.55kW가 되는데요, 출력을 면적으로 각각 나누면 22.7%, 24%, 25%가 되는 거죠. 이것을 모듈의 효율이라고 해요.
태양광 발전소의 효율은 일사량 대비 발전량이에요. 같은 일사량에서 높은 발전량이 나올 때 발전소의 효율이 높다고 할 수 있죠. 일사량은 태양에서 나오는 빛에너지의 크기로 보통 일조시간과 혼동하는데, 일조시간은 태양이 비추는 시간이에요. 일사량과 일조시간이 비례하기는 하지만 에너지 양을 얘기할 때는 일사량을 사용한답니다. 태양에서 100이라는 에너지가 발생해도 지구 표면에 도달하는 에너지 양은 대기, 날씨, 위치에 따라 다르답니다. 그렇게 손실을 감하고 도달한 일사량이 또 100% 발전량으로 바뀌는 것은 아니에요. 태양광 모듈에서 빛을 전기로 변환하는 과정에서 또 손실이 있기 때문이죠. 그래서 태양광이 설치된 지점의 일사량계로 측정한 일사량 대비 해당 발전소의 발전량을 계산하면 태양광 발전소의 효율을 알 수 있어요. 보통 80~85%가 될 때 좋은 발전소라고 할 수 있어요.

태양광 발전소의 효율을 높이는 방법

첫째, 최적의 경사각으로 설치하세요. 지구의 자전으로 인해 태양의 위치는 계절과 시간에 따라 변하는데 태양광 모듈에 수직으로 빛이 입사될 때 최고의 효율을 낼 수 있어요. 하지만 태양광 구조물을 추적식으로 설치하지 않는다면 어쩔 수 없이 태양의 위치 변화에 따른 효율의 변화는 피할 수가 없죠.

그럼에도 불구하고 해당 지역의 위도 각도로 설치할 때 보통 평균적으로 최적의 효율을 낼 수 있다고 해요. 예를 들어 적도 지역(위도0도)에는 평평하게 설치하고, 북극(위도90도)으로 갈수록 좀 더 각도를 세워서 설치하는 것이죠.

다만 경사각이 클수록 모듈 가로열 사이 간의 간격을 띄워야 하기 때문에(서로 그림자 간섭이 생겨서) 같은 용량을 설치하기 위해서는 더 많은 면적이 필요하다는 게 단점이랍니다. 따라서 제한된 부지 면적 내에서 최적의 설치 용량을 찾아서 경사각을 적당히 타협할 수밖에 없답니다.

둘째, 남향으로 설치하세요. 앞의 경사각에서 이어지는 얘기예요. 태양은 동쪽에서 뜨고 서쪽에서 지는데 정남향에 있을 때 가장 강하기 때문에 태양광을 정남향으로 설치했을 때 가장 강한 태양빛을 가장 많이 받을 수 있겠죠? 하지만 이 역시 부지의 형태 및 부지의 경사 방향에 따라 설계를 할 때 어느 정도 타협이 필요해요.

셋째, 온도가 낮을수록 좋아요. 앞서 얘기했던 태양광 모듈의 출력이란 대기온도 25도 기준의 출력이에요. 태양광 모듈은 반도체의 특성상 온도가 낮을수록 출력이 더 높아진답니다. 보통 태양이 뜨거울수록 태양광 발전이 잘된다고 생각하기 십상이에요. 하지만 우리가 원하는 것은 뜨거운 태양이 아니라 강한 태양빛일 뿐입니다. 뜨거운 태양은 태양광 발전이 아니라 태양열 발전이 더 어울린다는 것이죠.

태양광 발전소의 온도를 낮추기 위해서 태양광 모듈 밑에 잔디식재를 해서 서늘하게 만들거나, 부지 선정을 할 때 높은 고도 혹은 바람이 잘 드는 위치를 고려하는 것도 중요하답니다.

넷째, 주변 그림자가 없는지 꼭 확인하세요. 일출, 일몰 때에는 태양 고도가 낮기 때문에 동쪽 서쪽 주변의 나무나 산은 음영이 질 수 있어요. 또한 전신주를 태양광 발전소의 남쪽에 설치하면 전신주 그림자가 태양광 발전소에 영향을 미치기도 해요.

다섯째, 모니터링을 통해 장애 시 신속하게 복구하는 거예요. 모니터링을 안 하면 발전을 안 하고 며칠 동안 모르고 지날 수도 있어요. 그로 인한 손실은 그림자나 경사각 등에 의한 손실보다 훨씬 커요. 수시로 모니터링을 해서 모든 인버터가 정상적으로 작동하고 있는지, 혹시 주변 발전소보다 발전량은 떨어지지 않는지 체크해야 해요.

용어로 표현하자면 가동률이라고 해요. 1년 중 정상 운전을 한 비율이죠. 약 97% 수준, 즉 365일X 97% = 354일 이상 운전을 목표로 하는 게 일반적입니다. 단, 비가 와서 운전을 안 한 건 고장 난 게 아니니까 혼동하시면 안 돼요.

설계까지 살펴봤는데, 이제 본격적인 시공의 시작입니다. 보통 태양광 사업에서 시공을 시작한다고 하면 한시름 놓는답니다. 무슨 얘기냐고요? 시공까지 오는 데 너무나 많은 우여곡절이 있어서 시공을 시작하게 된 것만 해도 한숨 돌린다는 얘기죠. 하지만 시공도 그렇게 만만한 일은 아니에요. 자 함께 다음 장으로 넘어가볼까요?

시공 현장을 지척에서 살피다

내 땅에 공사하는데 협의가 필요하다고?

"우와…… 공사계획신고 하는 데 이렇게 서류가 많아요?"

"말이 신고지, 허가에 준할 정도로 서류가 많아요. 사업 계획서, 각종 도면, 구조검토서, 기자재 사양, 감리배치확인서, 공사업체 현황 등 양이 상당하죠."

수호는 신청서에 발전소별로 필요한 날인을 마쳤다. 이제 다복일렉에서 이 서류를 태양군에 접수하면 아마도 태양군에서는 남 소장과 몇 차례 문의하여 서류에 대한 보완 요청을 할 것이라는 설명을 들었다.

공사계획필증이 나올 때까지 시간은 걸리겠지만 날씨가 추워지고 있으니 미리 경계측량을 신청하고 경계를 확정 짓자고 제안했다.

"남 소장님, 아직 공사계획신고필증이 안 나왔는데 경계측량을 해도 되나요?"

"그럼요. 측량은 개발행위허가만 나면 할 수 있어요. 실제로 공사하는 건 아니니까요, 요즘 국토정보공사도 업무가 많이 밀려 있어서 신청해도 현장에 나올 때까지 한 2~3주가 걸려요. 더 추워지면 공사하기도 힘드니까 미리 신청해두는 게 좋을 것 같습니다. 그리고 어차피 경계측량을 해야 사업부지가 최종 확정되고 이 면적으로 나중에 준공처리하여 토지대장에 등록할 수 있으니까요."

"네, 무슨 말씀이신지 알겠습니다. 그렇게 하시죠."

"측량 일정은 측량수수료 입금하는 순서로 확정이 되니까 오늘이라도 입금하겠습니다. 측정 수수료는 대략 발전소별로 100만 원 정도 들 거예요."

공사계획신고가 처리된 것은 약 한 달 뒤였다. 그리고 공사로부터 최종 면적도 통보 받았다. 수호와 남 소장은 현장에서 만나 앞으로의 계획도 이야기하고 착공 준비를 위한 자재 납품일 정도 확인하였다.

"태양군의 공사계획신고도, 측량도 끝났으니 본격적인 공사 시작이네요. 먼저 부지 내부 정지하면서 경계 기준으로 배수로 파고 콘크리트 배수관을 설치하는 걸 제일 먼저 할 겁니다. 부지 정지도 그렇지만 구조물 작업이 시작되면 흙 일부를 파내고 콘크리트를 주입해야 하는데, 그사이에 비가 와서 물이 안 빠지면 공사 일정도 늘어지고 장비 진입도 귀찮아 지거든요."

"그 뒤에는 무슨 작업이 진행되나요?"

"배수로 공사가 끝나면 바로 측량점을 기준으로 울타리를 칠 거예요. 보통 펜스라고 하죠. 앞으로 기자재도 들어오고 보관도 해야 하니 출입문 걸어놓고 창고처럼 쓰는 거예요. 외부에서 함부로 출입 못 하게 하는 용도도 있고요. 도난도 도난이지만 밤에 외부인이 들어왔다 사고라도 나면 골치 아프거든요. 그 정도면 토목공사는 대부분 끝났다고 보시면 됩니다."

"그럼 다음에는 바로 전기공사인가요?"

"하하하, 먼저 모듈부터 얹어야죠. 그러려면 구조물 설치 공사를 먼저 시작하고 구조물 설치가 쭉 진행되면 그 뒤를 따라서 완성된 지지대 위에 모듈은 부착해 나가게 됩니다. 전기공사는 그 다음이에요. 모듈과 모듈 사이, 모듈과 접속반 사이, 인버터, 변압기까지 각각에 맞는 전기 케이블을 연결하고 마지막으로 변압기에서 전주까지 22.9kV 케이블을 접속하면 전기공사가 완료됩니다."

"그러면 공사는 끝나는 건가요?"

"네, 그렇죠."

"의외로 간단한데요? 토목공사하고, 구조물 올려서 모듈 설치한 다음에 각 장비 간 케이블만 연결하면 되는 거네요?"

"하하 그렇게 말씀하시니 정말 간단하게 들리네요. 사실 인허가가 복잡하고 까다로워서 그렇지 막상 공사는 금방이에요. 모듈, 인버터, 수변전 설비 자재만 준비되면 100kW하는 데 한 달도 안 걸리니까요. 하하하."

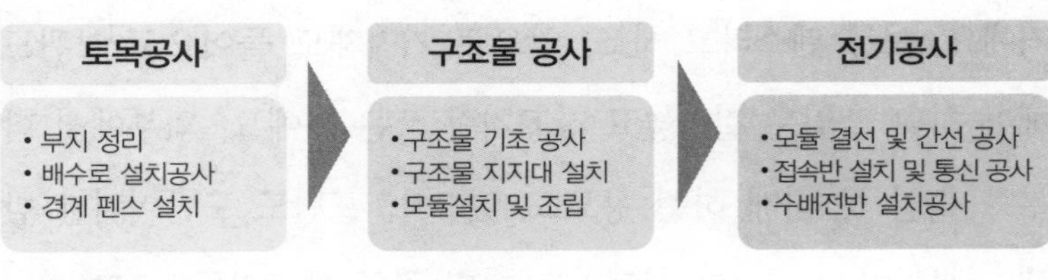
토목공사
• 부지 정리
• 배수로 설치공사
• 경계 펜스 설치
구조물 공사
• 구조물 기초 공사
• 구조물 지지대 설치
• 모듈설치 및 조립
전기공사
• 모듈 결선 및 간선 공사
• 접속반 설치 및 통신 공사
• 수배전반 설치공사

[시공 절차 요약]

내 발전소를 짓는다는 실감

수호는 직장을 다니는 선영과 도영에 비해 시간을 내기가 좀 더 수월해서 공사 현장에 자주 가보고 둘에게 소식을 전해주기로 했다. 처음 공사가 시작된 현장에 도착해보니, 어렸을 때부터 늘 보아 온 이곳이 마치 다른 장소처럼 낯설게 느껴졌다. 현장관리자와 인부들이 끌고 온 듯 보이는 승용차, 승합차, SUV들이 부지 안에 군데군데 주차해 있었고, 현장까지 나 있는 도로는 벌써 흙들로 지저분해져 있었다. 수호는 주차해 있는 차들 사이를 운전해서 최대한 부지 근처까지 가보기로 했다. 하지만 얼마 못 들어가서 안쪽에 포클레인이 보이고, 사람들도 보여 차를 일단 멈춰놓고 걸어가기로 했다.

신고 온 하얀 운동화는 이미 누렇게 흙먼지가 붙었고, 입고 간 면바지도 마찬가지였다. 인부들은 군복바지나 청바지를 입고, 목이 있는 등산화 같은걸 신고 있으니 누가 봐도 수호의 모습은 공사 현장에 오려는 의도는 없는 사람처럼 보였다. 수호는 여기가 자신의 부지임에도 이방인들 사이에서 쭈뼛거릴 수밖에 없었다.

여러 사람이 부산히 움직이고 있었고, 자신이 걸어 다녀도 누구 하나 관심을 가져주는 사람이 없었다.

저쪽에서는 포클레인으로 땅을 파고 있었고, 또 다른 쪽에서는 지게차가 열심히 구조물들을 트럭에서 내리고 있었다. 여성 인부들이 모여서 볼트 너트를 조립하고 있는 모습도 보였다. 확실히 우리나라 사람들보다는 외국인 노동자가 많이 보였다. 여의도에서 넥타이 매고 근무하던 수호에게는 모두 낯선 모습이었다.

어떤 공정으로 어떻게 돌아가는지 묻고 싶은데, 다들 자신의 일들을 하고 있으니, 또 누가 책임자인지도 모르니 쉽게 말을 걸 수도 없었다.

"사장님, 오셨습니까?"

남 소장이었다. 낯설어 보이는 현장에서 익숙한 얼굴을 만나니 무척이나 반가웠다.

"아, 소장님! 안녕하세요? 제가 좀 늦었죠?"

"에이, 사무실에 정해놓고 하는 미팅도 아닌데 상관없습니다. 여기 정신없죠? 일단 이거부터 쓰시고 신발은 저쪽에 있습니다."

남 소장이 건네준 것은 하얀 안전모였다. 그러고 보니 다른 사람들은 모두 머리에 안전모들을 착용하고 있었다. 수호는 약간 어색해하면서 안전모를 머리에 썼다.

"지금 여러 공정을 한꺼번에 진행하고 있어서 좀 복잡해 보이실 거예요. 비가 안 오고 날이 좋을 때 바짝 공정을 빼놔야 전체 일정을 맞출 수 있을 것 같고, 마침 인부들도 모집이 잘돼서 오늘 좀 북적거릴 때 오신 거예요."

"전 이렇게 많은 줄도 모르고 달랑 이거 하나 사 왔네요."

손에 든 비타민 음료수 두 박스가 무색해졌다. 남 소장은 수호의 손에 있는 비닐봉지를 웃으며 건네받았다.

"그냥 오셔도 되는데, 하하. 저쪽에 현장사무실이 있습니다. 그쪽으로 가시죠."

수호는 남 소장을 따라 현장 사무실로 향하면서 자신과 눈이 마주치는 인부들에게는 간단히 목례를 했다. 남 소장을 따라가서 그런지 몰라도 그들도 목례를 했다.

경계가 확정되고 난 이후의 공사는 일사천리로 이루어졌다. 먼저 부지 주변에 펜스를 설치하고, 작은 포클레인과 덤프트럭이 각 한대씩 들어와 높은 쪽의 부지를 퍼내 낮은 쪽으로 옮겼다. 다복일렉은 가격이 상대적으로 높은 만큼 주변의 공사 피해도 최소화하는 등 세심한 노력을 기울였다.

소장님도 헌신적인 모습을 보였다. 아침 인부들의 조회와 현장 일간회의를 일찍 마치면 항상 부지 주변 마을과 진입로 주변에 사시는 어르신들에게 인사를 다녔다. 문제가 있을 때나 없을 때나 항상 주변을 돌아다니며 커피를 마시거나 점심을 먹거나 하면서 얼굴을 트고, 가정 대소사가 있으면 작은 선물이나 생필품을 전달했다.

한번은 부지를 돌아보러 내려온 수호를 진입로 입구 구멍가게 할머님이 불러 세웠다. 그러고는 검은 봉투를 건네시며 말했다.

"쩌그 발전소에 있지? 이거 남 소장네 원진이 주라 혀어."

"네? 원진이가 누구예요."

"아 남 소장 아들내미 모르는 겨? 얼마 전에 학교 가기 싫다고 땡깡 부렸다는디 그기 다 아부지가 집에 없어서 그러는 겨. 요거 내가 양념 잘 무친 돼지고기니께 주말에 모여 고기나 같이하라고 혀. 거 젊은 친구가 맨 집 떠나와 사니 애들하고 제대로 해보지도 못하는 모양이더만. 자네도 사장이라고 남 소장 너무 괴롭히지 말여?"

"제가요? 그리고…… 사장이요?"

수호는 남 소장이 자신을 부르는 사장이라는 호칭을 대수롭게 여기지 않았다. 별달리 대체할 말이 없으니 고객에게 대한 예의 정도라고 생각해 온 것이다. 하지만 이렇게 갑자기, 옆 주민에게 사장이라고 불리니 무언가 낯설었다.

남 소장의 이야기대로 발전소의 공사 진척은 하루가 다르게 진행되었다. 흙을 퍼내고 평탄하게 하는 작업이 끝났다 싶었는데 며칠 걸리지 않아 다짐 작업까지 완료되었다.

평탄작업이 끝나자 금방 펜스가 설치되고 한쪽에서는 플륨관이라고 하는 여러 개의 콘크리트 관을 매설했다. 동시에 부지 한쪽부터 금속 지지대를 조립해 나가자 얼마 지나지 않아 커다란 종이상자 같은 것이 현장에 도착하기 시작했다. 모듈이었다.

사장으로서 현장을 살피다

공사가 진행되는 동안 수호는 기원이 살던 고향집에 한동안 머물렀다. 그래도 매일 아침 일찍 현장에 나가 작업이 시작되는 걸 지켜보는 일과는 빼놓지 않았다. 점심은 남 소장이나 다복일렉의 젊은 직원들과 같이 하는 경우가 많았고, 시간이 나면 마을을 돌며 산책을 하고 사람들을 만나며 한가로운 시간을 보냈다. 오후는 여유가 되면 현장에서 좀 더 시간을 보내거나 집에 돌아와 책을 읽거나 하면서 이런저런 생각으로 보냈다. 수호는 나름대로 평안한 시간을 보냈다. 그간의 복잡했던 직장생활이 마치 먼 옛날처럼 느껴졌다.

그러던 어느 날, 현장에 나가는 아침부터 일이 생겼다. 한동안 연락을 하지 않고 지내던 아내가 울먹이며 다급한 목소리로 연락이 온 것이었다.

–어떻게 해. 애가 어제 집을 나가서 연락이 되질 않아. 어디야?

"난 지금 태양 고향집에 내려와 있어. 민수가 집을 나갔다고? 무슨 일 있었어?"

–애하고 진로 문제로 큰소리가 좀 났는데…… 잠자코 있다가 갑자기 뛰쳐나가더니 어제는 학원도 안 가고 집에 아예 안 들어

왔어. 어쩌지?

"알았어. 내가 민수한테 연락해볼 테니까 민수 친구들한테 전화 좀 돌려봐줘. 나도 소식 있으면 연락줄게. 괜찮아, 별일 없을 거야. 이제 다 컸는데, 뭘."

안절부절못하는 아내를 안심시키느라 최대한 차분히 전화를 끊었으나 마음이 타들어 가기는 수호도 마찬가지였다. 지난해 입시에 실패한 아들은 올해 재수를 하면서도 집중하지 못하는 모습을 보이더니 결국 좋은 성적이 나오지 않았다. 아들에게 전화를 해보았지만 전화기는 꺼져 있었다.

복잡한 마음을 안고 현장으로 들어서니 무언가 분위기가 이상했다. 평소대로라면 아침 미팅을 막 끝내고 작업을 시작할 시간이었는데, 왠지 웅성거리는 듯 어수선한 분위기였다.

작업장 한쪽을 돌아보니 구석에 서 있는 지게차 앞에 사람들이 모여 있는 것이 보였다. 불안한 마음이 든 수호는 서둘러 차에서 내려 사람들이 모여 있는 곳으로 다가갔다. 남 소장과 손 과장, 박 대리가 모여 있었고 지게차 옆에는 60대 초반 정도 되어 보이는 작업자 한 명이 누워 있었다.

"소장님! 무슨 일이에요?"

"아, 사장님. 조금 전에 모듈을 옮기다가 이분이 지게차하고 충돌이 있었어요. 갈비뼈 쪽을 다치신 것 같은데…… 일단 119는 불러놨습니다."

"남 소장, 미안해. 내가 지게차 움직이는 쪽에 물건을 둬서, 그걸 서둘러 치운다는 게……."

"괜찮아요. 일단 말씀하시지 마시고 편하게 계세요. 얼른 병원 가서 진찰 받아보셔야 해요."

다행히 사고를 당한 작업자는 의식도 있고 의사소통도 분명해 보였다. 곧 119가 도착했고 구급대원들이 잠시 상태를 살피고는 들것을 이용해 조심스럽게 다친 작업자를 옮겨 실었다.

"손 과장, 내가 우선 병원에 같이 갈 테니까. 대신 전후 상황 자세히 파악해줘. 군청에도 이야기해두고, 내가 만일 늦으면 안전관리 사이트에 신고도 해주고."

남 소장이 구급차를 타고 떠나자 다복일렉 관리 직원들도 다들 바쁘게 흩어졌다. 현장 일은 오늘 하루 중단하기로 하고 일용직 근로자들에게는 일당을 지급하여 집으로 돌려보냈다. 덩그러니 혼자 남다시피 한 수호는 잠시 멍해졌다.

"실례합니다!"

순간 수호는 자신을 부르는 소리에 퍼뜩 정신이 들어 소리가 난 곳을 돌아보았다. 두툼한 작업 점퍼를 입은 사람이 주머니에 손을 꽂은 채로 다가왔다.

"아, 네, 어떻게 오셨죠?"

"저기 맞은편 축사 주인입니다."

민원인이 찾아온 것이었다. 축사 사장은 공사가 시작되면서 차량과 장비들의 기계 소리 때문에 소들이 스트레스 받아서 여물을 잘 먹지 않는다는 말이었다. 공사 전에서는 소들이 잘 자랐는데 공사 시작되면서 잘 크지도 않고 병도 생긴다고 했다. 이대로 두면 소들이 죽을 테니 당장 공사를 중단해 달라는 것이었다.

수호는 난감했다. 공사 장비가 오가는 것도 많았고 아무래도 공사가 없을 때보다 시끄러운 것은 당연한 일이지만, 도대체 소를 키워본 적이 없는 수호는 이 축사 사장의 주장이 맞는지 아닌지 판단할 수가 없었다. 예상치 못한 일들이 연이어 생기자 머리가 하얗게 되어버렸다.

축사 사장에게는 바로 다시 연락을 드릴 테니 일단 돌아가 달라고 사정을 한 후 다복일렉의 컨테이너로 들어와 의자 하나를 끌어당겨 걸터앉았다.

"아까 그분은 누구세요?"

"아, 손 과장님. 건너편 축사 주인이시래요. 소들이 스트레스 받아 죽을 것 같다고 당장 공사 중단해 달라고 하네요."

"음…… 뭐, 거짓말은 아니시겠지만 아마 보상금 좀 기대하시는 게 본심이실 거예요. 이따가 소장님 오시면 말씀드릴게요. 너무 걱정 마세요. 공사 도중에 생기는 민원은 기본적으로는 저희 책임으로 처리해야 하니까요."

손 과장의 대답은 믿음직스러웠다. 하지만 이 발전소는 자신의 발전소가 아닌가. 수호는 손 과장의 양해를 구하고 컴퓨터 하나를 잠시 빌려 검색을 시작했다. 그리고 선영에게 전화를 걸어서 오 변호사의 도움을 요청했다.

정신을 차려 보니 점심때가 훌쩍 지나 있었다. 다복일렉 직원들도 수호의 눈치를 보다 먼저 식사를 하러 나간 듯 보였다. 잠시 오금에 손을 모으고 멍하니 움츠려 있던 수호는 책상에 놓인 손 과장의 담배를 발견했다. 금연을 한 지 10년도 넘었지만 지금은 왠지 담배가 피고 싶었다. 금연은 담배를 끊는 것이 아니라 영원히 참는 거라는 선배의 말이 떠올랐다.

컨테이너 밖 흡연장에서 담배를 한 대 피워 문 수호는 머리가 핑 도는 것을 느꼈다. 아들은 집을 나가 소식이 없고, 일하는 직원은 다치고, 길 건너 이웃은 하는 일을 당장 멈추라고 성화였다. 세상에 정말 쉬운 일은 하나도 없다는 진부한 말이 새삼스레 와닿았다.

하늘을 쳐다보며 한숨처럼 마지막 한 모금을 내뱉은 수호는 한기를 느끼며 컨테이너 쪽으로 몸을 돌렸다. 그러자 멀리서 낯익은 모습이 눈에 들어왔다. 수호는 어지러운 정신을 차려 보려 고개를 절레절레 흔들었다.

아들인 민수였다. 자신을 분명 발견했을 텐데도, 가까이 오지 않고 빤히 바라보고만 있었다. 수호는 애써 정신을 차리고 아들에게 뛰어 갔다.

"민수야! 너 여기서 뭐 해? 여긴 어떻게 알고 왔어?"

"……."

"밥은 먹었어? 응?"

"……."

"일단 이리로 좀 들어와라. 몸 좀 녹여."

수호는 민수를 데리고 급히 컨테이너로 들어왔다. 다복일렉 직원들과 남 소장이 어느샌가 다시 컨테이너에 돌아와 있었다.

"아, 제 아들이에요. 사정이 좀 있어서. 그나저나 다치신 분은 좀 어떠세요?"

"갈비뼈에 살짝 금이 간 것 같아요. 그 외에는 다행히 큰 지장은 없다고 합니다. 며칠 입원해서 상태 보자고 했어요. 진단서는 곧 나올 거고. 아 손 과장, 사고경위서는 작성했어?"

"네. 여기 있습니다."

"어, 고마워. 사장님, 사장님도 한번 보세요."

"네, 감사합니다. 그래도 불행 중 천만 다행이네요."

"그러게요. 옆에 신호수가 급히 장비를 멈추라고 하지 않았으면 큰 사고가 날 뻔했어요. 현장 일손 부족하니 다시 돌아가서 일해야 한다는 걸 말리느라고 참……. 그 형님 같이 일한 지 좀 됐는데 매번 그런 식이에요."

"그래도 쉬셔야죠. 제가 병원비랑 쉬시는 동안 임금은 부담하겠습니다. 잘 좀 챙겨주세요."

"아닙니다. 사장님이 왜요. 모든 비용은 저희가 내는 게 맞죠.

대신 퇴원해서 돌아오면 저녁이라도 한번 사주세요."

"알겠습니다. 그렇게 하시죠. 아, 참, 그리고 요 앞에 축사 이야기는 들으셨어요?"

"네, 그렇지 않아도 오는 길에 들러서 축사 사장님하고 이야기를 좀 나눴어요. 공사장 소음 최대한 억제하고 축사 앞에도 소음측정기 하나 달아드리겠다고 했습니다. 그리고 여기, 지도 보시면 이쪽 큰 도로에서 이어진 축사 진입로가 한 100m가량이 비포장도로인데, 그쪽 앞까지 이 부분에 잡석 깔아드리는 걸로 협의하고 좀 더 지켜보자고 했습니다."

그때 수호의 전화기가 울렸다. 선영의 메시지였고 오변호사의 의견이 적혀 있었다.

"네, 그게 좋을 것 같습니다. 저희 변호사분도 아직 손해가 확정된 게 없으니 보상을 이야기할 단계는 아니라고 하신다네요. 그리고 이 부분 도로는 잡석보다는 아예 포장을 해드리는 게 어떨까요? 비용은 제가 부담할게요."

"네? 금액이 꽤 될 텐데요?"

"괜찮습니다. 앞일을 생각하면 그게 더 좋을 것 같아요. 자세한 건 견적 뽑아서 알려주세요. 금액 놓고 다시 상의해보시죠."

수호는 남 소장과 이야기를 마친 후 민수를 돌아보았다. 민수는 불편하고 피곤해 보였지만 아무 말도 없이 아버지가 하는 일들을 조용히 지켜보고 있던 듯했다.

"죄송합니다. 저희는 먼저 좀 나가보겠습니다."

수호는 서둘러 인사를 하고 민수를 데리고 컨테이너를 나왔다. 민수는 여전히 아무 말 없었지만 꽤나 허기져 보였다. 수호는 고향집에 내려온 이후 자주 들렀던, 바닷가가 보이는 횟집의 사장님께 전화를 걸었다. 사정을 들은 사장님은 언제든 오라고 답해주었다. 식당까지 오래 걸리는 거리는 아니었지만 부자는 움직이는 차 안에서도 한참을 말이 없었다. 어색함을 참지 못한 수호가 먼저 말을 꺼냈다.

"엄마가 밉니?"

"엄마가 왜 미워요."

"그럼, 아빠가 미운 거야?"

"……"

"민수야, 아빠하고 엄마하고 지금 좀 떨어져 있지만 너를 생각하는……"

"저, 오늘 아빠 일하시는 건 처음 봤어요."

뜬금없는 아들의 대답에 수호는 말문이 막혔다. 그런 수호를 아랑곳하지 않은 채 민수는 이야기를 이어 갔다.

"사실 좀 겁났어요. 부모님이 시키는 대로 공부하고, 바라는 전공으로 대학 가고…… 그렇게 흘러가면 나도 모르게 취직하고, 회사에서 시키는 대로 일하다가, 결혼해서 아이 낳은 뒤에 어느 날 갑자기 후회하게 되는 건 아닌가 하고요."

"……."

"좀 이상한 이야기지만, 지난주에 친구 아버지가 자살하셨대요. 이혼하시고 혼자 사셔서 며칠 지나서야 발견되셨다나 봐요."

"민수야."

"엄마하고 다툰 것도 맞는데, 그냥, 아빠가 보고 싶어서 왔어요. 걱정되기도 했고요."

"……."

"근데, 막상 아빠 보니까, 잘 지내시는 거 같아서 보기 좋았어요. 그리고 정말 사장님처럼 직원분들이 상의하시고 아빠가 결정해주는 대로 따르는 거 보니까 좀 멋있어 보이기도 했고요."

"……."

"이제 그럼 회사 그만두고 태양광 발전소 사장님 되시는 거예요?"

"민수야."

"네?"

"너 혹시 이제 술 먹어도 되는 나이니?"

"네? 네……. 친구들 이야기로는 그렇다나 봐요. 전 먹어본 적은 없지만요."

"그럼 잘됐다. 아빠랑 맥주라도 한잔할까? 해줄 이야기가 많다."

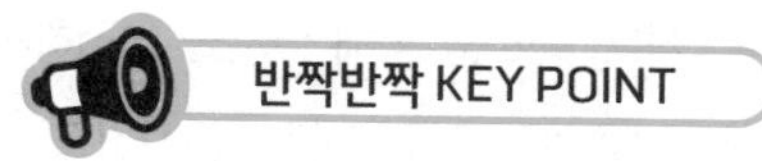

ABOUT 태양광 발전소 시공 과정

경험 많은 다복일렉의 남 소장의 진두지휘 아래 드디어 공사가 시작되었네요. 공사계획신고와 경계측량을 병행해서 처리하면서 시간을 단축하는 남 소장을 보면 역시 그의 노련함이 돋보이는데요. 시공이라고 해서 빌딩이나 건축을 짓는 일을 생각하면 복잡해 보이지만 태양광 시공은 건축 시공에 비하면 매우 간단하답니다. 그러면 태양광 시공은 어떤 과정으로 진행하는지 알아볼까요?

경계측량 및 지반조사

공사의 시작은 땅의 경계를 확정하는 거예요. 경계는 국토정보공사에서 법적인 경계를 측량해서 정해지고 그 면적으로 법률적인 효력이 있으니 참고하세요. 어떤 사업주는 사설측량업체가 측량한 면적을 가지고 행정기관에 찾아가서 면적이 다르다는 민원을 제기하기도 하는데요, 사설측량업체의 측량면적은 참고용이니 이 점 꼭 명심하세요. 자세한 사항은 지적측량바로처리센터(baro.lx.or.kr)홈페이지를 방문하여 참고하면 돼요.

건물처럼 깊이 파낼 일은 없지만 태양광 구조물을 지지하기 위해 토지의 지반을 구성하는 지층, 지하수의 상태, 토질/암반의 상태 등을 확인해서 지반환경에 적합한 토목공사 계획을 세우는 단계가 지반조사예요. 지반에 알맞은 토목공사 및 구조물 기초를 시공하는 게 튼튼한 발전소 건설의 출발이겠죠?

토목공사

땅의 경사가 심한 경우는 평탄화 작업을 하고, 배수로를 만들고 펜스를 치는 작업이 토목공사예요. 보통 평탄화 작업을 한다는 것은 절토, 성토를 통해 부지를 평평하게 만드는 것입니다. 그 과정에서 토사를 반입하거나 반출하는 경우도 생겨 공사비도 높아진답니다. 그래서 대부분 평평한 땅에 태양광 사업을 시작하는 게 좋은 거죠. 남 소장이 얘기한 것처럼 다른 공사 전에 배수로를 만들고 펜스를 쳐 두면 공정과 물품을 관리하기가 좋아요.

구조물공사 및 어레이(모듈) 조립

토목공사가 끝나면 현장에 철재들이 반입될 거예요. 설계에 맞춰 재단된 철재들인데, 이것들을 조립하기 위한 기초가 먼저 만들어져야 해요. 아주 튼튼하게 만들 경우는 콘크리트로 기초를 만드는 경우도 있습니다. 요즘은 시공비 절감과 시공일정을 단축하기 위해 구멍을 파서(천공) 철재 기둥을 박고 사이를 시멘트로 채우는(그라우팅) 방식도 많이 쓰여요.

구조물 공사팀은 기초를 만들고 철재만 조립하는 것으로 끝나지 않고 모듈을 얹히는 작업까지 업무 범위예요. 모듈 간 전기배선부터는 전기공사팀에서 하게 되고, 모듈까지 구조물에 조립이 끝났을 때 '기계적 완공'이라고 해요. 말 그대로 전기는 연결되지 않은 발전소 형태의 완공이라고 할 수 있는 거죠.

전기 및 통신공사

직렬/병렬 설계에 따른 모듈과 모듈간의 결선, 모듈과 접속반, 접속반과 인버터까지의 간선 작업 등을 통틀어 전기공사라고 해요. 트레이라고 불리는 판 위에 많은 전선이 나란히 인버터까지 가는 모습을 확인할 수 있을 거예요. 물론 인버터 설치와 한전의 저압배전반까지 연결하는 것도 전기공사팀 업무겠죠?

발전소가 운영될 때 발전소의 성능을 모니터링하기 위해서는 전기공사 외에 통신공사가 필요해요. 태양광 접속반이나 인버터 단위로 성능을 실시간으로 살펴보기 위함이죠. 물론 CCTV 공사도 이때 같이하게 됩니다.

점검 및 심사

구조물 공사와 전기공사를 모두 마치면 전기안전공사로부터 사용전검사를 받음으로써 비로소 생산한 전력을 한전에 보낼 수 있게 돼요. 사용전검사 후 계량기 봉인 과정을 통해서 얼마의 전기가 한전으로 보내졌는지 한전에서 원격으로 확인할 수 있게 되는 거죠.

이렇게 사용전검사 및 계량기 봉인까지 마치면 발전소는 원칙적으로 상업운전을 시작하게 되는 거예요. 따로 사업개시신고를 해야 하지만 사용전검사일부터 매출은 발생하게 되는 거니까 상당히 중요한 이벤트라고 할 수 있겠죠?

현장 정리 및 인수인계

공사를 마친 시공회사는 현장의 시공 폐기물을 처리하고 정문의 자물쇠 키를 사업주에게 넘기면서 인수인계를 하게 되는데, 산출물이나 교육 등 상세한 내용은 시공계약서에 준해서 제공되기 때문에 계약서 작성 시 이 부분도 꼼꼼하게 챙겨야 하는 겁니다. 아, 향후 개발행위준공을 위해 잔디식재나 주변 조경 등도 마무리 작업으로 꼭 포함되어야 한답니다.

다음 장에서는 사용전검사를 받고 드디어 상업운전을 시작하는 이야기가 진행될 거예요. 드디어 삼남매의 발전소가 험한 인허가 과정을 극복하고 시공까지 완료되면서 상업운전을 하게 됐네요. 이제 해가 뜨면 계량기가 돌면서 은행에 현금이 들어오는 신기한 경험을 할 차례인데요, 삼남매가 어떻게 발전소를 운영하는지 같이 볼까요?

코로나로 깨달은 햇빛연금의 필요성

서울 동대문구에서 영어학원을 운영하고 있는 곽은하(49세) 씨는 요즘 태양광을 통해 매월 통장에 수입금이 들어오는 것을 보면서 기쁨과 행복을 느끼고 생활하고 있습니다. 지난 코로나로 인해 학원의 존폐 위기에 처했을 때를 생각해보면 아찔하고 어려움을 겪은 바가 있었기 때문인데요.

코로나로 인해 학원생들이 등록을 포기하면서 매출이 급감했고 곽은하 씨는 학원의 고정비용을 감당하기 위해 직접 강의실, 화장실을 청소하고 차량의 운행까지 해야만 했다고 합니다. 그때, 문득 매월 고정적으로 수입이 들어오는 무언가가 있었으면 하는 바람이 생겼다고요.

어려운 시기를 간신히 넘기고 곽은하 씨는 시동생으로부터 태양광 분양사업을 소개받고 태양광을 통한 매월 수입을 얻을 수 있으며 한전과 같은 공기업이 지급하기에 미수금이 없어 안정적이다라는 이야기를 들었습니다. 고민 끝에 곽은하 씨는 100kW 발전소를 해보기로 결심했습니다. 믿을 만한 분양업체를 소개받고 분양가 2억 2,000만 원으로 충남 아산지역의 발전소 계약을 체결하고 최초 계약금은 3,000만 원을 지급했다고 합니다.

분양계약을 체결하고 인터넷을 찾아보니, 분양 사기도 있고 허가를 받고 한전선로 연결이 안 되서 몇 년을 기다리는 경우도 있다고 하니 처음엔 불안하고 초조할 수밖에 없었을 테지요. 그래도 시동생이 옆에서 분양업체를 조사한 결과 믿을 만한 업체라고 해서 안도는 했지만 여전히 신경 쓰였다고 합니다.

2개월 지난 후 업체로부터 발전 사업허가증을 받고 불안감은 약간 누그러졌습니다. 걱정하고 있는 곽은하 씨를 보는 남편이 “혹시 안 되더라도 땅은 가질 수 있으니 편

〈햇빛 연금 확보에 성공한 곽은하 씨 부부〉

하게 생각해."라고 해서 마음이 좀 편해졌다고 합니다.

4개월이 지나고 업체로부터 개발행위허가 완료되었다고 연락을 받고 1차 중도금인 3,000만 원을 입금했고, 공사착공 전 한전으로부터 계통연계공사비 1,000만 원 정도 청구서를 받고 바로 입금했습니다.

이제 본격적으로 공사가 시작되었고, 현장에 가보니 토목공사 중이었습니다. 공사하는 모습에 곽은하 씨는 '드디어 내 발전소를 가질 수 있겠구나.'라는 생각에 뿌듯했다고 그때의 소감을 밝혔는데요. 그해 겨울 발전소가 완공되어 상업운전을 시작했다고 합니다.

첫 수입으로 70만 원 정도가 한전으로부터 입금되었습니다. 몇 개월이 지난 시점에는 한전으로부터 150만 원 정도, 발전공기업으로부터 60만 원 정도 입금되어 매달총 210만 원 수익이 나게 되었습니다. 그제야 곽은하 씨는 이상이 현실이 되었다고 크게 기뻐했다고 합니다. 처음에는 반신반의했지만, 매월 통장에서 입금되는 것을 보니 든든한 개인연금이 생긴 느낌이었다네요.

이런 햇빛연금을 더 받고 싶은 마음에 분양업체로부터 다른 지역의 분양을 계획하고 있다는 소식을 듣고 곽은하 씨는 또다시 도전하기로 했다는군요. 태양광 사업이 땅

구하고 허가받고 선로만 있다면 참 좋은 사업모델임을 깨달았기 때문인 것이죠.

최근, 정부가 태양광 사업의 규제와 보급제한을 하고 있다는 소식을 언론으로 접한 곽은하 씨는 '좀 더 빨리 시작했다면 더 좋은 땅과 조건으로 할 수 있었을 텐데.' 하는 큰 아쉬움을 가지게 되었다고 합니다.
앞으로 기회가 된다면 몇 개 더 하고 싶다는 곽은하 씨에게 조언을 부탁했더니, 태양광 발전에서 정말 중요한 것은 신뢰할 만한 업체를 만나는 것이라고 했습니다.

태양이 비추는 한
언제까지나 반짝반짝

준공과 운영

태양광 발전소 준공과 결혼식

—

사용전검사와 준공검사

크고 작은 일들을 해결하다 보니 어느덧 태양광 발전소 공사는 마무리되어 가고 있었다. 부지런한 남 소장도 남 소장이었지만 그에 못지않게 다복일렉 직원들도 일처리가 훌륭해서 크고 작은 문제들을 남 소장이 개입하기 전에 조용히 해결했다. 그 덕분에 공사는 순탄히 진행될 수 있었다.

"이제 공사가 거의 마무리되어 가는 것 같네요. 소장님."

"네, 사장님. 이제 남은 정리 사항 마무리하고 사용전검사일에 맞춰서 시험 가동 준비해야 하는 단계네요."

"혹시 사용전검사에서 통과를 못 하면 발전소 가동을 못 하게 되는 건가요?"

"그렇죠. 사용전검사는 말 그대로 발전소를 사용하기 전에 한국전기안전공사에서 사용에 문제가 없을지 사전에 진행하는 검사니까요. 검사 통과를 못 받으면 다시 준비해서 재검을 받아야 해요. 그러니 계획했던 일자에 사업을 개시하려면 한 번에 통과하는 게 제일이죠. 그리고 날짜도 미리미리 신청해둬야 해요. 택

배처럼 오늘 신청했다고 내일, 모레 나오는 게 아니거든요. 요새 전기안전공사가 검사 건이 밀려 있다고 해서 일찍부터 알아봤는데도 이번 달 말 정도로 잡혔어요."

"이번 달 말이요? 앞으로 3주는 남아 있는데요?"

"오래 걸리죠? 검사를 나오는 전기안전공사 직원분들이 몇 명 안 되시는 것 같더군요. 저도 서로 다른 현장에 같은 분을 뵙는 경우가 종종 있으니까요. 들어보니 그분들이 담당 지역의 각종 발전소나 설비들을 전부 담당하신다고 하더군요."

사용전검사 일정이 잡혔다는 수호의 이야기에 선영과 도영은 아쉬워했다. 가고 싶은 마음은 굴뚝같았지만 검사일이 주중이고 중요한 업무가 걸려 있어 시간 내기가 어려웠기 때문이었다. 수호는 사업주가 꼭 참석할 필요는 없으니 너무 걱정하지 말고 자신에게 맡겨 달라고 두 사람을 다독였다.

사용전검사일 날, 현장에 가보니 많은 사람이 나와 있었다. 전기안전공사 직원과 공사업체, 한전 직원까지 예닐곱 명이 발전소 앞에 모여 사용전검사 진행을 기다리고 있었다. 수호는 다가가 검사를 위해 찾아온 공사 직원과 인사를 나눴다.

"사업주님, 오늘 날짜 정말 잘 잡으셨네요."

"아, 그런가요?"

"그럼요. 비나 눈이 오면 발전소 가동이 잘 안 되서 검사 못 하고 연기하는 경우도 종종 있거든요. 아, 여기 안전관리자분 어디

계시나요?"

말을 마치고 돌아선 검사원은 능숙한 분위기로 검사 절차를 시작했고, 수호는 초조히 검사원을 따라 다니며 지켜보았다.

"안전관리자분은 시험 결과지에 서명을 먼저 해주시고요. 한전 직원분은요? 네, 저희 검사 시작할 테니까 전력 투입 좀 부탁드립니다."

한전 직원이 태양지사 배전실에 연락하여 전력 가동을 의뢰하자 발전소 설비들이 가동을 시작했다. 공사 검사원은 남 소장과 함께 각각의 설비를 점검하고 테스트를 진행하였다.

전체 검사는 한 시간이 채 걸리지 않았다. 수호는 초조함과 신기함이 어린 눈으로 검사 작업을 지켜보았다. 하나씩 무사히 통과할수록 재미있다는 생각마저 들었다. 마지막 계량기 검사가 완료되자 수호는 남 소장에게 다가가 조심스럽게 물었다.

"다 끝났나요? 문제는 없는 건가요?"

"네, 다 잘 끝났습니다."

남 소장의 시원스러운 대답에 수호는 재빨리 전화기를 꺼내 들었다. 선영과 도영이 있는 단톡방에 검사 과정을 찍어놓은 사진들을 한 묶음 올리고는 잠시 고민하고는 한 줄의 메시지를 적었다. 몇 단어 되지 않은 한 줄이었지만 손이 흔들리는 바람에 몇 번을 지우고 쓰고를 반복하여 겨우 전송 버튼을 누를 수 있었다.

[수호형] 검사 통과. 이제 계량기 돌아간다. 고맙다.

남 소장으로부터 정식으로 축하 인사 전화를 받은 건 검사가 진행된 지 3일 뒤였다. 팩스로 받은 사용전검사필증 사진과 함께였다. 수호가 동생들과 다해엔지니어링이 참여하는 단체방에 필증 사진을 올리니 김 대표가 제일 먼저 답장을 보냈다.

[다해 김 대표] 축하드립니다. 이제 저희 차례네요.

발전소 공사가 완전히 마무리되려면 개발행위허가상의 준공검사를 완료해야 했다. 며칠 후 수호는 인허가를 담당하는 김 대표로부터 태양군의 천 주무관이 준공검사를 위해 방문할 예정이라는 연락을 받았다. 준공검사를 하는 주체는 소속 지자체인 태양군이었다.

준공검사는 큰 무리 없이 진행되었다. 다복일렉이 처음부터 발행위허가 내용에 맞춰 꼼꼼히 시공을 진행했기에 준비한 서류와 실제 작업 결과가 큰 차이가 없었다.

그런데 생각하지 못한 부분에서 한 가지 문제가 나왔다. 아직 바닥에 풀이 자라지 않은 것이다.

"아, 아직 3월이라 그래요. 저희가 씨는 뿌려놓았으니 금방 자라서 올라올 겁니다. 몇 주 지나서 풀이 올라오면 제가 사진 찍어서 보내드리겠습니다."

남 소장의 설득에 천 주무관은 잠시 고개를 갸웃거렸고 대화를 듣고 있던 손 과장이 서둘러 작업한 내용을 확인해주었다. 남 소장은 관련 서류와 바닥을 확인하고 있는 천 주무관을 향해 다시 설득하듯 말했다.

"작업은 확실히 진행했습니다. 몇 주만 지나면 풀이 올라올 거예요."

"……."

"여기 보세요! 이쪽에 이파리 올라온 거 보이시죠? 몇 주 지나서 전부 올라오면 사진 찍어서 보내드릴게요."

"하하하, 알겠습니다. 그래도 막 힘겹게 올라온 풀을 그렇게 뽑으시면 너무 불쌍하네요. 다시 오기도 그렇고 풀씨 뿌린 것도 확인했으니 준공 내드리겠습니다. 말씀하신대로 풀이 어느 정도 자라면 사진 찍어서 보내주세요."

첫 풀이 꺾인 후 한 달 정도가 지나자 준공검사필증이 발급되었다. 공사의 마지막 관문이자 중요한 절차가 마무리된 것이다. 필증을 수호에게 전달하며 김 대표가 축하의 말을 건넸다.

"정말로 다 끝났네요. 이제부터 발전소 부지런히 관리하시고 준공도서도 잘 보관해두세요."

"네, 정말 수고 많으셨습니다. 감사합니다."

전력수급계약, 설비확인 신청

발전소를 건설은 모두 완료되었고 이제 남아 있는 것은 사업 마무리를 위해 진행해야 하는 서류작업과 잔여절차들이었다. 공사가 무사히 끝난 것을 축하할 겸 삼남매는 고향집에 모여 간단한 식사를 마치고 남은 일들을 상의했다.

"내가 다 해줄게! 걱정하지 마!"

남은 일들에 대한 수호의 설명이 끝나자 선영이 호기롭게 말했다. 수호와 도영은 의아한 마음에 몇 번 만류하기는 했지만 결국 선영에게 맡겨보기로 동의했다. 그간의 과정에서 많은 부분을 오빠와 동생에게 맡겼다는 걸 미안해하는 선영의 마음을 알았기 때문이었다.

"음……. 그런데 다시 좀 말해줘 봐. 한전하고 전력수급계약(PPA), 병렬운전조작합의서 체결해야 하고, 사업개시신고에 개발부담금납부, 그리고 설비할인신청?"

"설비확인신청."

"아, 확인. 와서 다 들여다보고는 무슨 확인을 또 하라는 건지."

"누나, 그냥 나눠서 하는 게 낫지 않을까?"

"너는 결혼 준비나 잘해. 오빠도 이제 언니랑 다시 합친다며, 두 사람 다 그간 고생했으니 이제 내가 챙겨볼게. 나 계속 놀면 나중에 아빠한테 혼난다고."

선영은 김 대표와 남 소장의 도움으로 해야 할 일들을 정리해 나갔다. 크게 보면 한전관련 업무, 인허가 마무리, 그리고 인증서 발급을 위한 일들이 있었다. 계획을 얼추 정리하고 보니 그래도 할 만하다는 생각이 들었다. 기껏해야 서류작업들이었고, 그것도 많은 부분이 인터넷으로 처리가 가능했다. 그리고 그 생각이 깨지는 데에는 그리 오랜 시간이 걸리지 않았다.

선영은 먼저 한전 연락처를 도영에게 전달 받아 담당 직원과 통화했다. 사용전검사필증을 팩스로 보내놓은 뒤 도장을 들고 전력수급계약서에 날인하기 위해 아침 일찍 태양군 한전지사로 찾아갔다. 계약서는 이미 정해진 내용이기도 했고 세영에게 개략적인 설명도 들었기에 날인 자체는 오랜 시간이 걸리지 않았다.

"여기 병렬운전조작합의서도 체결하셔야 해요."

"네, 이야기는 들었는데 저희가 뭘 또 운전을 해야 하는 건가요?"

"아, 아뇨, 그런 건 아닙니다. 여기 쓰여 있지만 발전소 운전 중에 문제가 발생하면 발전소가 물려 있는 계통하고 계통에 연결된 다른 고객분들의 설비에도 영향을 줄 수 있거든요. 그래서 고장 발생 시 신속한 복구를 위해 협조하겠다는 내용이에요. 규정상 꼭 체결을 하셔야 합니다."

무조건 체결을 해야 한다는 말에 세 사람의 도장을 모두 후루룩 찍긴 했지만 무언가 마음이 편하진 않았다. 선영은 한전지사에서 나와 곧바로 다해엔지니어링 사무실로 향했다. 마침 김 대표도 사무실에 있었다.

"문제요? 어떤 문제가 생길 수 있는 거죠?"

"발전소가 항상 잘 돌아가면 좋겠지만 사고 대비도 해야 하거든요. 예를 들면 번개가 치거나 강풍, 폭우 때문에 발전소 전기설비가 손상되는 경우가 있어요. 그러면 순간적으로 비정상적인 전압이나 전류가 발생하고 이게 계통에 유입될 위험이 있죠. 그 반대의 경우도 있을 수 있고요. 그래서 관련된 안전장치를 설치하고 평소에 대비해서 설사 발전소에 문제가 발생해도 피해가 확산되지 않게 해달라는 내용이에요. 정상적으로 설치, 운전하면 큰 문제가 될 내용은 아니니까 평소에 꼭 지켜야 할 안전지침서 정도로 생각하시면 될 겁니다. 너무 불편하게 생각하지 마세요."

"계곡에서는 소변 보지 말고, 공중목욕탕에는 샤워하고 들어와라. 뭐, 이런 거 비슷한 거네요."

"비유가 좀 애매하긴 한데…… 피해가 확산되지 않게 하자는 면에서는 비슷한 구석은 있네요."

"그러면 이제 사업개시신고를 해야 할 차례죠?"

"네, 사용전검사일로부터 30일 이내로 신청해야 하니까 바로 진행하셔야죠. 기일 지나면 과태료도 나오거든요. 제가 필요한 서류하고 신청서 메일로 보내드릴 테니까 준비해서 저한테 보내주세요. 저희가 대행해서 신청해드릴게요. 사업주님은 한전에서 전화하셔서 상업운전개시확인서만 발급 받아주시면 됩니다."

"알겠습니다. 올라가면 바로 확인해서 회신해드릴게요."

"아, 그리고 사업개시신고 마치고 나면 개발부담금도 정리해야 해요. 저희가 용역사 통해서 개발비용 명세서 정리해서 예상 부담금 뽑아 둔 거 있으니까 같이 보내드릴게요. 그것도 같이 확인해보세요."

"네, 알겠습니다."

어두워진 선영의 표정을 본 김 대표가 한마디를 더 덧붙였다.

"너무 어렵게 생각하지 마세요. 이거 정리한 뒤에 설비확인만 하시면 정말 다 끝나거든요. 제가 인터넷 주소를 보내드릴게요. 사업자 공인인증서는 만드셨죠?"

"네, 어제 은행에 들러서 만들어뒀어요."

"그러면 인증서 이용해서 회원 가입하시고 해당 메뉴 들어가서 서류 제출하시면 됩니다. 입력할 게 조금 되니 미리 들어가보세요. 그리고 아시겠지만 공인인증서는 나중에 인증서 거래할 때 쓸 수 있으세요."

김 대표와 미팅을 마치고 사무실을 나온 선영은 차에 올라탔다. 서류에 날인하거나 필요한 자료를 챙기는 건 크게 어려운 일이 아니었다. 태양군에 직접 들러야 하는 것도 고향에 나들이 나온다고 생각하면, 비교적 움직임이 많은 직업을 가진 선영에게 크게 문제될 것이 없었다. 그런데 왠지 머리가 아파 왔다. 시동을 걸고 전화기를 확인하니 부재 중 전화가 다섯 통이나 와 있었다. 두 건은 사무실에서 기사 내용을 문의하는 내용이었지만 문자를 보니 그사이 이미 해결이 나 있었다. 나머지 세 건은 세영으로부터 온 전화였다.

"여보세요."

—예, 선영 씨, 바빴나 봐요?

"응, 전력수급계약서 도장 찍느라고 태양에 내려와 있어요. 전화 못 받아서 미안해요."

—괜찮아요. 도장은 잘 찍었어요?

"찍으라고 해서 그냥 찍고 오긴 했는데…… 뭔가 좀…… 마음이 불편하네요."

—왜요? 사람들이 불친절했어요?

"아뇨, 그런 건 아닌데, 뭔가 잘 모르는 내용을 정신없이 처리하다 보니까 그런가 봐요."

—음…… 어차피 내일 저녁에 보기로 했으니까 그때 자세히 이야기해줘요. 피곤하진 않겠어요?

"괜찮아요. 어차피 차 막히기 전에 바로 올라갈 거니까, 할일들도 좀 있어서 내일은 휴가도 내놨어요."

집으로 돌아온 선영은 편한 옷으로 갈아입었다. 메일을 확인하니 김 대표로부터 온 메일을 확인했다. 사업개시신고, 개발부담금에 대한 설명이었다.

가볍게 한숨을 쉬고는 메일 끝에 붙어 있는 인터넷 주소 링크를 클릭했다. '한국에너지공단 신재생에너지센터 신재생에너지 공급의무화제도(RPS) 종합지원시스템'이라는 화면이 출력되었다.

'이름도 길어, 젠장.' 마음속으로 투덜거리며 로그인을 마친 후 '발전 사업자 신규등록신청' 버튼을 누르자 설비 종류를 선택하게 되어 있었다. 태양광을 선택하자 화면이 바뀌었다. 그리고 선영의 고난이 시작되었다.

***

"아니, 가게 이름을 이야기해주면 되지, 지하철역 입구 나와서 왼쪽, 그러면 어떻게 알아요?"

"그게 빠르지 않아요?"

"제가 여러 번 물어봤잖아요. 이름만 말하면 금방이잖아요! 우와, 설비확인도 그렇고 뭐가 이렇게 복잡하냐구우!"

하루가 지나 세영과 만난 선영은 주문한 삼겹살도 나오기 전에 소주병을 따며 소리를 질렀다. 주변의 눈치를 살피던 세영은 조용히 고개를 숙인 채 속삭였다.

"와, 알아요? 지금 다크 서클 장난 아니에요."

"죽을래요?"

잠시 세영을 노려본 선영은 술을 따르며 푸념을 시작했다.

"사업개시신고는 그렇다고 쳐요. 뭐, 한전하고, 전기안전공사하고, 지자체하고 응? 서로 사이 안 좋아서 말도 안 섞는다고 쳐요. 나름대로 사정도 있겠죠. 다 좋아요! 근데 개발부담금은 또 뭐예요? 내가 아파트 지어서 돈 벌겠대요? 내가 지금 투기하는 거예요?”

“지목이 바뀌니까 지가도 올라가겠죠. 그리고 원래 원칙상 소득이 있는 곳에는 세금이…….”

세영의 눈치 없는 말에 선영이 깡소주를 한잔 털어 놓고는 거칠게 빈 잔을 내려놓았다.

“이 상황에서 MBTI T인 거 티내? 지금?”

“아니……. 법이 그냥 그렇다고.”

“와, 내가 잘못했네, 내가 잘못했어. 내가 아주 범법자야, 범법자.”

“내용이 많이 복잡했어?”

“아니, 거기까지도 그렇다고 쳐. 신고야 하면 되고, 부담금도 내면 되지. 돈 벌 거니까. 그런데 설비확인은 왜 이렇게 복잡하게 해둔 거야? 컴맹이나 이런 거 익숙하지 않은 사람들은 정말 죽어나가겠어. 그거 입력한다고 하룻밤을 꼬박 샜는데도 다 못 했어. 모듈, 인버터, 접속함 모델명에 제조국, 제조사, 대수, 사양…… 그걸 다 코드를 만들어놔서 검색해서 입력해야 넘어가. 그리고 시공회사, 대표자 이름하고 담당자 이름, 전화번호, 이메일 주소까지 적어야 한다니까?”

"서류 다 뒤져 가면서 해야 했겠네?"

"게다가 그다음에는 뭔지 알아? 항목별로 공사비 내역까지 다 적어야 해."

"공사비까지?"

"응! 항목별로. 그리고 마지막이 하이라이트야. 뭔 점검 사항이 여럿 나오더니만 그다음 넘어가는 순간 허걱 했잖아. 올려야 되는 첨부 서류가 몇 갠 줄 알아? 스무 개가 넘더라고."

"안내서나 뭐 콜센터 같은 것도 없고?"

"있어. 안 그래도 아까 나오기 전에 콜센터에 연락해봤지. 한 열 번 넘게 했나? 연결도 잘 안 되더라고. 한전이 관리하는 내 고객번호가 뭔지 내가 어떻게 아냐고!"

"답답했겠네. 오빠나 동생하고 좀 같이해보지 그랬어."

"싫어. 두 사람 다 그거 붙들고 있을 상황 아니야. 그리고 내가 하기로 했으니까 얼마가 걸리든 끝까지 해야지. 아니, 잠깐. 스톱. 지금 뭐 하세요? 잔 꺾으셨어요?"

"아니……. 이건……."

"오호, 고객을 응대하는 자세가 그래서야 파트너 되시겠어요? 흙수저 오 변호사님? 자, 짠!"

시간이 흘러가면서 두 사람의 술자리는 푸념 대신 웃음으로 채워졌다. 꽤 급하게 술을 먹은 선영이 먼저 취기가 올랐고, 세영은 그녀를 바래다주기 위해 함께 가게를 나와 택시에 올랐다. 전날 밤을 샌 선영은 출발한 지 얼마 지나지 않아 세영의 어깨에 머리를 떨구고 잠들어버렸다. 세영은 어깨를 돌려 선영의 머리를 자신의 무릎에 누인 후 재킷을 벗어 선영을 덮어주었다. 그러고는 택시기사 몰래 손을 뻗어 선영의 손을 잡았다.

이튿날 아침, 평소보다 늦잠을 자긴 했지만 오랜만에 긴 시간을 푹 잔 선영은 생각보다 피곤하지 않았다. 고개를 돌려보니 침대 곁 협탁 위에는 숙취해소제, 간영양제, 차가운 딸기쉐이크가 놓여 있었다. 빨대가 있었지만 목이 말랐던 선영은 뚜껑을 열어 꿀꺽꿀꺽 쉐이크를 삼켰다. 그러자 전화벨이 울렸다.

–일어났어요? 속은 괜찮고요?

"응, 괜찮아요. 세영 씨도 잘 들어갔어요?"

–네, 그럼요. 저 출근 중이라 짧게 이야기할게요. 좀 전에 남소장님 통화했는데, 설비확인 도와주시겠대요. 오늘이나 내일 사무실로 오면 자료도 있고 스캐너도 있으니까 금방 할 수 있다고 하시네요. 저도 오늘 내일 특별한 일 없으니까 같이 가요, 우리.

약속을 잡고 전화를 끊은 선영은 다시 침대에 풀썩 누워버렸다. 그러고는 천장을 바라보며 미소를 지었다. 입맛을 되새길수록 쉐이크가 달달하고 고소했기 때문이었다.

결혼식을 발전소 앞 자투리땅에서 해보자는 건 은서의 아이디어였다. 물론 걱정할 것은 많았다. 하객은 어떻게 모실 것이며, 날씨가 좋지 않은 경우도 생각해야 했다. 답이 어려운 질문이 연이어 나왔다. 도영은 은서의 생각에 찬성은 했지만 끝까지 걱정이 많았다.

"하객분들이 몇 분이나 여기까지 오신다고 할까? 너무 안 오셔도 민망하잖아. 게다가 비라도 내리면 얼마 안 되는 손님들께 진짜 이상한 의미로 인상 깊은 결혼식이 될지도 몰라."

"다른 문제들은 잘 맞춰서 준비해보자. 못 오시는 분들은 나중에라도 우리가 찾아뵙고 인사드리고. 마을회관도 있으니까 만일 비라도 오면 얼른 장소 옮겨서 하지, 뭐. 오빠가 머릿속에 그리는 그림, 나도 충분히 예상되는데, 음…… 그러면 뭐, 까짓것 한 번 더 하자."

"하하하, 결혼 늦게 한다고 결혼식을 생일 파티처럼 생각하는 거 아냐? 하긴 결혼도 우리 결혼이고, 저 발전소도 우리 발전소니까. 우리가 정하는 거긴 하지. 그리고 나도 여러 번 생각했는데, 역시 보통 결혼식처럼 행사 치르듯 하는 것보다는 여기 모셔서 보여드리는 게 의미는 더 있을 것 같아. 아버지 잘 아시는 마을 분들 초대하기도 쉽고."

결국 결혼식은 겸사겸사 준공식 당일로 잡혔다. 수호도 선영도 좋은 생각이라며 직장에 육아에 바쁜 두 사람을 대신해 이것저것 준비를 도왔고, 두 사람의 직장 후배들도 설명을 듣고 이참에 발전소 구경도 하고 싶다며 몇 명이 나서주었다.

가까운 지인들과 다해엔지니어링, 다복일렉 직원들을 하객으로 초대했고, 태양군청 사람들과 한전지사의 사람들에게까지 청첩장을 돌렸다. 사회는 후보가 몇 명 있었으나 결국 '자신에게 맡기지 않으면 참석하지 않겠다.'라며 장난스러운 협박을 하는 상명에게 맡기기로 하였다.

5월의 봄날. 걱정과는 달리 날은 화창하고 하늘도 높았다. 발전소 주변으로 잡석을 깔아 바닥을 다지고 식단을 마련했다. 하객들이 앉을 의자는 마을회관에서 빌려다 가져다놓았고 위로는 대형 천막을 몇 개 설치했다.

한쪽에는 음료와 간식을, 다른 한쪽에는 커다란 서명판을 놓고 그 앞에는 손님들을 위한 기념품대를 만들어두었다. 선물은 예쁜 수건과 머그컵, 그리고 샴푸, 바디워시를 상자에 담아 준비했다. 상자 위에는 '눈부신 선물을 나눕니다.'라는 글귀가 적혀 있었다.

발전소 펜스 주변으로는 하얀 데이지와 분홍색 사랑초로 화단을 만들어 둘렀다. 군데군데 빨간색과 분홍색이 어우러진 장미와 튤립으로 장식한 벽을 마련해서 사진 스팟으로 꾸며두었다.

그 옆으로는 사진들을 전시해두었다. 은서와 도영의 아들 하늘이 사진을 시작으로 가족들의 어렸을 때부터의 사진들, 발전소를 짓기 전의 밭의 모습과 공사 중인 모습, 사용전검사가 완성된 날에 함께 찍었던 기념사진도 길게 늘어두었다. 그리고 맨 마지막에는 아버지의 사진과 유품이자 선물인 노트를 가지런히 펼쳐두었다.

두 사람의 걱정이 무색하게 날은 맑았고 하객도 많았다. 서울에서 버스가 몇 대 내려온 데다, 근처의 마을 주민도 예쁘게 장식해놓은 꽃을 보고는 열려 있는 발전소 문으로 기웃거리며 들어와 구경 겸 축하 인사를 건넸다. 예상치 못한 선물을 들고 오는 사람도 많아 보관할 곳이 없자 세영이 연신 고향집을 오가며 선물을 날랐다.

상명이 결혼식의 시작을 알렸다. 그러자 바로 결혼행진곡이 울리고 도영과 은서가 하늘이를 안고 멋쩍은 듯 입장을 했다. 친구들이 뿌려주는 꽃가루가 날렸고, 그 위로 하객들의 박수 소리와 환호성이 쏟아졌다. 커다란 스피커를 연결했음에도 행진곡 소리는 거의 들리지 않았다. 입장을 마쳤음에도 박수가 끊어지지 않자 음악을 연주하던 은서의 친구도 키보드에서 두 손을 떼고 자리에서 일어서서는 박수를 치며 소리를 질렀다.

이장의 주례도 범상치 않았다. 짧은 당부 말을 마치고는 수호와 선영을 나란히 불러 세웠다.

"이쁘쥬? 날도 이쁘고, 꽃도 이쁘고, 사람도 이뻐유. 앞으로들

이쁘게 잘 대해줘유. 알았으면 박수 좀 쳐줘유."

이장의 난데없는 유도에 다시 신이 난 하객들은 손뼉을 치며 즐거워했다. 박수소리를 들으며 둘은 함께 입장한 그대로 웨딩로드를 걸었다. 신랑 신부의 웨딩 행진이 끝나고도 박수소리는 끊이지 않았고, 상명이 마이크로 한참 사람들을 진정시키고 나서야 겨우 소란이 멈췄다.

그때였다. 정장을 차려입은 훤칠한 청년이 갑자기 단상으로 다가가더니 상명으로부터 마이크를 넘겨받았다.

"아…… 잠시만 주목해주시겠습니까?"

부드러운 울림이 있는 차분한 목소리가 쩌렁쩌렁 귀에 울리자 선영은 깜짝 놀랐다. 소리가 난 곳을 돌아보니 어느새 단상에 올라가 있는 세영이 진지한 표정으로 말을 이어 가고 있었다.

"오늘같이 좋은 날에 자리를 함께해서 영광입니다. 저는 오세영이라고 합니다. 그리고 이 앞에 서 계신 예쁜 분들의 예비 가족이 되고자 이렇게 예쁜 하객분들 앞에 서게 되었습니다."

'뭐야, 뭐야, 뭐야. 그냥 제발 노래라도 부르고 들어가, 제발.'

선영의 머릿속에는 제발이라는 단어가 맴돌았지만 차마 목소리가 나오지 않았다. 그러는 사이 한 손에 마이크를 쥔 채로 세영이 단상에서 내려와 그녀에게 성큼성큼 다가오더니 품속에서 작은 상자를 꺼내 들었다. 그러고는 선영 앞에 서더니 한쪽 무릎을 꿇고 상자에서 작은 반지를 꺼내 들었다. 세영은 선영의 한쪽

손을 잡은 채 토끼눈이 된 선영을 올려다보며 말했다.

"처음 사무실에서 본 순간부터 반했습니다. 저와 결혼해주시겠습니까? 선영 씨를 위해서 평생 변론하고, 지켜주며, 사랑하겠습니다."

갑작스러운 세영의 프러포즈에 가족들과 하객들 모두 놀라면서도 즐거워했다. 그리고 새롭게 주인공이 되어버린 선영에게 모든 이목이 집중되었다. 상명도 어느새 자리를 옮겨 선영에게 마이크를 건네주었다. 선영이 머뭇거리는 사이 하객들이 한목소리로 '받아줘, 받아줘.'를 연신 외쳐댔다. 잠시 세영을 노려보던 선영이 마이크에 가까이 대고 시원하게 내질렀다.

"좋아요, 합시다!"

선영의 대답에 식장에 있던 모두는 약속이라도 한 듯이 자리에 일어나서 박수와 환호성을 질렀다. 그리고 선영은 하객들의 반응에 호응이라도 하듯 아직 무릎을 꿇고 있는 세영의 어깨를 짚고 입을 맞췄다. 당황하며 버둥거리는 세영을 보며 도영과 은서는 깔깔 거리며 즐거워했다.

수호는 소란스러운 틈을 타 아직 앞자리에 앉아 있는 아내와 민수에게 조용히 다가갔다. 기뻐하는 사람들 사이에 눈물을 흘리고 있는 것은 서로를 안아주는 이 세 사람뿐이었다.

ABOUT 태양광 발전소 완공 후 할 일

전문가가 아닌 삼남매가 이렇게 복잡하고 까다로운 인허가 절차를 정확히 이해하면서 준공을 준비하고 검사신청 등을 하는 것은 정말 어렵지요. 하지만 여기저기서 도움을 받아 결국 해내는 모습을 보니 너무 대견스럽네요.
실제로는 대부분 전문 인허가 대행사나 실제 공사를 전담한 업체에서 대행을 해주기 때문에 크게 걱정할 부분은 아닙니다. 다시 말씀드리지만 인허가가 끝난 이후에 그렇게 걱정할 만한 일은 없답니다. 공사가 끝난 후 처리해야 하는 몇 가지 행정업무에 대해 간단히 정리해볼까요?

사용전검사

사용전검사라는 것은 단지 태양광 발전소뿐만이 아니라 각종 전기설비의 설치 공사를 완료하고, 그 전기설비가 전기설비기술기준에 적합한지 여부를 검사하는 거예요. 이때 필요한 서류는 전기안전관리자 선임신고증명서, 시험성적서, 전기설비 사용신청서 등이 필요한데요, 전기안전관리자를 이때부터 선임해야 해요. 보통 전기안전관리 대행업체에서 월 수수료를 받고 전기안전관리자를 선임해주고, 100kW급 발전소의 경우 비용은 월 6~7만 원 정도예요.
사용전검사가 완료되면 이 날부터 실질적으로 상업운전이 가능하게 되요. 물론 뒤의 사업개시신고도 해야 하지만, 신고날짜도 사용전검사일로 소급해서 신청하게 되는 것이죠.

전력수급계약

개발행위허가가 끝나고 시공사를 선정한 후 도영이 한전을 찾아 전력수급계약 신청을 한 이야기 기억나시나요? 전력수급계약을 신청하고 한전에서 청구하는 시설부담금을 납부해야 한전에서 필요한 계통 공사를 완료하고, 최종 사용전검사를 마치면 한전과 전력수급계약을 체결하게 돼요.

전력수급계약은 영어로 PPA(Power Purchase Agreement)라고 흔하게 얘기되는 것이고, 내가 발전하는 전력을 한전이 시장가격으로 구매해준다는 계약이니까 매우 중요한 계약이에요.

사업개시신고

앞에서 발전 사업을 하기 위한 허가가 바로 '발전 사업허가'라고 했죠? 발전 사업허가의 마무리가 바로 사업개시신고예요. 발전 사업허가가 나올 때는 허가가 나온 것으로 끝나는 게 아니라 허가 조건 대로 제대로 이행되었는지 최종 확인하고 마무리하는 절차가 있어요.

사업개시 신고 때 필요한 서류도 상업운전 개시확인서(한전 발급), 사용전검사 확인증, 전기안전관리자 선임증명서, 현장사진 등으로 그렇게 어렵지 않은 신고예요.

RPS설비확인

전력수급계약이 한전과의 전력 판매 계약이라면 RPS 설비확인은 '이 발전소에서 생산한 전력은 신재생에너지 전력이기 때문에 일정 비율로 REC가 발급됩니다.'라고 하는 한국에너지공단 확인 절차예요.

태양광 사업의 매출은 전력 판매의 SMP와 신재생에너지공급인증서인 REC 두 가지로 구성된다는 것을 기억하시죠? RPS 설비확인은 두 가지 매출의 한 축을 이루기 때문에 전력수급계약만큼 중요한 것이에요. RPS 설비확인을 통해 최종 가중치가 확정되게 된답니다. 이렇게 해서 발생된 REC는 장기고정 가격계약이 체결되어 있다면 공급의무자에게로 일괄 판매되고, 그렇지 않다면 현물시장을 통해 거래할 수 있어요.

준공검사

주택 이격거리 제한, 민원 등을 풀며 삼남매가 어렵게 개발행위허가를 받아낸 것을 기억하시죠? 그 개발행위허가의 마지막이 바로 준공검사를 통과해서 '개발행위 준공'으로 끝나는 거예요. 즉, 개발행위허가 신청을 할 때 어떻게 태양광 발전소를 지을지 도면과 계획을 냈고, 그 서류에 근거해서 개발행위허가가 나옵니다. 그뿐만 아니라 여러 부서에서 의견사항을 달고 마침내 허가증이 나오는데요, 개발행위 허가 시 검토되고 승인되었던 그 도면, 사업계획, 부서 의견들이 변경 없이 그대로 공사가 완료되었는지 확인하는 과정이에요.

사실 개발행위허가 만큼 중요한 게 준공검사예요. 준공검사에 통과되지 않으면 최악의 경우 개발행위허가가 취소될 수도 있으니 조치사항들은 꼼꼼히 체크해서 반드시 준공검사를 마무리하고 준공검사필증을 받아내야 한답니다. 특히 태양광 사업의 경우 설비확인 신청일로부터 6개월 이내까지 준공검사필증을 제출하지 않으면 REC 발급이 중단되니, 얼마나 중요한 검사인지 아시겠죠?

나만의 머니 파이프라인 유지하기

내 발전소는 잘 돌아가고 있을까?

수호는 저녁에 홀로 잠자리에 들기 전 하루의 일과를 마무리하는 습관이 생겼다. 스마트폰의 앱을 통해서 기원 1호의 하루 발전 현황을 확인하는 일이었다.

발전소 공사가 완료되고 다복일렉에서 추천해준 모니터링 시스템을 설치했다. 앱을 실행하면 언제든지 모니터링 시스템과 연결이 가능했고 발전소의 이런저런 정보를 원격으로 확인할 수 있었다. 현재 발전은 얼마나 하고 있는지, 오늘, 이번 달, 올해의 누적 발전량뿐만 아니라, 발전소 운전 상태도 실시간으로 파악할 수 있었다.

주식이나 환율 상황 등 일에 관계된 지표를 늘 체크하던 습관이 이제는 자신의 발전소를 모니터링하는 일과로 바뀐 것이다. 그리고 매번 반복되는 등락마다 스트레스를 받으며 맞았던 시간이 이제 기대와 설렘 이는 시간으로 바뀌었다.

'4.5시간? 그러면 오늘 하루 수익이…….'

계산기 앱을 실행하려는 순간 전화벨이 울렸다.

—아빠, 뭐 해요? 저녁은 드셨어요?

“어, 그래 민수야. 이 시간에 웬일이야?”

—음…… 엄마가 전화 한번 해보라고 하셔서요. 궁금하면 직접 해보시면 될걸. 뭐 하고 계셨어요?

“아, 아빠 저녁은 진작 먹었고, 이제 막 자려던 참이야. 자기 전에 발전 잘됐는지 확인도 하고.”

—발전소는 잘 돌아가요?

“응, 꽤 괜찮네. 아직 여름치고 많이 덥지 않고 바람도 많이 불어서 작년보다도 좋네.”

—그래요? 발전소는 시간이 지날수록 조금씩 효율이 떨어진다면서요? 잘못 지은 거 아니에요?

“하하하, 넌 발전이 잘되도 걱정이니? 모듈들 효율이 떨어지는 건 맞는데, 날씨에 따라 그때그때 다른 거지. 이제 여름이니까 발전량이 좀 낮아질 거야.”

—어? 여름이면 햇빛이 더 세지는 거 아니에요?

“날이 더워질수록 변환 효율이 더 떨어진다고 하네. 그리고 금방 장마도 올 테니 더 낮아질 거구. 지금은 열심히 전기 생산해 줘야지.”

—신기한데요? 작년에 삼촌 결혼식에 구경하기는 했는데, 정작 어떻게 동작하는지는 설명을 못 들은 것 같아요. 언제 다시 천천히 구경하면 좋을 텐데.

"그래? 그러면 이번 주말에 집에 갔다가 내려올 때 다 같이 내려올까? 발전소 설명도 듣고 주변도 돌아보고. 더 더워지면 야외 다니기도 힘들잖아. 너 이제 학원도 안 다니니 시간 좀 나지?"

–진짜요? 전 좋죠. 제가 엄마한테 이야기해볼게요.

"그래, 고맙다."

민수는 최근 눈에 띄게 아빠와 고향집에 대한 서먹함이 사라졌다. 작년 가출 소동 때 일주일을 함께 지낸 것도 있었지만 아마 엄마의 변화도 영향이 있는 것 같았다.

수호는 민수의 변화가 기쁘기도 했지만 덩달아 고민도 생겼다. 수호는 자리에서 일어나 책상 위에 펼쳐져 있는 메모장을 집어들었다. 고향집에서 혼자 시간을 보내는 동안 이런저런 고민과 자잘한 생각들을 적어둔 메모였다. 첫 장부터 하나하나 넘기던 수호는 한 페이지의 짧은 메모를 보고 손을 멈췄다.

> 나와 가족들을 위한다고 시작한 발전소. 하지만 정작 나는 그들과 떨어져 시간을 보내고 있다. 공사가 끝나고 나면 무엇을 할 수 있을까. 언젠가의 제자리로, 내가 바라는 그 곳으로 돌아가기 위해 난 무엇을 해야 할까.

민수와의 통화가 그날의 고민에 대한 대답 같았다. 수호는 왠지 홀가분한 마음이 들었다. 잠을 청하기 위해 불을 끄고 돌아보니 창밖으로 유난히 별들이 가득해 보였다.

수익은 늘리고 유지비용은 낮추는 요령

"어? 오빠, 민수랑 언니가 발전소 들렀나 봐."

"응, 어제 형하고 통화했는데 민수가 발전소 구경하고 싶다고 해서 형수랑 같이 내려왔었대. 발전소 구경하고 식사도 하고 주변도 좀 둘러보고."

수호와 선영 그리고 도영과 은서 네 사람은 발전소 준공 1주년을 기념할 겸 가족 식사를 하기로 했다. 약속 장소를 찾아가는 동안 하늘이와 뒷자리에 앉아 있던 은서가 민수의 SNS에 올라온 사진을 본 것이다.

"그럼 이제 다시 합치신대?"

"음…… 글쎄 아무래도 떨어져 지낸 시간이 좀 되니까. 좀 지켜봐야 할 것 같아. 여기서 우회전인가?"

약속 장소에 도착하니 선영이 먼저 자리를 잡고 있었다. 하늘이의 돌잔치가 지난 지 얼마 되지 않았지만 마치 오랜만에 만난 친구처럼 호들갑스럽게 반갑다는 인사를 나누었다.

"와, 은서는 어째 점점 더 예뻐지는 거 같다? 그리고 하늘이도 그새 더 큰 거 같네. 우리 하늘이 잘 지내쪄여?"

"형은 아직 안 왔나 봐? 오 변호사님은?"

"응, 세영 씬 오늘 고객이랑 저녁 약속. 오빠는 조금 전에 연락 왔는데 아무래도 차가 좀 막혀서 조금 늦을 것 같대."

"형은 지금 기분 좋을 거야. 오늘도 SMP가 200원이 넘어갔어. 벌써 며칠째인지 모르겠어."

"우리는 고정가지만 SMP가 고정가 넘어서면 SMP 가격으로 받잖아."

"맞아, 근데 형은 REC를 따로 팔 수 있잖아. REC 가격도 요새 70원 정도 하거든."

통상 20년 이상 매전을 해야 하는 태양광 발전소의 수익은 전기 가격(SMP)과 인증서(REC) 가격 변동에 따라 크게 영향을 받는다. 가격이 올라가면 좋은 일이겠지만, 가격의 폭락도 걱정해야 한다. 그래서 안정성을 중요시하는 경우 전기 가격과 인증서를 묶어 고정으로 계약을 하는 경우가 많았다.

선영과 도영은 작년 발전소가 지어지는 동안 에너지공단에서 주관하는 장기 고정 가격 입찰에 참여했다. 낙찰된 금액은 kWh당 158원이었다. 입찰에 참여할 때는 혼자 작성하기 어려운 서류들이 있어 시공사나 주변의 도움을 받았다. 낙찰자들에게 배정이 된 발전 공기업과의 계약이 낯설었지만 큰 어려움은 없었다.

수호도 입찰에 참여는 했지만 꽤 긍정적인 시세 전망을 하고 있었기에 높은 가격으로 입찰에 참여했다. 입찰에 떨어져도 전기 판매는 가능하니 다음 입찰까지는 리스크를 안고서라도 거래 시장을 통해 높은 가격에 인증서를 팔면 된다는 계산이었다. 다만 시장가가 늘 등락하니 지금은 동생들보다 200원 이상의 단가로 거래하고 있지만 대신 가격 급락의 리스크는 늘 안고 있었다.

"형이랑 비교하니 아닌 것 알면서도 왠지 손해 보는 느낌이야. 운영비를 좀 줄이는 방법이 없을까? 1년 운영해보니까 운영비를 아끼는 것도 꽤 크겠더라고."

"그래? 많이 차이가 날까?"

"누나도 알겠지만 지금 나가는 비용이 모니터링 통신비 월 1만 원, 세무사 수수료 월 5만 원, 안전관리자 수수료 월 7만 원, 보험료 월 5만 원. 다 합치면 18만 원 정도 되거든. 1년이면 216만 원인데 지금 평균 매출 중에 거의 10%야. 대출 원리금 빼면 월 100만 원 정도 현금인데 18만 원이면 꽤 크지 않아?"

"안전관리자 수수료하고 통신료는 어쩔 수 없이 내야 하잖아?"

"맞지. 그래서 난 내가 부가세하고 종합소득세 신고를 직접 해 보려고. 그럼 월 5만 원 정도 아낄 수 있고, 보험료도 월납에서 연납으로 하면 반값이야, 연 30만 원. 그걸 다 합치면 1년에 90만 원 추가 이익."

"오, 그렇게 계산하니까 한 달분 현금이 더 생기는 셈이네. 그런데 세무사 없이 세금 신고를 할 수 있겠어?”

“응.”

“오, 뭐지 이 자신감은?”

“요새는 블로그나 동영상으로 사업자들이 무슨 신고해야 하고 세금 납부 어떻게 해야 하는지 알려주는 컨텐츠가 엄청 많거든. 그걸로 공부 좀 열심히 했어.”

“그래? 그럼 설명 좀 해봐. 간단하게.”

“뭐, 인허가 생각하면 복잡한 것도 아냐. 세금 신고는 부가가치세 신고하고 개인사업자 종합소득세 신고가 있고, 둘 다 홈택스에서 처리가 가능해.”

“부가가치세면 우리 공사비 10% 환급 받은 거?”

“응, 그 부가센데, 그때는 매입 세금을 환급 받은 거구, 지금 말하는 신고는 전기를 파는 매출에 붙는 부가세를 말하는 거야. 우선 누나랑 나는 매달 거래하고 있는 발전자회사한테 세금계산서를 끊어줘야 해. 홈택스에서 공동인증서로 로그인해서 발급 메뉴 들어가서 클릭만 몇 번하면 발전자회사하고 국세청까지 이메일 자동 발송.”

“오, 그거 편리하네.”

“신고 납부해야 하는 부가세도 사업장 주소지 세무서에서 1년에 두 번 납부 고지서가 날아와. 1년에 두 번만 몰아서 내면 되니까, 그것도 큰 문제는 없고.”

"그럼 종합소득세는?"

"응, 사업자는 1년에 한번 종합소득세 신고를 해야 하는데, 직장인 연말정산처럼 사업 소득세도 꽤 많이 자동화가 되어 있어. 태양광 사업의 경우에는 전기공급업에 해당되는데, 연간 수입금액이 3,600만 원 미만이면 단순 경비율이 적용 되거든. 아, 단순경비율이란 비용을 일일이 계산하고 증빙 갖춰서 신고할 필요가 없이 정부가 경비 비율을 딱 정해놓은 거야. 수입이 적은 사람들이 세금 계산하느라 머리 아프지 말라는 거지. 그런데 놀라지 마시라! 그 단순경비율이 첫해는 95.1%고 2년 차 이후부터는 87.26%야."

"가만, 그 말이 사실이라면 2,000만 원 수익이 나면 1,900만 원 정도가 경비로 인정된단 얘기인데? 100만 원만 과세 표준이야?

"응, 첫해는 100만 원이 과세 표준이고, 그다음 해부터라고 해봤자 250만 원 정도가 과세 대상이지. 소득세율 구간은 누나의 근로소득을 합쳐서 정해지겠지만 아마 과세 구간이 변경될 만큼 큰 소득은 아닐 거야. 아무튼 연간 수입이 1억 5,000만 원만 넘지 않으면 별도로 장부를 기재할 필요는 없어. 어, 형 이제 왔어?"

"늦어서 미안하다. 차가 좀 막혀야지. 제수씨도 잘 지내셨죠? 아이고, 하늘아! 얘 이거 귀여워서 어떡하냐."

"부러우면 오빠도 하나 더 낳아."

"하하하, 이 나이에 무슨. 형수 들으면 나 진짜로 쫓겨난다."

"어? 아주버님, 집으로 들어가신 거예요?"

"아직은 주말에만 있어요. 주중엔 다시 고향집에서 시간 보내고요. 그나저나 주문도 안 하고 무슨 이야기를 이렇게 열심히 하고 있었어?"

"운영비 줄여보자는 이야기, 세금 줄여보자는 이야기? 오빠도 세무사랑 거래하지?"

"아냐, 난 내가 직접한 지 좀 됐어. 시간도 많으니 공부도 할 겸. 그럼 너희 노란우산공제는 안 받니?"

"응? 그게 뭐야?"

"하하하, 이거 들으면 좋다고 난리 나겠는데?"

"뭔데, 오빠? 빨리 말해봐."

"중소기업중앙회에서 운영하는 건데, 왜 사업자들은 퇴직금이라는 게 없잖아? 갑자기 사업을 접게 되면 월급 받는 근로자하곤 다르게 퇴직금도 없어서 무슨 일이 생기면 생계 자체가 위협을 받을 수 있는 거지. 그래서 사업자들이 자발적으로 월 얼마를 정해서 적립할 수 있고, 나중에 폐업하게 되면 다시 돌려받는 거야. 근데 이게 중요한 게 뭐냐면 적립한 금액만큼 바로 소득공제가 돼."

"잠깐만, 그럼 일 년에 100만 원 정도 가입하면 첫해는 그 100

만 원 과세 표준마저도 모두 공제가 되어버리겠네?"

"정말 세금 이야기하던 거 맞구나? 응, 1년에 최대 500만 원까지 공제 받을 수 있으니까. 일정 금액까지는 세금을 안 낼 수도 있어."

"역시 오빠 금융쟁이!"

"선영아, 사장님이라고 부르라니까."

"알았어, 알았어. 자, 그럼 사장님 여러분. 사장단 기념 만찬을 시작해볼까요?"

설비의 고장과 사고

"어라? 오늘 같은 날에 0.8시간?"

한차례 비가 지나가고 갠 날씨에 선영은 기대감을 가지고 모니터링 앱을 열어보았다. 그런데 다른 맑은 날에 비해 발전량이 현저히 낮았다. 보통 이 정도 날씨에 지금 이 시각이면 최소한 2시간은 넘기고도 남아야 했다. 혹시나 하는 마음에 태양군 지역의 날씨를 확인해봤지만 그 역시 '맑음'이었다. 이해가 되지 않는 발전량에 선영은 도영에게 전화를 걸었다.

"어, 도영아. 누난데, 지금 바빠?"

"아니, 괜찮아. 밥 먹고 차 한잔하고 있는 중이야."

"너 지금 발전 시간 얼마로 나와? 내 거는 발전량이 좀 이상하게 찍히는데?"

“응, 잠시만? 우와, 오늘은 벌써 2시간이 넘었는데?”

“2시간? 내 건 0.8시간인데. 뭐, 고장 났나?”

“바로 옆에 있으니 발전량이 차이 날 게 없을 텐데? 혹시 인버터 운전 상태 확인해봤어?”

“아니? 잠깐만? 지금 확인 좀 해볼게. 아…… 이거 한쪽 인버터는 완전히 죽은 것 같은데? 다른 쪽도 이상하고.”

세 사람의 발전소는 각각 100kW급 설비였지만 인버터는 50kW 두 대로 구성되어 있어 서로의 발전량을 비교해볼 수 있었다. 도영의 인버터는 두 대 모두 비슷한 발전량을 보이고 있었지만 선영의 인버터 쪽에는 문제가 있는 것이 확실했다. 오전 9시부터 한 대는 동작을 하지 않고 있었고, 다른 한 대는 전력 생산 그래프가 쭉 떨어져서 도영의 인버터 출력의 절반도 채 나오지 않고 있었다.

“누나, 장애가 맞는 것 같은데? 9시부터 갑자기 떨어진 걸로 봐선 구름 탓도 아닌 것 같고.”

“지금 막 전기안전 관리자분한테 메시지 보냈더니 바로 답을 주시네. 마침 인근 지역에 있다고, 1시간 내로 가볼 수 있을 것 같대.”

“다행이다. 그냥 둘수록 손실이니까 빨리 처리해야지. 소식 들으면 나한테도 좀 알려줘. 형한테는 내가 이야기해둘게.”

선영은 초조한 마음으로 연락을 기다렸다. 한 시간 여가 지났을까, 전기안전 관리자로부터 전화가 왔다.

–사장님, 여기 지금 현장이에요.

"네, 이사님. 빨리 가주셔서 감사합니다. 어떤 상황이에요? 장애가 난 건가요?"

–일단 발전량이 떨어져 있는 쪽은 접속반 문제예요. 접속반 안에 있는 퓨즈가 하나 나갔네요. 제가 규격이 같은 퓨즈가 마침 있어서 바로 교체해드렸습니다. 지금은 전류값도 정상인가 보니 다른 문제는 없을 거예요.

"아, 네 감사합니다. 퓨즈가 왜 나간 걸까요?"

–글쎄요. 원인은 다양해서 뭐라 말씀드리기가 어렵네요. 일시적으로 과전류가 흐르는 일은 있을 수 있어요. 그래서 설비 보호하기 위해서 달아놓은 게 퓨즈니까요. 이게 없었으면 다른 설비가 영향을 받았겠죠? 이건 핸드폰 액정 필름 같은 소모품이라고 생각하시는 게 좋아요.

"아, 네, 다행인 거네요."

–그런데 문제는 다른 쪽 인버터예요. 다른 쪽은 이상이 없는데 인버터 자체가 아예 전원이 안 들어오네요. 이건 제가 어떻게 할 수 있는 건 아니고, 시공사나 제조사에서 점검을 직접 해보셔야 할 것 같아요. 겸사겸사 현장도 한번 보시는 게 좋을 것 같네요. 이번에 비 많이 왔을 때 토사가 좀 쓸려 나갔는지 배수로 쪽이 흙도 많이 차고 좀 밀려난 것 같아요. 제가 사진은 찍어서 보

내드릴게요.

"알겠습니다. 제조사 쪽에는 제가 연락을 해볼게요. 토목 쪽은 담당하시는 부분도 아닌데 알려주셔서 감사합니다."

–별말씀을요. 태양광은 토사 문제가 전기 문제가 아니라고 딱 잘라 말하기도 뭐해요. 토사가 크게 무너지면 매립한 전선도 영향이 가는 경우가 있거든요. 아, 지금 여기는 그 정도는 아니니 너무 걱정 마세요.

뭐라고 다시 감사 인사를 하려는 순간 전화가 다시 울렸다. 수호였다. 선영은 다급히 전기안전 관리자와의 통화를 종료하고 오빠의 전화를 받았다.

–그래, 선영아. 인버터가 이상하다고?

"어, 그러지 않아도 방금 전기안전 관리해주시는 장 이사님하고 통화했는데, 하나는 퓨즈 문제고 하나는 인버터가 아예 죽었나 봐. 퓨즈는 현장에서 해결이 되었는데, 인버터는 제조사에서 점검을 해야 한다고 하셨어."

–아…… 한 이틀 비가 쏟아지다니 그것 때문에 문제가 생겼나?

"그럴지도 몰라. 그리고 그 비 때문에 배수로 쪽도 현장에서 확인을 해보라고 하시더라고. 사진 찍어서 보내주신다고 했으니까 오빠하고 도영이한테도 공유해줄게."

–그래, 고맙다. 내가 내일 발전소 내려가볼 테니까 너무 걱정

하지 마. 제조사 빨리 와 달라고 부탁하고. 가능하면 제조사에서 오실 때까지 내가 현장에 머물러 있을게.

"응, 그래 주면 너무 고맙지."

–고맙긴 뭐가 고마워. 우리 가족 발전소인데 다 같이 돌봐야지.

"아, 잠깐만 장 이사님한테 또 전화 온다. 이따가 다시 연락할게."

–그래, 너무 걱정하지 마.

인버터 제조사의 대응은 생각보다 빨랐다. 오후 늦게 다복일렉을 통해 연락을 했음에도 바로 다음 날 현장에 엔지니어가 나와 점검을 해주었다. 수호를 통해 전해 들은 제조사의 답변은 명쾌했다.

해당 모델이 방수 성능에 이슈가 있어서 다른 현장에서도 비슷한 문제들이 있었고, 해당 기능을 보강한 새 제품으로 교체해 주겠다는 것이다. 무상 A/S 기간이 5년이라 아직 한참 남아 있으니 별도의 비용도 필요 없었다.

하지만 중단 기간 동안 발전 손실에 대해서는 보상이 어렵다는 입장이었다. 인버터 A/S의 책임이 있는 건 맞지만 그로 인한 손실은 책임 범위 밖이라는 주장이었다. 며칠 뒤 세영을 만난 선영은 한참 넋두리를 늘어놓았다. 가만 듣고 난 세영이 딱 잘라 말했다.

“그건 제조사 말이 엉뚱한 주장은 아니야.”

“왜요? 인버터가 문제가 있어서 내가 손해 본 건 맞잖아.”

“일반적으로 생각하면 그렇긴 한데, 법적으로는 그건 ‘결과적 손해’라고 해서 별도로 정하지 않으면 상대측에 묻기가 힘들어. 인버터가 고장이 안 났다고 하더라도 그 손해에 이르기까지 다른 요인이 있으면 직접적인 인과관계가 있다고 보지 않거든. 그래서 보험을 드는 거야. 보험에 예정이익상실도 커버하게 되어 있지?”

“응.”

“그러면 배수로 정비 비용하고 같이 묶어서 폭우로 인한 손해로 보험 청구하는 게 나을 거 같아. 제조사하고 싸우기보다는 잘 이야기해서 보험 처리할 때 도움도 받을 수 있을 거니까.”

“세영 씨.”

“어?”

“세영 씨는 왜 이렇게 말을 잘해?”

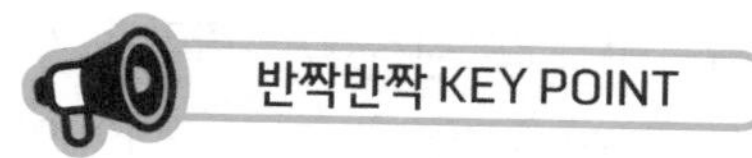

ABOUT 태양광 사업자로서 신경 써야 할 일

이제 삼남매는 각자의 발전소를 운영하면서 매출을 일으키는 사업주가 되었네요. 회사 생활만 하다가 부수익을 내는 사업체를 운영하는 것은 인생의 전환점이 될 만한 일입니다. 더 넓은 세상으로 한 걸음 내디딘 느낌이랄까요?

그런데 사업자가 되면 그동안 급여 생활자였을 땐 몰랐던 운영, 세금, 보험 등 신경 써야 할 일이 많습니다. 세심하게 신경 쓸수록 쓸데없는 비용이 새어 나가는 것을 막을 수 있겠죠?

발전소 모니터링 팁

시공업체가 '이게 모니터링 아이디하고 패스워드예요.' 하고 알려준 사이트 혹은 앱으로 들어가도 처음에는 이해하기 어려울 수 있어요. 많은 숫자가 보이는데 어떻게 봐야 하는지 잘 모를 수 있거든요. 누가 이 태양광 발전소는 문제가 있다, 없다 딱 얘기해주면 좋겠는데 말이죠. 하지만 여기 간단한 팁을 소개할게요.

매일매일 주변 발전소의 발전량과 비교해보세요. 태양광 발전소는 날씨에 따라 발전량이 다르기 때문에 오늘 발전량이 맑아서 높은 건지, 흐려서 낮은 건지 판단하기 애매할 때가 많아요. 수호, 선영, 도영은 같은 위치에 동일한 규모로 세 개의 발전소가 있기 때문에 서로의 발전소를 비교할 수 있습니다. 선영이 도영의 발전소와 비교하여 문제가 있음을 곧바로 발견할 수 있었지요.

주변 지역 발전소의 발전량을 공유해주는 사이트가 있으니 이를 이용해보세요. 주변 발전소의 발전량보다 며칠 동안(보통 2~3일 이상 연속) 떨어지면, 자기 발전소의 인버터별 발전량을 살펴보세요. 대부분의 모니터링 시스템이 인버터별로 발전량을 매일매일 그래프로 표시해주고 있고, 100kW라고 하면 인버터가 50kW짜리 두 개 설치되어 있는 경우가 많기 때문에 인버터별로 비교해볼 수 있어요. 이때 하나의 인버터 그래프가 현저하게 떨어진다면 발전소에 문제가 있는 게 맞아요.

문제가 있다고 확신한다면 전기안전 관리자에게 연락해서 점검을 부탁하세요. 전기안전 관리자가 현장에 나가서 전류량을 측정해보고 문제 여부를 바로 확인해줄 거예요. 보통은 퓨즈가 끊어진 경우가 많은데 그 외의 경우라면 시공업체나 제품공급업체에 A/S를 신청해서 처리해야 해요.

태양광 개인사업자의 세금 납부 팁

태양광 발전소를 운영하면서 납부해야 하는 세금 때문에 굳이 회계법인에 위탁할 필요는 없어요. 여러 개 발전소이거나 대형일 경우는 다르지만 100kW 정도의 발전소는 개인이 충분히 할 수 있도록 국세청 홈페이지가 잘되어 있답니다. 시기에 맞춰 그때그때 납부만 하면 아무 문제가 없어요.

신고해야 하는 세금은 딱 네 가지인데요 그 종류와 납부 시기를 알아볼까요?

세금	납부시기	설명
부가가치세	매년 1월 25일, 7월 25일	직전년도 7월~12월의 부가세는 1월에, 당해년도 1~6월의 부가세는 7월에 신고. 매출부가세에서 매입부가세를 뺀 차액을 신고하는데, 보통 국세청에서 전자세금계산서 조회를 하면 자동으로 계산됨
등록면허세	매년 1월	태양광 전기사업허가증에 대한 면허세. 2만 7,000원
종합소득세/ 지방세	매년 5월	개인사업자의 경우 납부해야 하는 소득세 및 지방세. 급여소득자의 경우도 개인사업자로 소득이 있을 경우는 종합소득 신고를 해야 함
재산세	매년 9월(토지)	건축물, 주택, 토지 등 소유 재산에 따라 납부 기간이 다름

삼남매의 그다음 도전

새로운 부지를 찾는 도영

아버지가 남겨주신 선물을 받아 1년이 넘게 운영을 해보자 도영은 사업에 대한 확신이 생겼다. 이는 조금이라도 빨리 발전소를 늘려 나가는 것이 유리하다는 생각으로 이어졌다.

내가 일하지 않아도 수익을 창출하는 자산은 여러 의미가 있었다. 노동이 의무가 되어버린 상황을 바꾸는 수단이기도 했고, 노후를 대비하는 방편이자 갑작스럽게 일할 수 없는 상황을 대비한 보험이기도 했다. 도영은 하늘이와 은서를 생각해서 필요한 용량을 정해 목표로 삼고 하나씩 발전소를 늘려 나가기로 마음먹었다.

하지만 막상 발전소를 추가로 지으려고 하니 땅을 구하는 게 쉽지 않았다. 사실 첫 발전소를 지은 것은 아버지의 땅이 있었기에 가능했다. 그 이후의 절차는 한번 겪어보았기에 어느 정도의 자신이 있었지만, 땅을 찾는 일은 평소 부동산 관련한 지식이나 경험이 전무했던 도영에게는 쉽지 않은 일이었다.

도영은 자신의 주변에서 가장 믿을 만한 전문가인 다해엔지니어링의 김 대표를 찾아갔다.

"태양광 개발 전문으로 하시는 분들은 어떻게 땅을 알아보냐는 질문이신 거죠?"

"네, 맞아요. 전국의 땅을 다 찾아다닐 수도 없고, 여기저기 공인중개사한테 문의해봤는데 다들 명확하게 말씀을 못 하시더라고요. 일부는 알아보고 연락해준다고 하고는 몇 달이 지나도록 소식이 없고요."

"요샌 가장 중요한 게 한전 선로의 여유 용량이에요. 용량이 남아 있는 지역을 대상으로 땅을 알아보는 것 같아요. 땅이 아무리 좋아도 연계할 선로가 없으면 허가가 나도 증설하는 데에 대기하는 기간이 많이 걸리고, 최근 한전이 선로비용부담으로 사업자가 직접 시공하는 방향으로 제도를 검토하고 있는 상황이에요. 태양광을 많이들 하시다 보니 나름대로의 경쟁도 있습니다."

"그럼 그런 지역을 찾은 다음에는 어떻게 접근하시나요?"

"그 지역의 공인중개사 사무실을 몇 군데 방문해서 이야기를 나눠보는 거죠. 그런데 태양광을 목적으로 토지를 물색한다고 말하면 중개사분들이 중개를 잘 안 하려고 하는 경우가 많아요. 토지 매매 중개 수수료가 매매대금의 0.9%밖에 안 되니 들이는 수고에 비해서 대가가 적다고 생각하죠. 그래서 전문으로 태양광 부지를 찾으시는 분들은 별도의 수고비를 수수료만큼 챙겨준다고 약속을 해줘요."

"발품을 많이 팔아야 하는군요."

"뭐, 동네 이장님 찾아가서 인사드리고 직접 토지를 소개받는 경우에 비하면 그래도 덜하죠. 물론 다른 방식으로 접근하시는 사업자분들도 있으세요. 이런 분들은 먼저 포털 사이트나 부동산 전문 사이트를 통해서 해당 지역의 땅을 하나씩 직접 확인해요. 계통도 있고 인허가도 가능해 보이는 부지를 솎아내는 거죠. 가능한 부지를 발견하면 몇 개 묶어서 공인중개사 사무실에 알려줘요. 그러면 중개사가 직접 토지주를 수소문해 계약을 성사시키는 경우도 있죠."

"적절한 땅을 구하는 게 정말 쉬운 일이 아니네요."

"네, 구하기도 어렵지만 선로 여유 용량이 있는 지역은 땅값도 비싸서 평당 12~15만 원은 줘야 해요. 비싸면 20만 원 부르는 경우도 있습니다. 저도 주변에서 땅 좀 찾아 달라는 부탁들을 많이 하시는데, 참 쉬운 일이 아니라 늘 빚지고 사는 느낌입니다. 하하하."

"대표님, 사실 얼마 전에 아는 분 아버님이 1,000평 정도 땅을 팔려고 하신다는 이야기를 우연히 들었어요. 큰돈이 걸린 일이다 보니 부지 검토하는 일이 막막했는데, 혹시 좀 봐주실 수 있을까요?"

"그럼요. 지번 알려주시면 제가 한번 검토해보겠습니다."

"감사합니다. 대표님, 제가 알아보고 내일 중으로는 주소 보내드릴게요."

도영이 김 대표로부터 검토 결과를 확인 받는 데에는 1주일이 채 걸리지 않았다.

"결론부터 말씀 드리면 괜찮은 땅인 것 같아요. 지형도 좋고 인허가도 가능할 것 같습니다. 계통이 남아 있지만 많은 여유가 있는 건 아니니 진행하시려면 빨리하시는 게 좋을 것 같아요."

"아, 좋은 소식이네요."

"매매가격은 상의해보셔야겠지만 가격을 좀 올려드리더라도 잔금을 인허가 완료 시에 드린다고 하는 게 좋을 거예요. 해보셔서 아시겠지만 인허가라는 게 변수가 많거든요. 평수가 크지 않으니 잔금 기한을 1년 이상으로만 하면 괜찮을 겁니다."

"잘 알겠습니다. 대표님! 제가 확인해보고 연락드릴게요."

도영이 계산을 해보니 첫 번째 발전소의 매전 대금이 쌓여 계약금을 지불할 수 있는 정도였다. 기원 3호의 대출 거치 기간 2년 동안 은행 대출 이자와 수호에게 주는 '형식'적인 이자를 제외하고는 고스란히 도영의 통장에 있었고, 최근 SMP 가격도 높고 발전량도 좋아서 월 100만 원 이상 수익이 들어오고 있었기 때문이었다.

무엇보다 사업을 만드는 과정을 하나하나 좌충우돌 부딪치고 겪었던 경험치가 있었다. 하나의 사업을 성공하자 다음 사업으로 이어지는 길을 열어주었다. 아버지의 선물이 도영과 가족들에게 마중물이 되었다.

대형 사업에 도전하는 수호

"이사님, 사업 직접 해보시니까 어때요?"

"말도 마. 무슨 일들이 생길지 미리 알았으면 무서워서 시작 못 했을 거예요.."

"그래도 대단하세요. 자기 돈으로 새로운 일 투자하시는 게 막막하고 힘드셨을 텐데."

"일이라고 생각했으면 괴로워서 못 했을 거야. 그래도 하나하나 해결해놓고 보니 정말 보람이 커. 꼭 첫 애 키우는 일이랑 비슷해. 왜 진작부터 조금씩이라도 나 스스로를 위해서 노력하지 않았나 싶어."

지난번 대출을 알아봐준 후배에게 고맙다는 인사를 겸해서 가진 술자리였다. 인사처럼 시작했던 잠깐의 태양광 이야기가 지나가자 대화 주제는 후배의 근황부터 주식 시장, 골프 대회를 거쳐 다시 태양광 이야기로 돌아왔다.

"사실은 제가 아는 태양광 개발사가 저한테 같이 일하자는 이야기를 하더라고요. 금융이 중요한데 이 분야를 끌어줄 사람이 부족하다고요. 제가 이직하긴 좀 이른 자리인 것 같아 이사님 추천해보려고 하는데…… 어떠세요? 태양광만 하는 회사는 아니고 풍력이나 에너지저장장치 사업기획 및 개발을 전문으로 하는 꽤 큰 회사예요. 금융 경험이 많은 임원급을 영입하려고 하는데 저보다는 형이 제격인 것 같아서요."

수호는 마침 다음 단계에 대해서 고민을 하던 참이었다. 직장생활을 이어갈지, 발전 사업을 계속 넓혀 나갈지를 두고 고민했다. 이제 지어놓은 발전소도 안정되어 크게 손을 탈 일도 없었고, 가족들과 시간을 보낼수록 고향집에 내려가는 시간도 줄어들고 있었기 때문이었다. 그렇다고 자신의 사업을 확장해 나가기에는 무언가 지식과 경험이 부족하다는 생각이 들었다. 후배의 제안은 그런 점에서는 매력적이었다.

좀 더 숙고해보겠다는 말을 남긴 수호는 후배가 말한 회사에 대해서 좀 더 알아보았다. 그 회사는 부동산 개발, 태양광, 풍력 등 재생에너지, 프로젝트 금융 등 에너지 사업개발에 필요한 각 분야에서 오랜 경험을 가진 다양한 전문가들로 구성된 내실 있는 회사로 보였다. 주로 중대형 사업을 장기적으로 기획하고, 부지를 확보하며, 사전 입지분석과 타당성 분석을 해 나가는 전문 회사였다.

이 회사가 인상적이었던 것은 개발을 추진하는 방식이었다. 수호가 그간 보아 왔던 개발사들은 개인 중심의 소규모 회사에, 일의 진행 과정에서도 원칙 없이 주먹구구로 사업을 진행하는 경우가 많았다. 하지만 이 회사는 상당히 큰 규모의 펀드의 투자가 배경이 되어서인지 상당히 체계적인 단계와 원칙을 가지고 운영되었다.

수호의 1차적인 목표는 메가급의 발전소였다. 최소한인 1MW, 즉 1,000kW급 발전소의 경우에도 최소 3,000평 이상의 부지가 필요했고, 매입비만 3~5억 원 규모의 투자가 동반되었다. 전체 사업비로 보면 17~20억 수준의 자금 동원도 가능해야 했다. 개발 기간 역시 인허가에만 1~2년, 계통 선로 증설을 기다리는 데에도 짧게는 2년에서 길게는 5년까지도 기다려야 하는 어려움 있었다. 하지만 만약 이 회사에 입사한다면 노하우나 인적 네트워크의 확보뿐만이 아니라 자신의 프로젝트의 추진도 병행이 가능해 보였다.

생각이 여기까지 미친 수호는 전화기를 들어 후배에게 전화를 걸었다.

"그 회사에 대해서 좀 알아봤는데, 괜찮을 것 같아. 혹시 대표님을 좀 만나뵐 수 있을까?"

분양을 알아보는 선영

선영은 발전소가 안정기에 접어든 이후에도 여전히 바쁜 기자 생활을 하고 있었다. 달라진 것이 있다면 시간을 쪼개 가며 세영과 시간을 보낸다는 것, 매일 따박따박 발전소 수익이 들어온다는 것이었다.

대출을 1억 2,000만 원만 받은 선영은 처음 2년간은 원금상환 없이 이자만 내는 기간이었기에 태양광 사업 매출 중 이자 비용을 내고 남는 돈은 월 평균 130만~160만 원이 되었다. 이 금액은 다음 발전소 투자를 위해 거의 전부를 적금으로 모으고 있었지만, 예상보다 높은 소득이 있는 달에는 못된 일을 꾸미듯 두근두근한 마음을 안고 백화점에 가곤 했다. 결국 빈손으로 돌아올 때가 대부분이었지만 스스로를 위한 약간의 소비를 즐긴 날에는 입꼬리가 슬며시 올라가는 것도 어찌할 수 없었다. 처음 시작할 때만해도 반신반의한 마음이 있었지만 말 그대로 해가 뜨면 돈이 들어오는 모습을 보니 그저 신기할 뿐이었다.

직장 생활 외에 특별한 노력을 기울이지 않아도 저절로 수익을 내는 자산을 소유하게 된 삼남매는, 각자의 방식으로 추가적인 사업을 해볼 기회를 찾아보기로 했다.

하지만 선영은 시간적 여유도 부족했고, 타고난 성정이 돌다리도 두들기고 두들기는 성격이라 쉽사리 기회를 찾지 못하고 있었다. 무엇보다 토지부터 확보하여 지난한 인허가 과정을 다시 반복하고 싶지는 않아 오히려 완공된 발전소를 인수하는 데 관심을 갖고 있었다.

여느 때처럼 사무실에 출근해 기사를 모니터링하고 있던 어느 날, 선영은 새로운 기회에 대한 힌트를 얻었다. 오래전부터 '태양광'이라는 단어가 포함된 기사가 있으면 한 번 더 눈여겨 읽곤 했다. 가짜 뉴스들은 여전히 많았지만 이제 선영은 무엇이 진실이고 거짓인지 대충은 판별해낼 수도 있었다.

100억대 태양광 분양 사기……300여 명 피해자들 한숨만

"태양광 분양?"

기사를 막 훑어보려던 참에 옆에 앉은 선배 기자가 선영의 혼잣말을 듣고는 참견했다.

"너도 그 기사 봤어? 참 세상에, 이제는 이런 걸로 사기 치는 사람도 있네."

"태양광도 아파트처럼 분양을 하나 봐요?"

"그러게? 기획 부동산처럼 개발업자들이 땅을 알아봐두고, 먼저 사람들을 모집해서 계약금을 받고, 그 돈으로 땅도 계약하고, 인허가 내고 그러면서 발전소가 만들어지면 분양해주는 건가 봐."

"그렇게 큰 부지 확보하는 게 쉽지 않을 텐데요? 인허가도 어렵고, 민원도 많을 거고."

부지 확보, 인허가, 민원이라는 단어들이 선영에게는 더 이상 막연한 단어들이 아니었다.

"그렇겠지. 그래서 약속대로 진행이 안 되면 분쟁도 생기고, 사고도 많이 나나 봐. 아예 작정하고 사기 치는 사람들도 생기고. 나도 얼마 전에 친한 후배 녀석하고 술 한잔하다가 듣게 됐어."

선배 기자로부터 들은 얘기는 후배의 아찔한 경험담이었다. 아파트 분양의 경우에는 부지 확보와 인허가 과정에서 지자체와 관련 부처의 철저한 모니터링이 동반된다. 공사 진행 과정에서도 대형 건설사가 보증해주는 경우가 많았다. 이와는 다르게 태양광은 '분양'이라는 단어를 쓰지만 일반적인 아파트 분양과는 사뭇 다르게 진행되고 사고의 위험도 높았다.

"근데 태양광 사업이 괜찮긴 괜찮은가 봐? 그 후배 얘기도 태양광 사업에 투자한 사람들은 하나라도 더 하려고 한대. 그래서 분양 소식이 있으면 사람들이 몰린다고 하더라고. 하여튼 뭐든지 유행이라고 하면 문제가 생겨요. 땅도 좁은 나라에서 나무 베고, 산 깎고……."

선영은 선배의 이야기를 더는 듣지 않았다. 그 이후는 듣지 않아도 뻔한 레퍼토리였기 때문이었다. 선영이 주변 사람들에게 태양광 사업주라는 말을 쉽게 꺼내지 못하게 만드는 이유 중 하나였다.

'아, 두 개만 더 있으면 한 달에 400만 원 이상 여윳돈이 생기고, 대출 다 갚고 나면 지금 월급 이상의 고정 수입이 생길 텐데…….'

지난달 퇴직금 중간 정산을 받아 '태양광 적금'의 잔고를 합치면 100kW 발전소 하나를 추가로 할 수 있는 여력이 되었다. 선영은 마음이 확 기울었다. 수호와 도영과 함께해 왔던 그 과정을 또 할 자신은 없었지만 분양이라면 이야기가 달랐다.

'잘만 고르면 사기 안 당하고 좋은 사업 건을 구할 수도 있지 않을까?'

곧바로 태양광 분양을 검색해본 선영은 생각보다 많은 분양공고가 있는 것에 놀랐고, 공고의 내용을 보고 두 번 놀랐다.

2억 5,000만 원 투자로 월 수익 400만 원 보장, 계약금 3,000만 원, 인허가 완료 시까지 추가 5,000만 원.

그동안 수호와 함께 수익성을 꼼꼼하게 분석해 온 선영은 이 숫자를 보고 깜짝 놀란다. 상세 내용을 보니, 아니나 다를까 발전시간 예측도 너무 낙관적이고 매전 단가도 가장 높을 때 기준으로 계산이 되어 있었다. 인허가가 실패할 경우나 공사 과정에서 문제가 생길 경우에 관해서도 언급이 없었다. 모든 공고가 다 이렇다고 할 수는 없었고, 이 공고의 내용이 실현 불가능하다고 단정 지을 수도 없었다. 하지만 선영의 눈에는 확인할 것도 너무 많았고 리스크도 커 보였다.

'하아…… 그래 분양은 아닌가 봐. 이 정도의 리스크면 지금 내 상황에서는 그냥 적금이나 차분히 들어두는 게……'

가벼운 한숨과 함께 인터넷 창을 닫는 순간 전화기가 울렸다. 수호였다.

–선영아, 별일 없지? 너 100kW 하나 더 해볼래?

"발전소? 아니, 갑자기? 아버지 노트라도 또 찾았어?"

–하하하…… 그건 아니고, 미처 말 못 했는데 내가 지난달에 서울에 있는 재생에너지 개발사에 들어갔어.

"아, 정말? 그럼 출근도 여기서 하겠네? 잘됐다. 언니하고 민수하고도 계속 같이 지내겠네. 오랜만에 하는 회사 생활은 어때? 지금까지 해오던 일과 많이 달라서 어려운 거 아냐?"

–하는 일은 크게 다르지 않아. 수익성 따지고 리스크 따지는 거야 늘 하던 거니까. 그리고 나름 사업 개발 경험이 생기니 생각보다 생소하지도 않고. 너희들 가르쳐주려고 혼자 공부했던 게 여기서 쓰일 줄은 몰랐다. 다만 규모가 커지니까 모든 숫자에 0이 한두 개씩은 더 붙는 거 빼놓고는 비슷해.

"응, 그렇겠네. 그런데 갑자기 발전소는 무슨 이야기야?"

–아, 혹시 태양광 분양이라고 들어봤어? 우리 회사에서 그 분양사업을 했는데, 분양 받은 한 분이 계약을 취소하고 싶대. 인허가도 다 나고 공사 준비도 끝났다고 아무리 설득을 해도 어디서 무슨 말을 들었는지 막무가내야. 회사 차원에서야 하나 정도 빠져도 전체 공사 진행하는 데에 문제는 없어서 그냥 진행하자는 말이 나왔는데, 선영이 너 생각이 나서 잠깐 기다려보라고 해

됐어.

"분양 사고가 많이 난다더니, 이번 건은 분양 받은 사람이 문제네."

–그런 거지. 그래서 혹시 여윳돈 있으면 이거 가져가볼래? 인허가도 마쳤으니 너도 알다시피 9부 능선은 넘은 거잖아. 계약금과 중도금을 한꺼번에 치러야 해서 부담은 될 수 있는데, 남 주기는 좀 아깝다.

"오빠는? 도영이는 안 한대?"

–전에 너도 들었잖아. 도영이는 자기가 직접 땅 구해서 시작했어. 그리고 나는 얼마 전에 회사에서 진행하는 1MW 건에 투자를 했어. 좀 큰 걸로 가져보고 싶어서. 그래서 지금은 여유가 없다.

"사실 하나 더 해보고는 싶었는데, 시간 내기도 어렵고 과정도 힘들어서 주저하고 있었어. 어디 모르는 데서 분양 받는 것도 겁나고."

–잘됐네. 이 건은 내가 투자심의 위원회도 쭉 참석한 건이라 잘 알아. 세상에 100%는 없지만 괜찮은 건으로 보여. 메일로 자료 보내 줄 테니 한번 살펴봐.

"오, 고마워. 오빠가 본 건이면 틀림없겠지."

–선영아, 투자는 너 자신도 쉽게 믿지 마라.

"하하하, 역시 금융쟁이. 알았어. 확인하고 연락 줄게."

ABOUT 태양광 사업 이후

한번 발전소를 소유하고 투자를 하는 사람들이 대부분이 추가 발전소 투자와 사업을 진행하는 경우가 많아요. 아는 사람들만 사업을 하는 시장의 특성이기도 하고, 처음부터 시행착오를 거치면서 진행하였기에 나름대로 노하우와 진행 절차를 이해하게 된 것이죠.

중대형 태양광 사업 개발

수호의 경우는 좀 더 큰 1,000kW급 발전소 투자를 알아보고 있네요. 본격적인 태양광 사업을 준비하는 것 같은데요, 소규모와 중대형 발전소를 비교해볼까요?

태양광 발전소는 소규모 발전소와 중대형 발전소로 분류할 수 있어요. 소규모 발전소는 20kW부터 500kW급이라고 할 수 있으며, 가장 많이 사업자로 보유 및 운영하고 있는 규모는 삼남매가 투자한 100kW급이지요.

중대형 발전소는 500kW가 넘는 1,000kW급과 그 이상의 특고압 계통연계를 해야 하는 40,000kW급 이상이 있어요.

최근 개발 기간의 장기화와 계통연계의 자체 사설변전소 건설과 계통 경과지 건설비용의 증가로 아예 규모를 키워 100,000kW급 발전소도 많이 개발 및 건설되고 있어요.

표로 비교하여 살펴볼까요?

항목	소규모	중대형
설비 용량	20~500kW	500kW 이상
총사업비	4,000만 원~ 10억 원	10억 원 이상
사업자 형태	개인사업자	법인사업자
대출 형태	개인 및 시설담보대출	프로젝트 파이낸싱
계통연계 방식	배전선로 이용 (저압 연계)	22.9kV 배전선로 혹은 송전선로(20,000kW 이상) 이용 40,000kW 이상은 자체변전소 짓고 154kV로 변전소 직접 연계
전기사업허가 기관	기초자치단체 (1,000kW 미만)	광역자치단체(1,000kW 이상) 혹은 전기위원회(3,000kW 이상)
공사계획신고	신고 (10,000kW 미만)	신고 또는 인가(10,000kW 이상)
개발기간	1~2년	2~5년
공사 기간	3~6개월	6개월~2년
안전관리자	안전관리대행 업체 위탁가능	안전 관리자 선임 상주(1,000kW이상, 원격감시시스템이 있는 경우 3,000kW 이상)

태양광 사업 분양

도영은 부지 확보부터 직접 추가로 개발을 하겠다고 했지만 선영은 하는 일도 바쁘고 직접 개발을 하지 않아도 되는 분양을 알아본다고 했지요. 그런데 분양은 정말로 잘 알아보고 해야 해요.

태양광 발전소 분양은 전문 분양 및 개발업체에 의해서 개발 예정 및 개발된 발전소를 분양 받아 참여하는 투자 형태죠. 1,000kW 이상으로 개발될 수 있는 부지를 개인 투자자에게 100kW 단위로 분할해서 매각하는 형태가 일반적이에요.

태양광 사업 분양의 장점은 크게 세 가지가 있어요.

첫째, 개발 과정에서 부지선정, 현장조사, 타당성분석, 각종 인허가, 설계 등 기술적/전문적으로 복잡한 과정을 거치기 때문에 개발 리스크가 해소된다는 점이죠. 즉 투자자가 직접 부지를 찾거나 인허가, 민원 등을 해결할 필요가 없어요.

둘째, 개발 시 소요되는 시간을 절약할 수 있으며, 전문적인 지식 없이도 투자할 수 있어요. 대체로 대단위로 분양을 진행하기 때문에 시공이나 운영 과정에서 특별히 신경을 쓸 일이 없이 발전 사업을 추진할 수 있어요.

셋째, 대부분 발전소 운영 시 유지관리 등 분양사에서 대행 및 지정한 전문 업체에서 대행해주기 때문에 설비운영에는 어려움이 없겠죠. 이러한 이유로 분양은 태양광 발전 사업을 처음 시작하는 은퇴자, 노후준비자 및 투자자 등이 선호하는 투자 유형이에요.

태양광 사업 분양의 단점은 크게 두 가지입니다.

첫째, 전문개발 및 분양회사가 아닌 분양대행사에 의한 중개업무만 수행함에 따른 계약금 등 사기 계약 및 악의적 횡령 등이 발생할 수 있어요.

둘째, 법적으로도 부동산 분양 및 중개업무와 다르게 태양광 발전 사업 분양 업무에 대한 법적지위가 확보된 업체가 수행하지 않기 때문에 제도적, 법적 안전장치가 없어요.

이러한 문제점을 사전에 예방하고 해결하기 위해서는 철저한 분양업체에 대한 조사 및 검증 절차가 필요해요. 또한 계약 체결 시 계약서 내용 및 지급 금액 등에 대한 보증보험 증서 제공과 같은 안전장치를 확인해야 하고요, 개발 기간이 지연됨에 따른 해지 조항 및 매몰가능성 비용에 대해 철저하게 계약 조항에 반영해야겠죠.

이러한 내용들을 확인하기 위해서는 투자자 본인이 태양광 사업에 대한 전반적인 이해를 위한 일정 부분 지식 확보와 학습이 필요해요. 관련 사업정보 공유 사이트나 전문기관, SNS를 적극 활용하여 문의와 공유를 통한 검증을 지속적으로 진행하는 게 중요해요.

과수원 농장을 햇빛 농장으로 바꾸다

경북 상주시 공검면에 사는 농부 고정환 씨(69세)는 요즘 아내부터 평생 들어보지 못한 칭찬과 존경을 받고 있다고 하는데요. 아내는 젊을 때 농부 남편에게 시집와서 40년 넘게 과수원 일을 하면서 몸이 정상인 곳이 없었다고 합니다. 새벽부터 나가서 저녁까지 일하고 주말도 없고, 장마철 비가 많이 오면 언제든 나가서 과수원을 살펴봐야 했다는군요. 고생 끝에 수확기에 태풍이라도 오면 한 해 농사를 망치고 수입도 떨어져서 마음고생도 심했습니다. 몇 년 전부턴 어깨, 허리, 무릎 등 만성 통증으로 쑤셨습니다. 하지만 시골동네에 일하는 사람을 구할 수 없어서 쉴 수도 없었다고 합니다.

고정환 씨는 과수원과 벼농사를 병행하고 있었는데, 2017년 주변 부동산 업자의 중개로 태양광 개발사업자가 자신의 논에 태양광 발전소를 하기 위한 장기임대 제안을 받고 약 2,500평을 20년 임대해주고 연 1,500만 원씩 받기로 임대차계약을 체결했습니다.

자신의 논을 임대해준 고정환 씨는 태양광 사업에 대해 관심이 생겼습니다. 그 태양광 사업자에게 물어보니 당시 900kW 용량으로 연간 2억 원 정도 벌고 대출원리금을 포함한 운영비를 빼면 약 1억 원 정도 수입이 된다는 사실을 알게 되었습니다.

고정환 씨는 아내와 상의한 후, 가족이 갖고 있는 과수원에 태양광 발전소를 짓기로 결정했습니다. 태양광 사업자에게 의뢰를 하여 자기자본 3,000만 원으로 인허가비용, 각종제세공과금, 한전 불입금을 직접 납부하고 개발행위허가를 받을 수 있었답니다. 본인 땅에 인허가를 받았기에 초기 투자비가 분양받는 사업자보다는 덜 들어갔던 것이죠.

고정환 씨의 95kW 태양광 발전소 전경

그러나 태양광 발전소를 갖게 되는 과정이 순탄하지만은 않았다는데요. 개발행위허가를 받고 나서 한전에 PPA를 신청했는데, 한전에서 여유 선로가 없어서 1~2년 기다려야 한다는 이야기를 들은 것입니다. 허가만 받으면 바로 발전소를 짓을 수 있을 것으로 생각했는데 2년을 기다려야 하는 것은 상상할 수 없었습니다.

다행히 자신의 땅이라서 토지대금을 지급할 필요는 없었고, 선로용량을 기다리는 동안 과수원을 운영하기로 하고 마음을 다스렸다고 하는군요. 물론 3,000만 원을 투자한 상황이라 '일이 잘못되면 어떡하지? 이제 나이 70인데 돈만 까먹은 것 아닌가?'라는 불안이 없진 않았지만 말이에요.

2년 후, 한전으로부터 선로용량이 확보되어 공사할 수 있다는 업체의 연락을 받은 고정환 씨는 꽉 막혀 있던 체증이 쑥 내려갔다고 합니다. 태양광 개발업체의 안내로 농협으로부터 시공비 1억 2,000만 원을 대출받아 시공비를 지급하고 마침내 고정환 씨의 개인 발전소를 준공하였습니다.

처음에는 99KW로 계획했으나 고정환 씨의 땅 모양이 반듯하지 않아 최종 95kW가 되었습니다. 하지만 과수원 부지였기 때문에 햇빛이 좋아 발전량도 연평균 4.2시간이 나왔고, 시공 업체 사람에게 전국에서 최상급 발전소라는 말을 들었을 때는 2년이나 선로를 기다린 보람에 가슴이 뿌듯했다고 합니다.

고정환 씨는 매달 은행 대출금을 제외하고 120만 원씩 통장에 수익금이 들어온다고 합니다. 통장에서 쌓이는 돈만큼 행복도 쌓여 가고 있는데요, 고정환 씨의 아내는 "남편이 태양광해서 이제는 힘든 일 안 하고 몸도 덜 아파요. 태양광이 효자네요."라면서 편안한 미소를 띠었습니다.

고정환 씨 부부는 그 이후 30kW 발전소 두 개를 추가로 운영하고 지금은 햇빛농장 농부로 생활하고 있습니다.

아버지와 아버지

새벽 외출 채비를 하며 기원은 창밖을 돌아보았다. 밖에는 안개가 유독 짙어 보였다. 평소라면 소주라도 두어 잔 먹고 나갔겠지만 오늘만은 그럴 수 없었다. 1년을 넘게 준비한 태양광 발전소 계약 날이기 때문이다. 인감과 서류 뭉치를 가방에 넣으면서 잠깐 아이들 얼굴을 떠올렸다. 10년쯤 전 얼굴들이다.

보고 싶다고, 미안하다고 말은 못 하겠지만, 알아줄 거라고 생각했다. 오늘 계약이 잘되어서 발전소가 무사히 완공된다면, 아이들도 알아줄 거라고 생각한다. 그리고 기원이 왜 그런 시간들을 겪어야 했는지, 지난 시간에 대해 어떻게 느끼고 있는지, 아이들은 나와 같은 삶을 살지 않게 되는 것을 얼마나 바라고 있는지 알아줄 거라고 생각한다.

오늘이 이제 시작 날이지.

집을 나서 터미널로 걸어가던 기원은 푸르스름하게 떠오르는 해를 보면서 다짐했다. 지금까지 못 해준 것들, 해주고 싶었지만 해주지 못한 것들을 오늘을 시작으로 해주는 거야. 매일을 살기 위해 벌고, 벌기 위해 사는 쳇바퀴에서 벗어나기를 맘속으로 기도하며 가방을 고쳐 멨다.

그리고 길을 건너기 위해 뒤를 돌아보는 순간 숨이 턱 막혔다. 그리고 눈앞이 밝아지면서 새벽녘의 어스름한 하늘이 눈앞을 스쳤다. 하늘을 보고 드러누운 기원은 희미하게 정신이 들었다. 무슨 일이 일어났는지, 얼마나 시간이 지났는지, 여기가 어디인지도 잠시 기억이 나지 않았다. 무언가 쉬이이익 새는 소리가 들렸고 불쾌한 냄새도 나는 것 같았다. 아프지는 않지만 몸이 움직여지지 않았다.

하늘이 이렇게 어두웠나. 아까까지만 해도 조금은 밝았는데. 생각할 기운도 없다고 느끼는 순간 기원은 다시 정신을 잃었다.

누군가 몸을 흔들고 소리를 치는 느낌이 들어 희미하게 눈이 뜨였다. 어둠 속에서 번쩍번쩍 빛이 눈앞을 때렸다. 아, 난 사고를 당한 건가. 길거리였구나. 참, 계약을 하러 가던 참이었지. 가방, 가방은 어디 있지?

고개를 돌리려 했지만 돌아가지 않았다. 애써 몸을 뒤틀어 겨우 고개를 가누어보니 뜨거운 통증과 함께 희미하게 누군가 가방과 서류를 줍는 모습이 보였다.

다행이다. 고맙습니다.

목소리는 나오지 않았다. 서류들이 무사한 모습에 눈을 떼지 못한 채로 기원의 하늘은 다시 어두워졌다.

그리고 2년이 지난 같은 날짜, 같은 시각, 기원이 마지막으로 걸어간 그 길을 이번엔 도영이 걷고 있다. 아버지의 기일을 맞아 가족들과 저녁을 함께하기로 한 날이었다. 충동적으로 이른 새벽에 길을 나선 도영은, 고향 집에 차를 세워두고 어스름한 하늘을 보며 아버지가 사고 당했던 길을 걷는 중이었다.

아버지는 그날 새벽 무슨 생각을 하셨을까. 어떤 기분이셨을까. 아버지가 떠난 장소 앞에 잠시 서서 하늘을 바라보았다. 아버지는 마지막 하늘을 보며 가족들을 생각하셨을까. 도영은 전화기를 꺼내 들었다.

–여보세요.

"어, 형."

–어, 도영아 무슨 일 있어? 이 시간에 웬일이야?

"아냐 그냥 생각나서 전화했어. 여기 집 앞에 발전소 가는 길이야."

–…….

"고마워."

형은 잠시 말이 없다가 대수롭지 않다는 듯이 말을 건넸다.

–은서 씨 걱정하겠다. 얼른 올라와. 이따 저녁 때 꼭 오고. 형수가 다들 온다고 새벽부터 음식 준비하고 있다.

날이 밝아 오자 주변이 따뜻하게 느껴졌다. 구름 한 점 없는 티 없이 맑은 하늘이었다. 도영은 이 모든 일을 시작하게 해준 아버지의 노트 마지막 장에 적혀 있던 구절을 떠올리며 하늘을 바라보았다. 은서와 하늘이를 생각하면 늘 떠올랐던 구절이었다.

모두가 늘 반짝반짝 빛나며 행복하게 살기를.

아버지의 노트

오천만원으로 시작하는 태양광 재테크

초판 1쇄 인쇄 2024년 01월 30일
초판 1쇄 발행 2024년 02월 07일

공저자 | 윤을진, 이정주, 박재필, 조영탁
펴낸이 | 구본건

펴낸곳 | 비바체
출판등록 | 제2021000124호
주소 | (27668) 서울시 강서구 등촌동39길 23-10 202호
전화 | 070-7868-7849 팩스 | 0504-424-7849
전자우편 | vivacebook@naver.com

ISBN 979-11-93221-09-9 03320